Joe Bauer – Im Staub von Stuttgart

Joe Bauer, Jahrgang 1954, Autor und Kolumnist der *Stuttgarter Nachrichten*, zieht als Einzelgänger zu Fuß und mit der Bahn durch die Stadt. Seine Geschichten und Glossen verbreitet er in der Zeitung, in seinem Blog und in seiner mit Musikern und Entertainern aufgerüsteten Leseshow *Joe Bauers Flaneursalon*. Letzte Buchveröffentlichung: »In Stiefeln durch Stuttgart«, Berlin 2015.
www.joebauer.de

Edition
TIAMAT
Deutsche Erstveröffentlichung
Herausgeber:
Klaus Bittermann
1. Auflage: Berlin 2018
© Verlag Klaus Bittermann
www.edition-tiamat.de
Druck: cpi books
Buchcovergestaltung: Felder Kölnberlin Grafikdesign
ISBN: 978-3-89320-234-8

Joe Bauer

Im Staub von Stuttgart

Ein Spaziergänger erzählt

**Critica
Diabolis
257**

**Edition
TIAMAT**

Liebe Leserin, lieber Leser,

die meisten Texte dieses Buchs habe ich für meine Kolumne »Joe Bauer in der Stadt« in den *Stuttgarter Nachrichten* geschrieben und für die Sammlung »Im Staub von Stuttgart« überarbeitet. Ich danke Gunther Scheuthle und Bettina Hartmann für ihre Hilfe – sowie allen Anständigen, die lieber zu weit gehen als gar nicht. Im Übrigen gilt der Satz des Verlegers V. O. Stomps: »Ein Buch ohne Druckfehler ist unanständig.«

Inhalt

AM RANDE

Womöglich ist es ziemlich einfältig, mich jahrelang mit derselben Stadt zu beschäftigen, nur weil ich denke, sie könne dadurch etwas städtischer werden. Aber es läuft, wie es läuft, und es gilt die Binsenweisheit, wonach wir im Leben versäumen zu leben.

Am Mittag saß ich, geschützt hinter Topfpflanzen, vor meiner Stammkneipe in der Altstadt an der Stadtautobahn. Man erzählte mir, morgens um acht seien ein halbes Dutzend Polizisten, zwei Gerichtsvollzieher und ein Mann von der Hausverwaltung vor dem benachbarten Gebäude vorgefahren, um eine Zwangsräumung durchzuführen. Unwichtig, wer aus der Wohnung geworfen wurde. Das Haus gehört der SWSG. Jeder weiß, dass dieses städtische Immobilienunternehmen nicht weniger rigoros operiert als alle anderen, die heute in der Elendszeit der Wohnungsnot ihre Profite einfahren. Die Gründe für die Zwangsräumung kenne ich nicht. Es gibt immer ein Recht und ein Unrecht, und zu den schlimmsten Unrechten und Ungerechten zählen weiß Gott nicht die ärmsten Schlucker der Stadt.

Im Erdgeschoss des Altstadtgebäudes gibt es ein schönes Lokal mit arabischer und israelischer Küche, das Yafa. Die Miete, die das städtische Immobilienunternehmen an dieser unwirtlichen Ecke verlangt, ist halsbrecherisch, aber sicher gerecht. Seit jeher sind es die Gerechten, die kassieren. Was für eine unsinnige, verantwortungslose Politik im schwierigen Leonhardsviertel, wo sich Junkies und Dealer treffen.

In der Nähe der zwangsgeräumten Wohnung hat ein

Restaurant kurzfristig die Tür zugemacht. Die Betreiber gelten seit langem als die schwäbischsten türkischen Wirte der Stadt. Bei ihnen, ihr weiser Vater im Ruhestand ist der weithin bekannte Burhan, hab ich schon vor 30 Jahren gemischten Braten mit Kartoffelsalat gegessen. Damals war ihr Lokal im Westen der Stadt, das Riegraf. Jetzt hängen an der Frontseite des Murrhardter Hofs Schilder: »Vorübergehend geschlossen«. Es sieht nicht nach vorübergehend aus.

Generell kostet es heute sehr viel Geld, ein Restaurant mit gutem Essen zu führen. Oft mehr, als sich mit gutem Essen verdienen lässt, sofern man sich halbwegs an die Arbeitsgesetze hält. Die Konzerne der Systemgastronomie tun sich wesentlich leichter – und bemühen sich unter dem Beifall weiter Kreise der Bevölkerung redlich, die Esskultur unserer Städte bis zum Erbrechen zu vereinheitlichen.

Meine deutsche Lieblingsstadt ist Hamburg, jedenfalls wenn ich gerade dort bin. Manchmal ist meine Lieblingsstadt auch Frankfurt am Main, Heidelberg oder Berlin, wenn ich gerade dort bin. Es ist müßig, mich darüber auszulassen, warum mir andere Städte besser gefallen als meine, die mir sowieso nicht gehört. Es ist Unsinn, Städte miteinander zu vergleichen, wie man Popsongs mit Hilfe seines Geschmacks vergleicht. Mein Geschmack ändert sich oft zwischen morgens und abends radikal. So oder so halte ich meinen Geschmack für fragwürdig. Als ob ausgerechnet er mir sagen könnte, was gut ist. Wo soll er das denn gelernt haben?

Gut ein Dutzend Mal war ich in New York, nie länger als zehn Tage ensuite. Fragt mich jemand, was ich von dieser Stadt halte, antworte ich: Jedes Mal wenn ich in dieser Stadt herumgestiefelt bin, war ich hoch erfreut über die Möglichkeit, in New York herumzustiefeln.

Manchmal schwebte ich durch die Straßen und stellte mir vor, wessen Stiefel zuvor den New Yorker Asphalt getreten haben. Ein besseres Stadtgefühl gibt es nicht. Ich kenne New York nicht.

Hamburg ist auch eine große Sache, wenn ich gerade dort bin. In Hamburg geht mir das Herz so weit auf wie in New York. Das Gleiche passiert mir auch in Freiburg und Braunschweig, ohne jede Einschränkung auch in Besigheim und Buxtehude. Du musst nur die richtige Ecke erwischen.

Insgesamt bin ich in meinem Leben nicht weit herumgekommen. Ich könnte noch die eine oder andere Stadt aufzählen, die mir gefällt. Was aber sollen Aufzählungen erzählen. Im Übrigen kenne ich keine Stadt, in der mir nichts gefallen hat. Es kann doch niemand behaupten, in einer Stadt sei alles Mist, solange dort Menschen leben. Mexiko-Stadt schmeckte scharf.

In meiner Stadt hängen Plakate mit den Botschaften »Stuttgart ist Heimat – dank Dir«, »Stuttgart ist Zukunft – dank Dir«, »Stuttgart ist Sicherheit – dank Dir«. Wenn ich an diesen Plakaten vorbeigehe, ziehe ich meinen Hut und sage: Danke, Stuttgart, ich wusste, dass ich was Besonderes bin. Nicht irgendein Hansel. Ich sorge für Sicherheit, vermutlich in Geschmacksfragen. Ich erkenne, dass diese Plakate peinlich sind.

Als ich einmal aus Hamburg zurückkam, las ich in der Zeitung, in meiner Stadt seien sie gerade dabei, eine neue Philharmonie zu bauen. Das ganz große Ding. Wir haben schon viele große Dinger gedreht und können gar nicht damit aufhören, an unserer eigenen Größe zu drehen. In der Debatte der Stadträte, die auch dann Stadträte heißen, wenn sie wie Dorfbuben daherschwätzen, fiel aus Gründen des ihnen angemessenen Maßstabs mehrfach das Wort »Elbphilharmonie«. Die Elbphilharmonie steht in

Hamburg an der Elbe, was ihren Namen erklären könnte. Bei uns zu Hause gibt es den Nesenbach, von dem man nicht viel sehen kann, weil er verbuddelt wurde. Aber wie gesagt: Man sollte Städte nicht miteinander vergleichen. Hamburg ist eine Hansestadt. Stuttgart eine Hanselstadt.

DER BRUNNENVERGIFTER

Wenn ich das Gefühl habe abzusaufen, ist ein Ausflug ans Wasser das Beste. Am Wasser träume ich, wie die große Welt an mir vorbeitreibt und die Sintflut den Stuttgarter Kessel überschwemmt.

Die Ansicht, der Kessel sei kein Kessel, sondern eine Wanne, deren Abfluss wir nur verstopfen müssen, um ein wenig Spaß zu haben, hat uns der Schriftsteller Helmut Heißenbüttel hinterlassen. Von oben betrachtet, ist diese Wanne ein ergreifender Anblick. Niemand kann sich dabei vorstellen, wie es unten staubt und stinkt.

Am 1. Mai 2018 habe ich vom wiedereröffneten Waldheim Gaisburg in den Talkessel geschaut und nach Ausgängen gesucht. Das Waldheim Gaisburg, 1911 gegründet, vom Volksmund »Kommunistenwaldheim« getauft und heute einer der schönsten Biergärten der Stadt, hat einen neuen Namen. Es wurde auf seinen geistigen Vater Friedrich Westmeyer getauft.

1873 in Osnabrück geboren, kam der Schornsteinfeger und spätere Redakteur 1905 nach Stuttgart, wo er sich dem Kreis um Clara Zetkin anschloss und für die *Schwäbische Tagwacht* arbeitete. Von ihm stammt die Waldheim-Idee. 1909 entstanden die bis heute beliebten Anlagen in Heslach und Sillenbuch. Seinen Leitspruch hatte er Goethes »Faust« entlehnt: »Hier bin ich Mensch, hier kann ich's sein.«

Am 1. Mai allerdings beschäftigte mich weniger die Waldheim-Bewegung als ein anderes Engagement des Politikers und Gewerkschafters: In Stuttgart kämpfte Friedrich Westmeyer vor allem gegen das Wohnungselend. Von 1906 an war er Chef des Heslacher Bezirks der Sozialdemokratischen Partei. Als ich vom Waldheim ins Tal hinabschaue, denke ich mir: Mensch, Friedrich, gerade wurden in deinem Revier zwei leer stehende Wohnungen besetzt, in der Heslacher Wilhelm-Raabe-Straße 4, in einer Querstraße der Karl-Kloß-Straße – benannt nach einem weiteren großen Genossen aus Heslach.

Am Tag der Aktion, als die Sonne schien und die Menschen am Straßenrand ein kleines Fest feierten, stand ich vor dem besetzten Haus. Die ersten Polizisten trafen ein, und eine Frau sagte zu den Beamten: »Was wollen Sie jetzt machen? Polizisten können sich in Stuttgart doch auch keine Wohnung mehr leisten.« Einer von ihnen drehte sich um und sagte: »Ja, das stimmt.« Ein Bulle kennt den Tatbestand der Notwehr offensichtlich besser als die Politiker, die jetzt nach Recht und Ordnung schreien, wo doch die jahrzehntelange Immobilienpolitik zugunsten von Investoren und Immobilienhaie alles andere als in Ordnung ist. Vom Menschenrecht auf Wohnen ganz zu schweigen.

Mehr als hundert Jahre nach Westmeyers Tod im ersten Weltkrieg halte ich es für müßig, über Recht und Unrecht einer Hausbesetzung zu streiten, in einer Stadt, in der die Mieten explodieren und viele Menschen aus der Stadt verdrängt werden. Deshalb hätte es wenig Sinn, gegensätzliche Meinungen »auszutauschen«. Meinungen sind schließlich keine Türschlösser. Erst die Heslacher Besetzung hat vielen den Blick auf den Stuttgarter Mietwahnsinn geöffnet.

Ich freue mich im Übrigen, dass es die Wilhelm-Raabe-Straße zu einer gewissen Berühmtheit gebracht hat. Mit ihrem Namensgeber habe ich mich vor nicht langer Zeit beschäftigt, nachdem ich in Braunschweig ein paar Tage neben dem Wilhelm-Raabe-Haus, dem Literaturzentrum der Stadt, genächtigt hatte. Der Schriftsteller aus Niedersachsen lebte von 1862 bis 1870 mit seiner Familie in Stuttgart, die meiste Zeit in der Hermannstraße 11 beim Feuersee im Westen.

Sein 1884 veröffentlichtes Werk »Pfisters Mühle« gilt heute als der erste große deutsche Umweltroman und verarbeitet Raabes Stuttgarter Erfahrungen in der Epoche der Industrialisierung. In dem Buch verschmutzt eine Zuckerfabrik einen Bach und zerstört die Existenz des Gastwirts Pfister. Raabe war gewissermaßen ein früher, ein ursprünglicher Grüner, wie es ihn heute nicht mehr gibt.

Der dreckige Bach in »Pfisters Mühle« erinnert mich an einen über die Maßen gegenwärtigen Provinzstar der Grünen, der immer wieder mit seiner seiner plumpen Hetze gegen Ausländer auffällig wird. Neulich posaunte er herum, er habe einen ihm unbekannten Zeitgenossen zweifelsfrei als »Asylbewerber« identifiziert, weil der Mann mit nacktem Oberkörper auf dem Fahrrad durch die Stadt gefahren sei. Wörtlich sagte er: »So benimmt sich niemand, der hier aufgewachsen ist mit schwarzer Hautfarbe. Das wäre völlig missglückte Integration.«

Diese Art Menschenkunde hat der Tübinger OB Boris Palmer auf Facebook abgehandelt. Unter einer ebenfalls dort von der *Frankfurter Rundschau* verlinkten Kritik seines rassistischen Spotts erntete er einen Kommentar, bei dessen Lektüre sich mir der Magen umdrehte. Der Absender aus Tübingen reagierte auf Palmers spießige Schulmeisterei »So benimmt sich niemand...« mit der Schilderung eines Vorfalls, der den mediengeilen Rathauschef nicht zwingend als Benimmlehrer qualifiziert. »Herr Palmer«, schrieb der Kommentator, »hat in der Sauna in Tübingen zweimal ungeduscht das Abkühlbecken benutzt. Als ich ihn beim zweiten Mal darauf angesprochen und darauf hingewiesen habe, dass es üblich ist, sich vorher abzuduschen, hat er geantwortet, er müsse dies nicht – und ich möge mich doch beim Bademeister beschweren.« Der Bademeister in diesem Fall war Palmers Untergebener.

Nach dem Schwitzen ungewaschen ins Abkühlbecken zu steigen ist für mich, einen geübten Saunagänger, die größte denkbare Sauerei der internationalen Badekultur. Ein hygienischer GAU. Wir dürfen Palmer nicht länger nur als geistigen Brunnenvergifter an den Pranger stellen. Er ist ein Täter. Er hat heiliges Wasser beschmutzt. Darauf stand früher die Todesstrafe. Seien wir aber bei unserer Abrechnung ein wenig humaner als der Tübinger Selbstdarsteller. Die richtige Antwort auf seine Schweinerei wäre womöglich etwas pädagogisch angelegtes Waterboarding alter Schule: leicht angedeutetes Ertränken zum erfrischenden Nachdenken im eiskalten Abkühlbecken der Sauna. Jedenfalls muss dem Kerl der Kopf gewaschen werden.

THINK BIG

Unser Hirn, sofern wir eins haben, kennt das sogenannte Belohnungssystem. Die Aussicht, etwas Gutes zu bekommen, wenn er etwas geleistet hat, motiviert den Menschen, etwas zu tun – stürzt ihn oft aber in Maßlosigkeit und Sucht.

Die Fußball-Weltmeisterschaft 2018 ist vorbei, ich kann mich wieder in Ruhe rasieren. Viele von uns haben nicht nur harte mentale Arbeit vor den Bildschirmen geleistet, sondern auch mit fundierten Analysen und Kommentaren in Kneipen und sozialen Medien zur Aufklärung der Menschheit beigetragen. In aller Regel ging es darum, den Unsinn, den Béla Réthy vor jeder Einspielung der Zeitlupe erzählt, mit noch größerem Unsinn zu überbieten. Schließlich hat eine WM Anspruch auf Weltniveau.

Wir Deutschen, wer immer die sind, durften diesmal ja nicht so richtig mitmachen, weil uns die Mexikaner und die Südkoreaner ziemlich früh und respektlos vor den Augen der Welt die Grenzen deutscher Weltmeisterlichkeit aufgezeigt haben. Macht nichts. War bloß Fußball.

Neulich hat im Schatten des Weltfußballs im Rathaus ein Ereignis stattgefunden, dessen globale Tragweite nicht annähernd angemessen gewürdigt wurde. Beim sogenannten Immobilien-Dialog, dem elften in Folge, ging es unter dem Motto »Think big – think Schwäbisch« um das effiziente Kurzpassspiel zwischen Bauwirtschaft und Politik, dessen Verstöße gegen demokratische Rechte von keinem Schiedsrichter geahndet werden. Das pfiffige Motto »Think big – think Schwäbisch« habe ich übrigens nicht erfunden. Die meinen das ernst. Schon in der Ankündigung einer Düsseldorfer Agentur, die das lohnende Rendezvous jährlich organisiert, fiel mir die interkontinentale Wucht unseres Landstrichs auf. Zitat 1: »Stuttgart und die Region bilden einen der stärksten Wirtschaftsräume *weltweit*.« Zitat 2: »Hier werden Lösungen für Herausforderungen in der Gestaltung von Stadtstruktur und Baukultur gefunden, die *weltweit* relevant sein werden.«

Gleich zweimal triumphierte im Think-big-Text auf engstem Raum das Wörtchen »weltweit«. Die welteroberndе Schaffenskraft dieser Stadt und ihrer Region ist vor allem in der Wohnungspolitik so einzigartig, dass das Belohnungssystem in den Hirnen der großen Lenker jenen Prozess ausgelöst hat, vor dem ich eingangs gewarnt habe: Beim Blick auf die Profite im Kessel schlittern sie in eine Sucht, die kaum heilbar ist, schon weil sie erfahrungsgemäß von unterbewussten Minderwertigkeitsgefühlen befeuert wird. Man nennt das Großmannssucht. Provinzielle Kleingeistigkeit fördert globalen Größenwahnsinn.

Entsprechend fallen die Belohnungen der Helden des Immobilienmarkts aus, wie wir von Stuttgart 21 wissen. Für die Umsetzung dieses bescheidenen Werks zum Wohl der Menschen in dieser Stadt sind Leute verantwortlich, die sich im Fachjargon »Projekttreiber« nennen. Ein lustiger Begriff, wenn man sieht, wie im Baugeschäft eine Luxus-Sau nach der anderen durchs Dorf getrieben wird, um von vorherigen Schweinereien abzulenken. Da wird noch einiges auf uns zukommen. Irgendein »Trump-Tower« wie früher oder eine »Elbphilharmonie« wie neuerdings spuken immer in den Belohnungszentren unserer Weltweit-Hirne herum.

Wenn ich mir zuletzt sicher war, ein großes Ding sei

gelaufen, habe ich mich zur Fütterung meines Belohnungssystems auf den Weg zum Barbier gemacht. Nach Jahrzehnten der Abwesenheit, als der professionelle Bartscherer bei uns in Vergessenheit geraten war, arbeiten inzwischen wieder reichlich Barbiere in der Stadt. Da gibt es längst nicht mehr nur den westlich gelegenen Nobelsalon *Timi der Barbier* für den Dreitage-Promi und Vollzeit-Hipster. Inzwischen bieten etliche von Migranten geführte Salons für meist viel zu wenig Geld neben dem Haarschnitt eine scharfe Rasur mit dem guten alten Messer. Eine Übung, die man nach meiner Erfahrung nicht selbst ausführen sollte. Ich tue mich schon schwer, mir mit der traditionellen Klinge meines Edelstahl-Hobels der Firma Mühle das Gesicht unverletzt zu glätten.

Der Barbier behandelte seine Kundschaft vom 8. Jahrhundert an und beherrschte neben der Haar- und Bartpflege auch die Kunst des Heilsalbens und Zähneziehens. Barbiere waren »Trockenscherer«, weil sie – anders als ihre ursprünglichen Branchenkollegen, die Bader – keine Warmbäder anboten. Der Job des Barbiers galt im Mittelalter als »ehrlos«, was vielleicht daran lag, dass sich die Zunft auch auf Aderlass und Schröpfen verstand, eine Praxis, die wir auch von unseren heutigen Immobilienhaien kennen.

Allerdings muss ich die Geschichte des Barbiers erst noch gründlich erforschen, um diesem Berufsstand weitere Hymnen zu singen. Im Moment nur so viel: Bei meinen jüngsten Barbier-Besuchen in internationalen Salons an der Hauptstätter und Tübinger Straße durchfluteten mich bereits beim Einseifen ergreifende Belohnungsgefühle. Ich kann von unterschwelligen Vibrationen eines Luxuslebens sprechen. Gleichzeitig ist der erste Ansatz des Messers im Kopfbereich ungemein prickelnd, weil ein alter Kinogänger wie unsereins sich vorstellt, wie ihm

in der nächsten Sekunde geräuschlos die Gurgel durchge-
schnitten wird. Dennoch bin ich überzeugt, dass der Bar-
bierbesuch für einen Mann die beste Möglichkeit ist, ein
neues Leben anzufangen.

BÄRBELS BÜCKWARE

Ich will nicht gleich von einem Wunder reden, nur weil mich ein Engel mit einer Trommel in eine Gegend namens Mönchfeld führte. Irgendwann musste ich an diesen Ort, und der Jahresanfang schien mir die richtige Zeit, ans Ende der Stadt zu fahren.

Mit der Linie 7 über die Prag und Zuffenhausen zur Endstation Mönchfeld. Bei dieser Tour hatte ich, anders als so oft, ein genaues Ziel, nachdem ich in einer Textilreinigung im Westen, die auch als Postlager dient, ein kleines Paket abgeholt hatte. Zunächst jedoch spazierte ich der Nase nach durch den kleinen Stadtteil von Mühlhausen und hatte bald den Verdacht, Mönchfeld lebe vom Fischfang: Es gibt dort eine Aal- und eine Hechtstraße, einen Seezungen- und einen Makrelenweg. Welche Köpfe sich das wohl ausgedacht haben.

Der nordöstliche Stadtteil auf dem einstigen Ackerland Mönchfeld, von anfangs 6000 auf heute 2800 Einwohner geschrumpft, entstand Ende der fünfziger Jahre. Damals herrschte – wie heute wieder – große Wohnungsnot in der Stadt. Noch lange nach dem Krieg mussten viele Flüchtlinge untergebracht werden. Ob ihnen Adressen wie Makrelen- und Seezungenweg geholfen haben, sich mit ihrer neuen Heimat zu identifizieren, kann ich nicht beurteilen. Schließlich heiße ich Bauer und nicht Fischer.

Vor der Straßenbahnhaltestelle stehen drei Hochhäuser in verschiedenen Farben. In einem davon wohnt seit 1963 Frau Bärbel. Ich habe ihr versprochen, sie in meinem Text nicht anders zu nennen als Frau B. oder Bärbel. Ihren richtigen Namen will sie nicht in der Zeitung lesen, was ich gut verstehe: Ich hatte deshalb selbst schon öfter Ärger. Vor meinem Besuch kannte ich Frau B. nicht. Zur Weihnachtszeit hatte sie mir per Post einen Musikanten-Engel von Wendt & Kühn geschickt, Trommler oder Trommlerin: So genau kann man das bei diesen Engeln nicht sagen. Die handgeschnitzten Holzfiguren sind zwar nur spärlich bekleidet, außer ein bisschen Po aber geben sie nichts Intimes preis. Die Firma wurde 1915 im Erzgebirge von Margarete Wendt und Margarete Kühn gegründet, ihre Engel sind weltberühmt. Das Geschenk von Frau B. erhielt ich, nachdem ich berichtet hatte, wie ich auf dem Weihnachtsmarkt vergeblich diese Musikanten suchte. Inzwischen haben mich verschiedene Leute aufgeklärt, dass es die Sammelstücke bei Tritschler am Marktplatz und bei Artani in der Eberhardstraße gibt. Die Temperaturunterschiede auf dem Weihnachtsmarkt, habe ich erfahren, seien für das Holz schädlich.

Frau B., 1938 in Dresden geboren, hatte meinem Trommler einen sehr schönen, handgeschriebenen Brief beigelegt, der mich neugierig machte. Ich rief sie an, ob ich sie besuchen, ob sie mir vielleicht ein Kapitel deutscher Geschichte erzählen könne, wie es viele Menschen erlebt haben, die heute irgendwo in abgelegenen Stadtteilen leben. Frau B. lädt mich zum Frühstück ein und erzählt.

Sie hat Glück, dass ihr Vater in den Kolonialwarenladen ihrer Großeltern in Dippoldiswalde einsteigt und die Familie die Bombardierung Dresdens außerhalb ihrer Heimatstadt erlebt. Bärbel ist damals sieben, und bis heute erinnert sie sich, wie im Februar 1945 Flüchtlinge aus Dresden ankamen: »Sie waren alle ganz schwarz vom Rauch des Feuers und vom Ruß.«

Nach der Schule macht sie eine Schneiderlehre. Gerade mal 17, beschließt sie, aus der DDR »abzuhauen«: »In meiner Kindheit hatten wir die Engelchen nicht«, heißt es in ihrem Brief. »Kein Geld dafür bei drei Kindern. Vater ist im Krieg geblieben.« 1955 reist sie zu ihrer Großtante nach Stuttgart und arbeitet bei ihr in Vaihingen-Rohr als Hausmädchen. Bald lernt sie ihren Mann kennen, er kommt auch aus Sachsen, arbeitet bei Mahle und wohnt in einem christlichen Männerheim in Obertürkheim. Damals gibt es in der Bundesrepublik noch den »Kuppelei-paragrafen«: Paare können sich nur heimlich in einer Wohnung treffen. 1963 heiraten Frau B. und ihr Mann und beziehen 72 Quadratmeter in einem der gerade eröff-neten Hochhäuser in Mönchfeld.

Inzwischen haben die Immobilien, einst Werkswoh-nungen von Mahle, mehrfach die Besitzer gewechselt. Die Miete im Hochhaus wäre ohne Wohngeld heute nicht zu stemmen. Frau B.s Mann ist in einem Pflegeheim, er leidet an Demenz. Frau B. sagt, dieses Schicksal teile sie mit mehr Menschen in ihrer Umgebung, als man sich denke.

Gut sechzig Engel von Wendt & Kühn bilden das Or-chester in ihrer Wohnung. Früher hätten die Holzmusi-kanten 2,35 D-Mark oder etwas mehr gekostet, im Euro-Zeitalter müsse man das Komma eine Stelle weiter nach rechts verschieben, hat sie mir geschrieben. Noch in den Sechzigerjahren hätten die Engel in der DDR als »Bück-ware« gedient – als für den Tauschhandel bestimmte Produkte, nach denen man sich unter den Ladentisch bücken musste. Ihre Engel erhält sie in den Sechzigern nach und nach per Post von einer Freundin aus der DDR, im Tausch gegen Pakete mit Kaffee und Nylonstrümpfen.

Frau B. erzählt, ohne zu klagen. Ihr Leben ist nicht ein-fach, doch ist sie zufrieden in Mönchfeld: vor der Tür die Straßenbahn und eine Art Park. Zum Einkaufen geht sie in den Nachbarort Freiberg, wo wie in Mönchfeld viele

Migranten leben, viele Russen mit eigenen Supermärkten. Ins Zentrum fährt sie nicht mehr, nicht mehr wie früher, als sie in den Schaufenstern der Königstraße die Mode studierte – und die Kleider zu Hause, sagt sie, »nachschneiderte«.

Zu meinem Musikanten-Engel schrieb mir Frau B.: »Ein Trommler kommt in einem Lied für Weihnachten in Amerika vor – weil er arm ist, kann er für das Kind in der Krippe nur etwas trommeln. Sie kennen es sicher mit Text. Ich nicht, kann kein Englisch.« Das Lied heißt »Little Drummer Boy«, ich besitze davon wunderschöne Versionen von Frank Sinatra, Bob Dylan und der Punkrock-Band Bad Religion. Wenn ich sie das nächste Mal auflege, werden sie mich an Frau B. und Mönchfeld erinnern, und auf einem meiner Lautsprecher wird ein Trommler stehen.

BLUTWURST UND EINBRECHER

Am Morgen ging ich durch den Westen Richtung Feuersee. Die Gehwege waren in ein Morgenlicht getaucht, wie es der Herbst nur in seinen besten Oktobertagen schafft. In solchen Stunden fallen dem Spaziergänger die Schritte leichter, mit überschüssiger Kraft kickt er das Laub vor sich her, bis er sich beim Bäcker Dreßler in der Senefelderstraße ein Dinkelbrötchen und zwei Landjäger kauft.

Ich mag keine Landjäger, aber ein Mann muss leben, was er schreibt. Bekanntlich hat die WHO gerade die Schreckensnachricht verbreitet, verarbeitetes Fleisch sei krebserregend. Das ist ein Fressen für die Kalauer-Dichter, die mit ihren Wortspielereien den guten Humor abschlachten: Seit Tagen geht es nur noch um die Wurst. Wissenschaftler rücken Schinken und Speck auf die Pelle. Die Wurst hat nicht mehr wie im Blödelschlager zwei Enden, sondern nur ein böses. Fressgeneralisten wie ich haben daran zu kauen. Die WHO-Warnung schlägt auf den Schwartenmagen, und der Metzger schaut aus der Wäsche wie Leberwurst.

Zur Erhellung des Fleischfalls muss ich ein Gedicht des Autors Wiglaf Droste loswerden: »Es trank eine schreibende Eselswurst / Beim Schreiben gewaltig über den Durst / Sie wurde euphorisch, die I-A-Salami / Und hielt sich für Haruki Murakami.«

Bei Herrn Murakami handelt es sich um einen japanischen Schriftsteller, dem wir Metzger unter anderem den surrealistischen Detektivroman »Wilde Schafsjagd« verdanken. Damit beende ich das Thema, hisse in meinem

Kühlschrank die Fahne der Vegetarier und Veganer und lege als alter Kalauer-Wiederkäuer ein umfassendes Geständnis ab: Nicht nur Rache, auch unsereins isst Blutwurst. Am liebsten mit Sauerkraut.

Bei der ganzen Aufregung um giftiges, Darmtumore erzeugendes Tierfleisch fiel mir beim Kauf meiner Landjäger Herr Kotz aus Stuttgart ein. Herr Kotz ist als Handwerker und Stadtrat nicht nur aufrechter Demokrat, sondern auch Christdemokrat, was ihn dieser Tage dazu beflügelte, das Kollegenwürstchen Tom Adler von der SÖS-Linke-Plus-Fraktion einen »Einbrecher« vom »extremistischen Rand« zu heißen. Tatsächlich war der Genosse Adler neulich in Begleitung eines Kameramanns durch ein seit zwei Jahren leer stehendes Gebäude am Eugensplatz spaziert, um auf die eklatante Wohnungsnot, den Mietwahnsinn und den Leerstand in der Stadt aufmerksam zu machen. Das ehemalige Haus des Paritätischen Bildungswerks hat eine Bietigheimer Immobilienfirma gekauft, um es abzureißen und »exklusive«, also arschteure Eigentumswohnungen zu bauen.

Sicher ist nach allen kriminalistischen Erkenntnissen, dass Genosse Adler nicht gewaltsam in das Gebäude gegenüber dem berühmten Galateabrunnen eingedrungen ist; irgendeiner von Ali Babas 40 Räubern innerhalb der Protestgemeinde, die sich bei der Aktion versammelt hatte, muss den »Sesam öffne dich«-Code besessen haben. Der »Einbrecher« allerdings hatte großes Glück, dass ihm bei der Ausführung seines Verbrechens nicht der Besitz eines Taschenmessers, einer Nagelfeile oder eines roten, krebserregenden Würstchens nachgewiesen werden konnte. Herr Kotz, ein Spezialist aus der Gas-/Wasser-Dings-Branche, hätte ihm sonst bewaffneten Überfall mit Tötungsabsicht und die Unterstützung der kriminellen Vereinigung vor der Haustür am Eugensplatz vorgeworfen. Demonstranten haben bekanntlich immer einen terroristischen Hintergrund, sofern sie nicht bei einer »Demo für alle« mithilfe von Identitären und anderen Nazis den Frieden aufrecht erhalten.

Der Tatort Eugensplatz taugt sehr gut für das Gangsterstück des Genossen Adler: Gegenüber steht die mit feinem Spießergespür gestaltete Gedenksäule für den Komiker Loriot: obendrauf der Bronze-Mops, dieser saudumme vegetarische Hund, der dem Koch ein Ei stiehlt – statt des fetten Bratens.

Da ein bewaffneter Überfall leider auszuschließen war, zumal eine Kamera zurzeit noch nur im aufklärerischen, nicht aber im justiziablen Sinne als Waffe gilt, spekulierte die Polizeifachpresse zunächst, ob der Genosse Adler wegen »Hausfriedensbruchs« angezeigt und arretiert werden müsse. Ich als schreibende Eselswurst rätsle, wie ein auf leisen Sohlen durch die Gänge wandelnder Stadtrat in einem menschenleeren Haus den »Frieden« stören kann, ohne »Die Internationale« anzustimmen.

Womöglich aber hat das Haus eine Seele – und die wird nur so lange in Frieden ruhen, bis sie die Abrissbagger der Investoren zur Hölle schicken. Nach meinen investigativen Ermittlungen dürften in dem toten Gebäude sogar mehrere brave Seelen schlummern: Neben dem Bildungswerk residierten darin früher auch die Deutsche Friedensgesellschaft mit den Vereinigten Kriegsdienstgegnerinnen und der Seniorenschutzbund Graue Panther – zwei Organisationen, die Herr Kotz als militant einstufen wird. Das ehrenwerte Haus in der Haußmannstraße 4 war früher eindeutig die Heimat der armen Würstchen und muss nun zu Gunsten der Reichen fallen. Da ist es doch kein Wunder, wenn uns die Nymphe auf dem Galateabrunnen am Eugensplatz ihren nackten Arsch hinstreckt.

AM SCHIENENHAUFEN

Ich sitze vor dem italienischen Eiscafé San Marco am Cannstatter Bahnhofsplatz, wo sich die Menschen einst auf der Sonnenseite des Lebens trafen. An diesem Ort standen mal First-Class-Hotels aus dem 19. Jahrhundert, darunter das Vier Jahreszeiten. Nach dem Zweiten Weltkrieg eröffneten in der zerstörten Bahnhofstraße die Schwabenlichtspiele, wo sich Stars wie Luis Trenker und Heinz Rühmann die Ehre gaben. Mitte der Achtziger wurden die Kinos geschlossen, ohne dass ich Trottel sie je betreten hatte. Damals war Cannstatt noch weniger im Stuttgarter Bewusstsein als heute, und das will was heißen.

Den Bahnhofsplatz mit seiner schrill-roten Eisenplastik namens »Schienenhaufen« nennt man heute gern einen »sozialen Brennpunkt«, weil hier täglich einige Menschen sitzen, die Pech hatten, keine Chance oder mit ihrem Leben nicht viel anfangen können. Mich hat in dieser Gegend noch niemand verhauen. Und die langen Bahnhofsschatten erzählen mir mehr als die innerstädtischen Sammelpunkte, die man »Hotspots« nennt, weil man ein paar aneinandergereihte Kneipen und eine Autostraße mit Strampel-Erlaubnis für Fahrradfahrer Richtung Marienplatz als Weltstadtereignis feiert.

Ununterbrochen wird über die Bedeutung unserer Stadt geredet, über das Image einer kleinen Gemeinde, die schöner und unverwechselbarer wäre, würde man sie nicht ständig zum Ausverkauf an die Betonfraktion freigeben.

Seit jeher bin ich auf der Suche nach einem Quartier

mit kulturellem Charakter und liebenswerten Käuzen, die ein Stadtviertel ausmachen. Spürbares städtisches Leben ist ja nicht, wie die Provinzler meinen, von ein paar Bars abhängig. Ich erinnere mich an Zeiten, als wir nachts auf ein paar wenige, nur illegal geöffnete Kneipen und Kaschemmen angewiesen waren. In dieser Notlage entstand in wenigen Nischen ein wild gemischtes, subkulturelles Milieu. Ein tatsächlich urbanes Szeneleben, das man nur in wirklichen Großstädten findet. Doch das ist Vergangenheit, und die scheint oft nur gut, weil sie vergangen ist.

Seit einiger Zeit beschäftige ich mich intensiver mit diesem vergessenen Cannstatt. Seit das Bad Berg umgebaut wird, lande ich regelmäßig im Mineralbad Cannstatt. Mineralwasser ist ja generell das Beste, was diese Stadt als Nahrungsergänzungsmittel für unser Kesselleben zu bieten hat. Auch deshalb gehe ich öfter über den Neckar, den man gar nicht oft genug überqueren kann. In Jürgen Hagels Buch »Cannstatt und seine Geschichte« findet sich der Vermerk, dass schon 1991 die Initiative »Stadt am Fluss« ins Leben gerufen wurde. Dieses Unternehmen aber konnte keine große Rolle mehr spielen, als zwei Jahre später die Planungen für Stuttgart 21 und die neue Weltbedeutung des Kessels mit seinem Anschluss an Bratislava alles blockierten.

Nach meiner jüngsten Wiederauferstehungsprozedur im Wunderwasser von Cannstatt – wo es direkt neben und sogar im Bad einen guten Bäcker gibt – landete ich an der Waiblinger Straße in einem kleinen, guten Lokal namens Viet Long, mitten in einem der Monsterbauten am Wilhelmsplatz. Zu diesem womöglich scheußlichsten Konsumklotz der Stadt muss man nichts mehr sagen. Allerdings ist dieses Laden- und Kneipenlabyrinth inzwischen dermaßen skurril, dass ich am Tag nach meiner jüngsten

Schwimm- und Schwitzkur neugierig zurückkehre. Ganz erstaunlich, wie gut das riesige griechische Freiluft-Café Bliss an diesem heißen Junitag gefüllt ist, welch fröhlicher Sonntagstrubel herrscht.

Angetrieben von so viel Leben ging ich die Straße auf beiden Seiten mehrfach rauf und runter, bestaunte Spielhöllen, kleine Bars und Geschäfte, etwa den Salon Alanya mit dem Schild: »Erster türkischer Herrenfriseur in Stuttgart« (mit Rasur im Angebot). Bemerkenswert auch, dass es in der Waiblinger Straße beim Wilhelmsplatz gleich zwei Geldtransferbüros gibt, ein Zeichen für die internationale Umtriebigkeit im Revier.

Weder der Wilhelms- noch der Bahnhofsplatz könnten mich je davon abhalten, dieses Cannstatt am Neckar mit seinen siebzigtausend Menschen in unterschiedlichsten Vierteln zu erforschen – im Gegenteil. Aus der richtigen Perspektive betrachtet, wirken diese Kulissen als aufregender Kontrast zu den vielen beschaulichen Orten dieses größten und ältesten Stadtbezirks mit seiner bewegten Geschichte und bunten Gegenwart. Ein Bezirk mit vielen Gesichtern, ob in der gut erhaltenen Altstadt, im Kurpark, in der Neckarvorstadt, am Burgholzhof, in Steinhaldenfeld oder auf der Kulturinsel beim Veielviertel.

Das ewige Geschwätz über die angebliche »Mitte« des zerrissenen Stuttgart ist so langweilig wie das Gerede über die »Visionen« von Leuten, die Jahrzehnte alte Vorschläge für Korrekturen wie an der »Kulturmeile« mit großen städtebaulichen Würfen verwechseln. Eine Vision hatte der Mafioso Bugsy Siegel, bevor er in der Wüste von Nevada mit einem Hotel- und Casinobau Las Vegas aus dem Boden stampfte. Eine Vision hatte der Kulturpolitiker Hilmar Hoffmann, als er in Frankfurt das Museumsufer auf den Weg brachte.

Als Spaziergänger habe ich ein paar Träume, Spaß am

Entdecken und Freude an Geschichten. 2025 wird es 120 Jahre her sein, dass Cannstatt mit Stuttgart vereint wurde. Vielleicht gelingt bis dahin eine politische, kulturelle und vor allem emotionale Vereinigung der Stadt am Fluss – und dann ein rauschendes Jubiläumsfest. Bis dahin werde ich noch einige Male am Bahnhofspatz sitzen und mir vorstellen, was abging, als in Cannstatt Württembergs erste Eisenbahnstrecke eröffnet wurde.

SCHNECKENTEMPO

Ich hab den Bugwellen, den Enten und anderen schrägen Vögeln zugeschaut. Zweimal habe ich einen einsamen Angler am Ufer und später einen noch einsameren Schwimmer im Neckar erspäht.

Auf den Straßen der Stadt liegen schon wieder Kastanien und ihre stacheligen Verpackungen, was nur heißen kann: Die Tage des Jahres sind gezählt. In Gedanken fuhr ich schon mal einem Ereignis des kommenden Jahres entgegen. 2018 feiert der Stuttgarter Neckarhafen sein 60-jähriges Bestehen. Bis heute wissen viele im Kessel nicht, dass sie in einer Hafenstadt leben. Oft genug habe ich mitleidiges Lächeln geerntet, wenn ich ihn erwähnte.

Die Geschäfte an den Kais zwischen Unter- und Obertürkheim, Wangen und Hedelfingen gehen gut. »Trotz Niedrigwasser wächst der Hafen Stuttgart bei Bahn und Schiff«, hab ich in einer Fachzeitschrift gelesen. Mehr als 3000 Menschen arbeiten an den Neckarufern, und seit die »Lange Nacht der Museen« mit spektakulären Lichtinszenierungen zwischen Schrottbergen viel Publikum lockt, dümpelt der Hafen etwas weniger im Dunkel der Öffentlichkeit.

Der heimische Binnenhafen ist aber nur eine Randnotiz in meinem Hinterkopf, als ich zu meinem Sonntagsausflug aufbreche: Muss dringend raus aus der Stadt, in der zurzeit so heftig wie noch nie über Glanz und Elend des Automobilauspuffs gestritten wird. Als Täter in diesem Stinkerskandal komme ich nicht infrage: Ich besitze keine Karre und wähle diesmal für meinen Trip eine klassische Entschleunigungskutsche. Diesel, versteht sich,

»aber umweltfreundliche Motoren«, sagt mir Jürgen Raff, der Schiffsführer auf dem Ausflugsboot »Wilhelma«. Anfang des Jahres hat er mit Kollegen das Neckar-Käpt'n-Schiff »Stuttgart« über den Rhein und die Maas nach Holland gelenkt. Es wurde verkauft.

Vormittags um elf gehe ich im Cannstatter Baustellenchaos des Rosensteintunnels an Bord der »Liberty«. Die erste Etappe auf der Neckar-Käpt'n-Route wird uns in drei Stunden rund 30 Kilometer nach Marbach führen. Nach dem Umstieg in Schillers Geburtsstadt auf die »Wilhelma« habe ich noch einmal zwei Stunden für die knapp 20 Kilometer nach Besigheim vor mir. Die Rückfahrt mit der Elektrischen, S-Bahn genannt, wird kaum mehr als eine halbe Stunde dauern.

Selbst ein altes Ausflugsschiff ist ein beflügelndes Instrument. Du sitzt mitten in der Geräuschkulisse schnatternder Reisegruppen, und regelmäßig gehen die Konservenansagen aus den Lautsprechern über Land und Leute der Umgebung in der Erregung an Bord unter. Manchmal komme ich mir vor wie bei Loriot, nicht nur wegen der Enten.

Obwohl ein Passagierschiff auf dem Neckar nur 18 Kilometer die Stunde fahren darf, vergeht die Zeit auf dem Wasser schneller als im Flug. Dieses seltsame Tempogefühl hat Gründe: Während man durchs Fenster eines Fliegers die meiste Zeit nicht mehr sieht als ein verschwommenes Nichts, schwirren beim Blick von einem schwimmenden Boot auf die Landschaft die Gedanken durch die Welt.

Auch Besigheim ist eine Welt. Als »schmutziges Landstädtchen« hat es einst Goethe abgetan. Heute erhebt sich der touristische Erholungsort wie von einem Modellbauer erschaffen über den Ufern von Neckar und der Enz. Dieses Besigheim ist so alt und gut erhalten, dass ich vor

Respekt nicht laut zu schnaufen gewagt habe, als ich mich von der Anlegestelle über die steile Treppe zu den mittelalterlichen Bauten der Altstadt hochkämpfte. Doch könnte ich heute beim besten Willen nicht viel vom schönen Besigheim erzählen, ohne mich zu blamieren. Nach nur zweistündigem Landgang darf ich reinen Gewissens bestenfalls von den guten Maultaschen im Restaurant Hirsch berichten – und von den tapferen Bauernkriegern, die einst Besigheim besetzt hielten, leider aber vor meiner Ankunft von den Tyrannen vertrieben wurden.

Zurück zum Bordleben. Die Deutung der vorbeiziehenden Landschaften, der wunderschönen Weinberge, fällt mir trotz unseres Schneckentempos schwer. Zu wenig weiß ich von den Dingen da draußen, darf aber nach etlichen Schiffstouren behaupten: Dem Neckar geht es überall besser als in Stuttgart. Und mag der Ortsname Poppenweiler angesichts der Codes aus den Tiefen des Trieblebens für den einen oder anderen witzig klingen: Das Neckarnaturschutzgebiet des Ludwigsburger Stadtteils zeigt uns beim Vorbeischippern, was für eine unerotische Popelbeziehung Stuttgart zu seinem Fluss hat.

Ein Ausflugsschiff ist kein Kahn oder Floss, weder Kajak noch Kanu – allesamt besser geeignet, um das Wesen des Wassers und seiner Landschaft unmittelbar zu erfahren. Aber wenn ich am Bug im Fahrtwind stehe und Steuerbord hinaufschaue zu den berühmten Hessigheimer Felsengärten, dann ist der Tag gerettet, selbst wenn nicht mehr viel zu retten ist.

Eine Bootsfahrt weckt Erinnerungen, irgendein Name schwebt übers Wasser. In Besigheim wurde 1928 die große Malerin Luisa Richter geboren. Das Kunstmuseum am Schlossplatz hat 2014 ihre Bilder ausgestellt. Im Oktober 2015 ist die einstige Schülerin von Willi Baumeister in Caracas gestorben. Mit ihrem Mann, dem Ingenieur Hans Joachim Richter, lebte sie in Venezuela und wurde international geschätzt. Der Frankfurter Kulturpolitiker Hilmar Hoffmann hat sie einmal die »Brückenbauerin zwischen den Kulturen« genannt. Am Fluss entdeckst du immer Brücken zwischen den Kulturen.

WARUM WIR DISTELN BRAUCHEN

In den vergangenen Wochen, in der ersten Hälfte 2017, habe ich gestreikt. Nicht allein, immer wieder mit vielen Kolleginnen und Kollegen. Sinn und Zweck des Streiks ist es, gemeinsamen Willen im Kampf um seine Sache zu demonstrieren. Diese Art Tun und Lassen kennt man auch als »Solidarität«, und man muss schon ein denkfauler Egoist sein, um diesen Begriff als folkloristische Floskel abzutun.

Dank unserer Verfassung ist der Streik ein Grundrecht, was nicht heißt, dass es nicht genügend Leute gibt, die ihn für unnötig oder einen Akt der Willkür halten. Das dürfen sie nicht nur denken, sondern auch sagen, weil uns die Verfassung auch die Meinungsfreiheit garantiert. Eine Freiheit, die es ohne solidarische Kämpfe und Streiks für demokratische Rechte nicht gäbe.

Die Journalistinnen und Journalisten von Tageszeitungen streiken seit März 2018 immer wieder mit Blick auf die Inflationsrate nicht nur für höhere Gehälter in eigener Sache, sondern auch für bessere Bezahlung von Neulingen, damit unser Beruf auch in Zukunft halbwegs attraktiv ist. Wenn die Alten, die vielleicht schon etwas haben, auch für die Jungen streiken, damit die etwas mehr bekommen, spricht man von Solidarität. Unsereins hat, frei nach dem Spott eines Arbeitgebers auf unsere Delegierten am Tarifverhandlungstisch, seinen »Lebensabend« schon erreicht – müsste sich also nicht mehr zwingend um berufliche Verbesserungen kümmern.

Die Floskel »Lebensabend« aus der zynisch munitionierten Managerecke sagt uns nichts Genaues: Geht es um eine helle, heiße und hoffnungsfrohe Sommernacht, die den Lebensabendmenschen ermutigt, sein Gewitter wie einst im Mai auf die Überheblichen zu entladen? Oder um versiffte, späte Winterstunden, in denen sich der Lebensabendmensch zurückzieht, während der Lebensmorgenmanager mit seinem gebirgstauglichen SUV die Gegend verpestet?

Viele denken, wer streikt, verweigere die Arbeit und mache in dieser Zeit nur das, was ihm gefällt. Das ist Unsinn. Die Streikenden müssen mit ihren Gewerkschaften etwas auf die Beine stellen, um sich – ohne die Berichterstattung der Zeitungen – in der Öffentlichkeit bemerkbar zu machen und Solidarität zu gewinnen. Sie müssen sich gegenseitig motivieren, um ihre Durchhaltekraft zu stärken. Wer das ernsthaft betreibt, lernt auch eine Menge über die Arbeit im Alltag, über die Gesellschaft und ihre Solidarität, deren schlimmster Feind Neid und Egoismus sind.

Wir leben in einer gefährlichen Zeit. Der internationale Rechtsruck, mitten in der eklatanten Wohnungs- und propagandistisch ausgeschlachteten Flüchtlingsnot, bedroht unsere demokratischen Rechte. Freiheiten, die es einem Rechtsnationalistenführer erlauben, die Nazis, ihre millionenfachen Morde und den Holocaust als »Vogelschiss« in mehr als 1000 Jahren »deutscher Geschichte« abzutun. Tausend Jahre, von denen er wie seine völkischen Ikonen träumt.

Als Stadtspaziergänger könnte ich diesen Vorfall aus Gründen beruflicher Begrenztheit als Fliegenschiss in wieter Ferne ignorieren, wüsste ich nicht, dass dieser völkische Ungeist in meiner nächsten Umgebung herrscht, etwa im Landtag. Dort sitzen nicht nur im Parlament, sondern auch in den Büros rechte Extremisten, etwa Marcel Grauf, ein enger Mitarbeiter der bekannten AfD-Politikerin Christina Baum, der seine braun gefärbten Kriegs- und Mordgelüste auf Facebook verbreitet und mit »Sieg Heil« unterstreicht. Aus Gründen der Pressefreiheit kann ich diesen Mann einen menschenverachtenden Hetzer heißen.

Diese individuelle Meinungsäußerung aber erscheint mir zu wenig, will ich den solidarischen Gedanken ernst nehmen. Von unseren Eltern – für viele von uns einst die Generation Lebensabend – wollten wir wissen: Was eigentlich habt ihr getan gegen die »Sieg Heil«-Verbrecher? Häufig gab es keine Antwort, die eine war.

Im Lauf der Zeit hat mich die Neugier auf die Stadt, in der ich lebe, zu den Spuren von Frauen und Männern geführt, die gegen das Unrecht etwas getan und riskiert haben, oft ihr Leben. Und irgendwann habe ich begriffen, dass wir auch Jahrzehnte nach der Hitler-Diktatur und dem Holocaust nicht mal einen Flügelschlag von dem entfernt sind, was da war.

Nach der Streikversammlung im Willi-Bleicher-Haus gehe ich über den Charlottenplatz und stehe wie so oft vor dem – inzwischen eingerüsteten – Gebäude, das man »Hotel Silber« nennt: die ehemalige Gestapo-Zentrale, wo Menschen von Nazis gefoltert und ermordet wurden. Noch immer ist es nicht als Lern- und Erinnerungsort eröffnet. Ja, das Haus wird kommen, in absehbarer Zeit, mehr als sieben Jahrzehnte nach dem Untergang der Nazi-Diktatur, der nicht das Ende der Nazis war. Der Schriftsteller Jörg Fauser hat einst gesagt: »Als alles vorbei war, ging alles weiter.« An der Frontseite des Hauses hat man vor nicht langer Zeit weithin sichtbar das Wort »Denunziation« in Stein gemeißelt. Es bedeutet Verrat, Anschwärzung, Verleumdung. Das Gegenteil von Solidarität. Das Engagement solidarischer Bürger hat das Hotel Silber vor den Abrissplänen der Stadtpolitiker gerettet.

Ich muss noch eine kleine Anekdote erwähnen, auch wenn sie mir jetzt etwas pathetisch erscheint, weil zunächst nur purer Jux dahintersteckte. Am Sonntagmorgen ging ich die Immenhoferstraße im Süden der Stadt hinunter zum hässlichen Österreichischen Platz. An einer Hausecke sah ich eine relativ stattliche Distel, anscheinend noch weit entfernt von ihrem Lebensabend. Ich knipste sie mit meinem Taschentelefon: Man sieht auf dem Bild das grüne Pflänzchen vor den Asphaltplatten des Gehsteigs, der leeren Straße und etwas mitgenommenen Häusern. Das Foto verfrachtete ich auf Facebook und schrieb dazu: »Widerstand«. Seltsamerweise erntete dieses Bildchen außerordentlich viele »Gefällt mir«-Klicks. Als herumspazierender Hobbypsychologe schließe ich daraus, dass es eine große Sehnsucht gibt, der Betonierung unserer Verhältnisse zu trotzen.

Der große schottische Dichter und sozialistische Aktivist Hugh MacDiarmid hat in den Zwanzigerjahren des 20. Jahrhunderts in seinem monumentalen Gedicht »A Drunk Man Looks at the Thistle« die Distel als Symbol des Lebens besungen. Zweifellos kennt auch die Gattung Mensch Distelgeschöpfe. Es hat nur wenig Sinn, einsam an der Hausecke zu streiken. Um solidarisch das Schlimmste zu verhindern, brauchen wir eine Distel-Bewegung. Am besten noch vor den Kommunalwahlen 2019.

(Dieser Text ist nicht als Kolumne in den *Stuttgarter Nachrichten* erschienen.)

WALROSS UND EIERMANN

»Wer geht, sieht mehr, als wer fährt«, hat der berühmte Schriftsteller und Fußreisende Johann Gottfried Seume einmal gesagt. Er hatte leicht reden. Zu seiner Zeit gab es weder Eisen noch Straßenbahn, zu schweigen vom Auto. Für unsereins als Gewohnheitsgeher in Deutschlands berühmtester Staubalarmstadt gilt heute oft genug, was uns der 1989 verstorbene Fernsehmann Robert Lembke gelehrt hat: »Es gibt zwei Arten von Fußgängern – die schnellen und die toten.«

Im Untergrund ist es auch nicht besser. Neulich studierte ich auf einer Bank in der Haltestelle Rathaus per Taschentelefon die Weltlage, als zwei Männer in ziemlichem Abstand auf dem Bahnsteig gegenüber vorbeirannten. Der Verfolger schrie »Hilfe, Polizei!« und »dich krieg ich, du Hurensohn!« Dann verdeckte mir die einfahrende Bahn die Sicht, was mich daran erinnerte, dass die Stuttgarter Straßenbahnen 2018 ihr 150-jähriges Bestehen feiern. Zum Jubiläum ist ein 351 Seiten starkes Buch erschienen: »Menschen beweg(t)en Menschen«. Es liegt noch druckfrisch in meinem Proviantbeutel für längere Straßenbahntouren.

Wissen sollte man schon mal, dass 1868 die Pferdeeisenbahn den Anfang machte. 1895 wurde auf »Elektromobilität« umgestellt, was den Siegeszug des Dieselmotors mit seinen Pferdestärken nicht verhinderte. Längst war die industrielle Revolution im Gang.

Trotz Hitze war ich zuletzt ziemlich lange zu Fuß unterwegs. Am frühen Nachmittag breitet sich eine fast verstörende Einsamkeit aus auf meiner Tour mit vielen

Umwegen vom Hölderlinplatz im Westen zum Marienplatz im Süden. Kaum Menschen zu sehen.

Ein Schwan im Feuersee hat seinen Kopf in seinem Gefieder vergraben, ich höre ihn deutlich zischen: »Verzieh dich, du Penner, es ist Mittagspause.« Ich greife, diesmal rechtzeitig, nach meinem Schweizer Messer mit Nagelfeile und sage: »Dich krieg ich, du Hurensohn.«

Unterwegs habe ich zuvor das große Schild an einem geschlossenen Kiosk gelesen: »Lass dir nicht von Idioten deinen Tag versauen.« Diese Botschaft war auf Englisch abgefasst, sie gilt aber auch für deutsche Schwäne. Schon vorher hatte ich merkwürdige Dinge gesehen, beispielsweise in der friedhofsstillen Johannesstraße ein Café namens *Zom Schleggiga Egg*. Das ist Schwäbisch und bedeutet »Zum schleckigen Eck«. Das Wörterbuch definiert »schleckig« als »leckermäulig, naschhaft, genäschig«. Wobei ich zugeben muss, dass ich das schöne Wort »genäschig« nie zuvor gelesen habe.

Das leckermäulige Egg wiederum erinnerte mich, das passiert nun mal beim Umherschweifen in der Hitze, an die berühmte »Eggman«-Zeile aus dem Beatles-Song »I Am The Walrus«. John Lennon hat den »Eggman«, den Eiermann, als Hommage an Eric Burdon in sein Lied eingebaut. Angeblich pflegte sein Rockstar-Kollege den Brauch, beim Kuscheln rohe Eier über seinen nackten Gespielinnen auszudrücken.

Diese Liebespraxis hat allerdings nichts mit dem Schleggiga Egg zu tun, weil in der Johannesstraße das Egg nicht für Ei, sondern eindeutig für »Eck« steht – und somit wesentlich zum Erhalt des heimischen Dialekts beiträgt. Die Pflege des Schwäbischen ist inzwischen ja ein großes Anliegen unseres mundartbeflissenen Landespaters Kretschmann. Wir sollten seine Politikerbiografie deshalb um entsprechende Eggdaten erweitern, ohne ihn gleich singend als genäschigen Eiermann ins Eck zu stellen: »I am the eggman, we are the eggmen, I am the walrus.«

Es gibt diese Stunden beim Spazierengehen, da fühlst du dich wie ein Walross auf dem Trockenen. Deprimierend an diesem Tag der musikalischen Erinnerung war die Nachricht vom Tod der Sängerin Aretha Franklin. Bis heute fällt es mir schwer, die Seele der Soul-Musik wirklich zu verstehen. Es ist Zufall, dass ich zurzeit »Beale Street Blues«, den neu übersetzten Roman des großen schwarzen US-Schriftstellers James Baldwin, lese – und erst neulich noch mal »Moonlight«, den 2017 Oscar-prämierten Film über das leidvolle Leben eines Afroamerikaners gesehen habe. Beide Werke haben für mich viel mit Soul zu tun, mit unterschiedlichen, dennoch sehr zusammenhängenden Themen. Und am Ende landet man immer beim Rassismus. Beim Hass.

Bist du erst mal drin in einem bestimmten Fluss von Sprache, Sound und Bildern, dann geht die Reise weiter im Kopf. In der Zeitung lese ich, dass immer mehr Flüchtlinge in Italien illegal auf Güterzüge klettern und über die Schweiz zu uns, vorzugsweise nach Baden-Württemberg, reisen. Sie verstecken sich in Hohlräumen, sitzen über den Rädern und kommen oft den Oberleitungen verdammt nahe. Diese lebensgefährliche Flucht erinnert an die Hobos. An Wanderarbeiter, Abenteurer und Vagabunden, die vor allem im späten 19. und frühen 20. Jahrhundert auf Güterzüge sprangen und durch Amerika fuhren, oft genug den Tod vor Augen. Jack London hat über sie geschrieben, Woody Guthrie über sie gesungen: »Hobo's Lullaby«. Es gibt sie immer noch – und viele Bücher, Lieder und Filme über die Menschen in den Boxcars, den Güterwagen.

Heute fahren andere Hobos durch Europa, landen mit

etwas Glück vor unserer Haustür und träumen wie ihre amerikanischen Vorgänger von einem besseren Leben.

Mein lieber Schwan, das Rad der Zeit dreht sich wieder mal beängstigend rückwärts.

EINE FRAU AUS STUTTGART

Alles begann mit Hemingway. Als Schuljunge hat Michael Uhl, 1971 in Stuttgart geboren, »Wem die Stunde schlägt« gelesen. Die Geschichte des Guerilleros Robert Jordan ließ ihn nicht mehr los. Er wurde Historiker und der Spanische Bürgerkrieg sein Lebensthema.

Im Sommer 2017 treffen wir uns Punkt zwölf Uhr mittags in der Tübinger Kneipe Hauptbahnhof. An der Wand hinter uns Fotos von Jazz- und Bluesmusikern. Michael trägt Koteletten wie die alten Rock'n'Roll-Helden. Elvis, Chuck Berry. Er erzählt mir, dass er gerade unter Schmerzen seine wunderschönen Gretsch-Gitarren verkauft hat, eine davon, Baujahr 1960, an den spanischen Jazzstar Biel Ballester; Songs von ihm kennen wir aus Woody Allens Filmkomödie »Vicky Cristina Barcelona«.

Michael braucht Geld. Er wird bald nach Spanien ziehen, um die Arbeit an seinem Buch fortzusetzen: Es handelt von der Geschichte der jüdischen Krankenschwester Betty Rosenfeld, die sich im Spanischen Bürgerkrieg als einzige Frau aus Stuttgart dem Kampf der Internationalen Brigaden gegen Francos Faschisten anschloss (lange wussten wir nur von Gerda Taro aus Stuttgart, die als Kriegsfotografin die Republikaner unterstützte, aber kein Brigaden-Mitglied war. Sie fiel 1927 mit 26 Jahren bei ihrer Arbeit an der Front).

Zweieinhalb Stunden unterhalten wir uns im Tübinger Bahnhof bei Currywurst und Kaffee, ehe ich nach Stuttgart zurückfahre, wo ich erst die Gedenkstätte für die deportierten jüdischen Bürger am Nordbahnhof aufsuche – und dann die Breitscheidstraße (früher Militärstraße): Im

Haus Nummer 35 ist Betty Rosenfeld mit ihren Schwestern Charlotte (»Lotte«) und Ilse aufgewachsen. Ihr Vater Benjamin, er starb 1937, betrieb ein Putzmittelgeschäft, ihre Mutter Theresia führte den Haushalt.

Die Namen Charlotte und Theresia Rosenfeld habe ich zuvor am »Zeichen der Erinnerung« am Nordbahnhof gelesen, in der langen Liste der aus Stuttgart in die Vernichtungslager deportierten Juden, ehe ich in der Breitscheidstraße 39 zum Orthopädiegeschäft Dieringer gehe.

Der kommunistische Schuhmacher Sepp Dieringer, Laienschauspieler beim Theaterensemble Spieltrupp Südwest des Arztes und Schriftstellers Friedrich Wolf, war Bettys politischer Mentor. Er verkehrte in den Waldheimen der Arbeiterbewegung. Später versteckte er Bettys Mutter und ihre Tante Charlotte Behr in seinem Haus – beide wurden wenige Jahre danach in Treblinka ermordet. Sepp Dieringer und seine Frau Emma wurden von den Nazis im Hotel Silber, der Gestapo-Zentrale, eingekerkert und misshandelt. Emma war schwanger und verlor in der Zelle ihr Kind.

Das Fachgeschäft Dieringer in der Nähe der Liederhalle leitete nach dem Krieg Sepps Sohn Florian mit seiner Frau, Geschäftsführer ist heute Stefan Dieringer. Als Michael Uhl – er studierte Hispanistik und Geschichte und promovierte über »Deutsche Freiwillige bei den Internationalen Brigaden« – in der Breitscheidstraße zu recherchieren begann, war er geschockt von seiner emotionalen Nähe zu diesem Ort: Unzählige Male war er zuvor in dieser Gegend gewesen, um sich im Sanitätshaus Weber & Greissinger in der benachbarten Schlossstraße seine Prothese anpassen zu lassen. Er ist vierzehn, als die Ärzte seinen linken Unterschenkel amputieren. Auf dem Weg zur Schule hat ihn ein Motorrad angefahren und lebensgefährlich verletzt. Michael redet über diesen Unfall heute mit einer Selbstverständlichkeit, als berichte er von einem Auftritt als Gitarrist in einer seiner Rockabilly-Bands.

Ja, sagt er, bei seinen Forschungen über Betty Rosenfeld könne man von einer gewissen Obsession sprechen: Er recherchiere tatsächlich wie besessen. Als er während seines Studiums in den neunziger Jahren im zentralspanischen Salamanca im Bürgerkriegsarchiv die Geschichte der Stuttgarter Krankenschwester entdeckt, fesselt ihn schon der Klang ihres Namens. Betty Rosenfeld wirkt auf ihn wie die Zeile eines Songs: schicksalhaft, geheimnisvoll, bedeutend. Er spürt, dass sich dahinter eine große, tragische Biografie verbirgt. Ein Leben, das nicht nur aufgearbeitet, sondern dringend auch gewürdigt werden muss.

Nach langen, intensiven Ermittlungen reist er im Juni 2017 in die USA, wo zwei Töchter von Bettys Schwestern Ilse in Kalifornien leben. Ilse war es als einzige der Familie gelungen, den Nazis zu entkommen, in die Vereinigten Staaten. Alle ihre Versuche, die Schwestern mitzunehmen, waren gescheitert. Von Bettys Nichten wird Michael herzlich aufgenommen. Die Menschlichkeit und Gastfreundschaft in ihrem Haus spornen ihn noch mehr an, Betty Rosenfelds Geschichte öffentlich zu machen.

Am 23. März 1907 in Stuttgart geboren, wandert sie – emanzipiert und politisch engagiert – nach ihrer Ausbildung zur Krankenschwester im Katharinenhospital und der Arbeit in einer Klinik mit ihren Schwestern 1935 nach Palästina aus. Während Ilse und Charlotte nach dem Tod ihres Vaters nach Stuttgart zurückkehren, um der Mutter beizustehen, reist Betty im März 1937 auf eigene Faust mit einem Dampfer von Haifa nach Frankreich und weiter nach Spanien. Sie will etwas tun. Im Sanitätsdienst der Brigaden, gebildet aus Freiwilligen, kümmert sie sich in Kliniken um Schwerkranke – eine gewissenhafte Pflegerin und »zuverlässige Antifaschistin«, wie es in einem Dokument heißt. Im Spätsommer 1938 heiratet sie den jüdischen Mitkämpfer Sally Wittelson aus Leipzig.

Kurz bevor Franco mithilfe der Faschisten aus Deutschland und Italien die Republikaner endgültig besiegt, flüchten Betty und ihr Mann über die Pyrenäen nach Frankreich. Es beginnt die Zeit der großen Leiden in erbärmlichen Lagern. Nachdem die Deutschen von den Franzosen die Auslieferung gefordert haben, werden jüdische Gefangene von August 1942 an auf Lastwagen und auf Güterzüge verladen und im September ins Vernichtungslager nach Auschwitz-Birkenau deportiert. Michael Uhl geht davon aus, dass Betty gleich nach der Ankunft am 9. September 1942 in der Gaskammer ermordet wurde: Sie litt an einer Schilddrüsenüberfunktion, zitterte oft und landete deshalb vermutlich umgehend im Gas. Auch ihr Mann Sally wurde wahrscheinlich gleich nach der Ankunft in Auschwitz ermordet.

Vor dem Haus Breitscheidstraße 35 sind vier Stolpersteine eingelassen: für Betty, Charlotte und Theresia Rosenfeld sowie für Charlotte Behr. Alle ermordet im KZ.

Michael Uhl hat noch etliche Reisen vor sich, um Betty Rosenfelds Geschichte zu ermitteln. Unter anderem muss er nach Berlin, Israel, Frankreich, Moskau. Die Stuttgarter Initiative »Die Anstifter« wird seine Forschungen finanziell unterstützen. Neben seinem Buch über eine mutige Krankenschwester, die dem Kampf gegen den Faschismus ihr Leben opferte, hat der Historiker ein weiteres Ziel: Eines Tages, sagt er, muss es in ihrer Heimatstadt eine Geschwister-Rosenfeld-Straße geben.

SINNLICHKEIT UND STACHELN

Das schöne Wort »Wirtshaus« ist bei uns leider in Vergessenheit geraten, schade, sagt es doch viel über die Bedeutung des Hausherrn für die Gäste. Heute erzähle ich von einem Lokal in der Altstadt, das einst von einer legendären Frau geführt wurde – und sich später als echtes Wirtinnenhaus durchgesetzt hat. 2018 feiert diese exotische Oase der Gastlichkeit Jubiläum im Leonhardsviertel, in Stuttgarts historischem Zentrum.

Vielleicht hätte das Lokal in der Nachbarschaft von Rotlichtbars und Bordellen früher der Begriff »Schänke mit Notküche« gut charakterisiert. Das heutige Restaurant mit gehobener Küche hat so viele romanreife Kapitel zu erzählen, dass es mir unmöglich ist, zwischen Verklärung, Fantasie und Fakten zu unterscheiden. Auch weil früher der Blick auf den Tatort von großen Mengen bewusstseinsverändernder Substanzen gesteuert wurde.

Die wunderschönen Butzenscheiben an der Frontwand sind die alten, sie schützen die Intimität der guten Stube. Noch nie, sagt mir Christina Beutler, eine der drei heutigen Wirtinnen, seien diese Fenster beschädigt worden. Ein Wunder, verdeckt das bunte Glas doch den Blick auf die Leonhardstraße, wo es an den Wochenenden nicht besonders romantisch zugeht, wenn testosterongelenkte Welteroberer ihre tätowierten Muckibudenleiber ausfahren.

Ich treffe Christina Beutler am Vormittag in der Weinstube Fröhlich. Es schärft die Sinne, in einem noch geschlossenen Lokal zu sitzen. Gute Orte sind nie unbewohnt, ihr Geist lebt und lässt menschliche Wärme spüren. Obwohl ich schon lange kein Stammgast mehr bin, überkommt mich an diesem Morgen das Gefühl, ich hätte den Laden erst in der Nacht zuvor verlassen. Die Holztische und -stühle sind dieselben wie früher, der Stammtisch steht nach wie vor rechts neben dem Eingang und die runde Tafel im Nebenraum.

Auch die Toiletten sind noch, wo sie waren. Nur an der Wand davor fehlt der Münzfernsprecher. Veteranen jeden Geschlechts erinnern sich, wie in den siebziger Jahren die gut beleibte Kneipenchefin Emma »Melle« Widmer an ihrem Privattischchen mit dem kleinen Fernsehapparat den Kopf hob und mit tiefer Stimme durchs Lokal rief, man solle jetzt gefälligst ruhig sein: Der Herr Dr. Klaus Croissant müsse telefonieren. Croissant war der berühmte RAF-Anwalt und die Welt in Unordnung.

Damals fiel es schwer, auch nur zwei Minuten die Klappe zu halten in einer Kneipe, in der die Revolution vorbereitet, eine gescheiterte Liebe beweint oder der Dichter Rimbaud von Hans Fröhlich, dem Feuilletonchef der *Stuttgarter Nachrichten*, in seine Einzelheiten zerlegt wurde.

Seit 30 Jahren nun trägt die ehemalige Weinstube Widmer, gegründet von der Schaustellertochter und ehemaligen Balletttänzerin »Melle«, den Fröhlich im Namen. Im April 1988 übernahm der von seinem Chefredakteur abgedankte Journalist das Lokal, nachdem er sechs Jahre lang in seinem Treff Fröhlich unter der Liederhalle Kneipenerfahrung gesammelt hatte. Die Idee für den Wechsel hatte der Hofbräu-Vertriebschef Rolf »Rolli« Wachter, heute als lebende Gastro-Legende im Ruhestand. Von da an hieß die Weinstube Widmer-Fröhlich – und nach Hans Fröhlichs überraschendem Tod 1996 mit 62 Jahren endgültig Weinstube Fröhlich.

Christina Beutler hatte den Namensgeber in seinem Job

als Wirt von Anfang an begleitet. Nach seinem Tod übernahm sie das Lokal und machte es zum Haus der Wirtinnen. Ihre Partnerinnen sind Mancika Wiener-Késinovic
und deren Schwester Lisa König. Für die Küche sind Andreas Neu und Klara Trichtinger verantwortlich. Das Angebot ist regional geprägt: weltläufig-schwäbisch. Die
Gäste in diesem Ensemble dürfen ohne Ironie von betreutem Essen und Trinken sprechen.

Das Restaurant auf der kleinen Rotlichtmeile wird noch
lange vom Wandel der Zeiten in der Stadt erzählen. Episoden voller Komik und Tragik. Bevor in den achtziger
Jahren Stuttgarts pietistische Sperrzeiten fielen – fast
überall außer in Rotlichtbars war um Mitternacht Zapfenstreich –, hatte die Widmer eine dauerhafte Sondererlaubnis bis 2 Uhr durchgesetzt. Im hinterwäldlerischen Rathaus siegte nach hartem Kampf das Argument, auch
Schauspieler, Sänger und andere Bühnenmenschen hätten
nach getaner Arbeit das Recht auf Nahrung, auch flüssiger.

Die Leonhardstraße 5 war ein Künstlerlokal, mythischer Hort professioneller Intellektueller und passionierter Anarchisten. Hier verkehrten in den Siebzigern Galeristen, Schriftsteller, Architekten, Medienleute. Theaterstars wie Gerd Voss und Kirsten Dene, Peter Sattmann
und Therese Affolter (das Gretchen aus Claus Peymanns
»Faust«). Da war es nichts Ungewöhnliches, wenn der
Schauspieler Christoph Hofrichter mit Bernhard Minetti,
dem Berliner Gottvater der Mimen, ins Lokal kam. Ich
erinnere mich an den großen, liebenswürdigen Schauspieler Ulrich Wildgruber, wie er still und geschwächt
vom Barhocker sank. 1999 suchte er, als Nichtschwimmer, den Tod im Wasser vor Sylt.

Die Künstlerära, diese Bienenkorbzeit voller Sinnlichkeit und Stacheln, ging zu Ende. Heute ist die Weinstube

Fröhlich ein bürgerliches Restaurant mit 70 Plätzen, von denen sich auch mal der nicht besonders rot ausgeleuchtete Innenminister Strobl einen reservieren lässt. Der Kampf um nächtlichen Einlass, wie er bei der Widmerin per Klopfzeichen an der Tür geführt wurde, ist längst Geschichte. Seit 2003 gibt es im Fröhlich sogar einen schönen Hinterhofgarten mit 40 Plätzen, Wasserspiel und dem Atelier des Papierkünstlers Clemens Schneider in der Nachbarschaft.

Das Haus ist im Besitz der Stadt, die Miete hoch. Christina Beutler, an Widrigkeiten gewohnt, wünscht sich von Politik und Polizei, endlich die Wochenendturbulenzen auf der Leonhardstraße ernst zu nehmen. Manchmal habe sie den Eindruck, das Rathaus habe das Viertel als »verloren« aufgegeben. Dabei lehrt uns die Geschichte dieser Weinstube: Es sind die Verlorengeglaubten, die überleben.

OMAS BESTER

Eine Laudatio zum 80. Geburtstag des Aktivisten Peter Grohmann, gehalten im Oktober 2017 im Stuttgarter Theaterhaus.

Lieber Peter, verehrte Gäste, geschätzte Veteranen der Stuttgarter Kulturrevolution,
müsste ich ihm eine Schlagzeile widmen, würde sie lauten: »Peter Grohmann ist nicht zu fassen.« Wie auch. Pausenlos unterwegs, wenn nicht auf der Straße, dann in Gedanken – solange sie noch frei sind.

Vor langer, langer Zeit, an seinem 76. Geburtstag, hat Herr Grohmann seine »politische Biografie« vorgestellt: »Alles Lüge außer ich«. Diese Buchpräsentation ging im Theaterhaus über die Bühne, genau am Tag, als die Nachricht vom Tod des Rockstars Lou Reed die Runde machte. Der Zusammenhang war mir schnell klar: Lou Reed war der singende Dichter und Liebhaber seiner Stadt: der New York City Man. Peter Grohmann ist der ruhelose Chronist und unermüdliche Wachrüttler seiner Stadt. Er ist der Stuttgart-Superman. Ein Komödiant und Marktschreier, der den Leuten etwas über ihre Stadt und damit über die Welt erzählt. Er kann Tote wecken mit seinem Oberfeldwebelorgan.

Doch bei der Lektüre seiner Biografie erfährt man nicht nur viel über Stuttgart, diesen einst ziemlich toten Kessel zwischen Hängen und Würgen. Es geht um mehr. Peter hat ja einige Stationen hinter sich seit seiner Geburt am 27. Oktober 1937 in Breslau, Schlesien. Wo immer das ist.

Als ich mit Herrn Grohmanns gerade frisch erworbener Biografie im Taxi eines Iraners saß, wurde ich Zeuge eines Radio-Quiz. Die Frage lautete: Wie hießen die Geschwister, die als Studenten während der Hitler-Diktatur in München Flugblätter gegen die Nazis verteilten? A) Stauffenberg? B) Elser? C) Scholl? Am Telefon witzelt eine junge Frau, ihr Lehrer habe ihr schon beim Abitur gesagt, sie sei schlecht in Geschichte. Deshalb könne sie nur raten.

Diese Art Geschichtsbewusstsein nennt man heute Zeitgeist. Gewissen Politikern gefällt diese Ahnungs- und Interessenlosigkeit. Sonst würde es beispielsweise nicht so lange dauern, im Hotel Silber, der ehemaligen Gestapo-Zentrale, einen Lernort zur Auseinandersetzung mit den alten und neuen Faschisten einzurichten. Etwas schneller ging es bekanntlich, in der Nachbarschaft teure Konsumklötze hochzuziehen.

Peter Grohmann ist einer, der seit jeher mit Ideen und Aktionen gegen die Verdrängung, gegen die Verleugnung und Vertuschung unserer Geschichte kämpft. Den Wegschauern legt er Stolpersteine in den Weg. Albrecht Müller hat mal in seinem Internetmagazin »Nachdenkseiten« geschrieben: »Peter Grohmann ist ein bewundernswerter Demokrat. Er hat zusammen mit Freunden Die Anstifter e.V. geschaffen – ein Modell für Ähnliches in anderen Städten und Regionen, wenn es denn Grohmanns überall gäbe.«

Mehr Lob geht eigentlich nicht. Andererseits stellt sich die Frage: Sollte es tatsächlich überall einen Grohmann geben? Das wäre irgendwie beschissen. Den einzigen und wahren Grohmann, dieses außerirdische Schlitzohr der außerparlamentarischen Opposition, gibt es eben nur bei uns. Wir haben das Unikat. Auf der Bühne und auf der Straße. Wobei ich nicht weiß, wie er die Sache selber sieht: Ist die Straße seine wahre Bühne – oder die Bühne die Fortsetzung seiner Straße. Seines Wegs?

Spielt keine Rolle. Hauptsache, Theater. Der Vorhang muss hoch, das Publikum wartet. Oft haben die Stücke dieser Rampensau auch leise, lyrische, unter die Haut gehende Töne. Er hat seinen Herwegh gefressen und ist selbst eine Art »Eiserne Lerche« geworden – tiriliert nur weniger lerchenhaft Schwäbisch als eisenhart Sächsisch.

Ich muss Ihnen nicht erzählen, dass Herr Grohmann das Theaterhaus mitbegründet hat, Anfang der Achtzigerjahre in Wangen, als einige Herrschaften im Rathaus noch der Meinung waren, alternative Kultur sei ein anderes Wort für RAF. Solche Zeiten überlebt ein rebellischer Kopf nur mit Humor. Peter Grohmann ist Komiker, Satiriker, Kabarettist – und sich deshalb für keine Nummer zu schade, wenn's der Wahrheitsfindung dient.

Wer ihn Montag für Montag auf der Demo gegen Stuttgart 21 mit seiner roten Baseballmütze und seiner womöglich doppelbödigen Sammelbüchse trifft, erlebt einen Gaukler, einen Straßenprediger, einen gottverdammt guten Lautsprecher, der bei jedem Bullen mit Restanstand Immunität genießt. Dann verteilt Peter der Große seinen auf gelbem Papier gedruckten »Bürgerbrief«, und wir erfahren, was Oma Glimbzsch aus Zittau über die Leute denkt, wenn sie gerade Thüringer Klöpse kocht. Somit entspricht es der Wahrheit, wenn behauptet wird: Grohmann, die gelbe Gefahr, verkauft ohne mit der Wimper zu zucken auch seine tote Großmutter, wenn's der Aufklärung dient.

Bis heute ärgert ihn, dass man ihn in den Sechzigern oft für einen Studenten gehalten hat, für einen Theoretiker und Hörsaal-Revoluzzer. Unsinn. In Wahrheit ist er Arbeiter, gelernter Schriftsetzer und Buchdrucker. Ein Schüler großer Stuttgarter Antifaschisten wie Fritz

der Zeit ganz gut kennengelernt habe. Dieser spezielle Mangel an Menschenkenntnis liegt nicht unbedingt an der Weltfremdheit oder Philanthropie des Schreiberlings, der schon aus Berufsgründen ein Herumtreiber und Naseweis sein sollte. Doch gilt auch in diesem Fall der Feldforschung die schwäbische Weltformel für alle allzu menschlichen Rätsel: Man steckt halt nicht drin.

Die *Stuttgarter Nachrichten* brauchen sich in meinen Augen gar nicht so viel einzubilden, weil sie 2016 ihren 70. Geburtstag feierten. Nicht wenige ihrer Leserinnen und Leser haben dieses Alter bereits in Würde erreicht oder überschritten, und selbst unsereins ist nur läppische acht Jahre jünger als diese Zeitung. Erwähnt sei das nur, weil ich anno 1976, als ich bei den *Stuttgarter Nachrichten* anfing, das jüngste Redaktionsmitglied im gesamten Pressehaus war. Diesen Laden hatte ich als Gastarbeiter sogar schon früher kennengelernt, als er noch in der Räpplenstraße, in der Nähe des damals noch nicht zerstörten Bahnhofs stand.

Auch ich wundere mich gelegentlich, warum ich so lange im Kessel hängengeblieben bin, obwohl der Arbeitsmarkt in der Branche zu früheren Zeiten phasenweise so gut war, dass einige Lehr- und Wanderjahre durchaus drin gewesen wären. Die Zeit aber ging schneller vorbei, als mir lieb war. Vor allem seit ich mich mit einem Kapitel beschäftige, das – wie ich heute weiß – kein Ende hat: Ich wollte und ich will die Stadt kennenlernen, etwas herausfinden über dieses Kessel-Stuttgart, über die Stadt an sich. Wer damit mal angefangen hat, muss da durch wie ein Maulwurf und kann nicht einfach abhauen.

Diese Haltung sollte jedoch nicht dazu führen, sich komplett einzukesseln. Es schadet nicht, hie und da zu prüfen, warum es in Mexiko-Stadt weniger Feinstaub, in New York höhere Häuser und in Korntal mehr Pietisten gibt. Grundsätzlich aber gilt, was mich einst der nicht nur in Stuttgart weltbekannte Designer und Schriftsteller Kurt Weidemann gelehrt hat: »Wenn du es in Stuttgart nicht schaffst, schaffst du es auch nicht in Texas.«

Damit ist das Thema Texas gegessen, Stuttgart aber noch lange nicht verdaut. Sicher bin ich beim Zeitungsjournalismus auch deshalb gelandet, weil ich mich in der Schule mit einem Erlebnisaufsatz leichter tat als mit dem Satz des Pythagoras – und es schade fand, dass Albert Einstein, der uns auf Klo-Plakaten aufmunternd die Zunge rausstreckte, ausgerechnet Physiker und nicht Schriftsteller war.

Damals gehörte die Zeitung unverzichtbar zum Leben, sie war wichtiger als Radio oder Fernseher, weil man sie mit sich herumtragen und überall ausbreiten konnte, im Café, im Wirtshaus und in der Eisenbahn. Natürlich kaufte ich mir schon in frühen Jahren auch *Die Zeit* und den *Spiegel*, nur um diese Kioskbeute weithin sichtbar mit mir herumzuschleppen. Das meiste, was darin zu lesen war, verstand ich nicht. Das aber spielte keine Rolle: Bedrucktes Papier mit journalistischen Inhalten bedeutete in meinen Augen immer mehr als nur Information. Das war schon so, als die Zeitung zum Informieren wichtiger war als heute, da ich im Taschentelefon Zeitungen, Radio- und Fernsehsender usw. im Internet mit mir herumtrage, ein Spinnennetz der Kommunikation, wo Bots die eigene Birne zu ersetzen drohen.

Die Lokalzeitung lagerte einst so unverzichtbar in der elterlichen Wohnung wie Klopapier, und es war keine Seltenheit, dass beide Produkte am selben Ort zur selben Zeit allerhöchste Anerkennung beim selben User fanden. Schon als Schuljunge hatte ich mir vorgestellt, wie man in dieser Zeitung ein – äh, was ist das? – Interview veröffentlichen könnte. Oder ein Gedicht, das unser Dorf für immer verändern und alle Idioten in der Kreisstadt mit einem Schlag erledigen würde. So gesehen war und ist die Zeitung so etwas wie ein Stück Heimat – selbst wenn man merkt, dass sie der Heimat zu wenig gerecht wird. Dass ihre Wahrnehmung politischer, gesellschaftlicher und kultureller Entwicklungen und Veränderungen eingeschränkt ist. Weil Stuttgart beispielsweise nicht aus Fernsehturm und Neuem Schloss, Rathaus und Schlossplatz besteht. Weil Kehrwochen-Klischees und Maultaschen-Folklore herzlich wenig darüber erzählen, wie mehr als 600.000 Menschen aus aller Welt in mehr als 300 offiziell registrierten Stadtvierteln leben – weiß Gott nicht alle auf der Sonnenseite, wie es uns die verklärende »schwäbische« Tüchtigkeit und die entsprechende Sicht auf das Leben weismachen wollen.

Doch Selbstkritik gehört in keiner Branche zu den Kardinaltugenden. Da aber die eigenen Unterlassungssünden ja nicht unbedingt in der Zeitung stehen müssen, zurück zum Positiven: Durch die Auseinandersetzung mit der Zeitung habe ich die Stadt entdeckt – erlebt und erfahren, dass sie so viele Geschichten zu erzählen hat, wie sie nicht so leicht in die Heimatzeitung passen. Es macht großes Vergnügen, die Welt in einer Stadt zu entdecken, die alles andere als ein Weltstadt ist, auch wenn es genügend Provinzgeister gibt, die dauernd so tun, um ihren Minderwertigkeitskomplex zu kaschieren. Stuttgart, Deutschlands sechstgrößte Stadt, hat sich in meinen Zeitungsjahren gehörig verändert – nicht nur in der Nacht, die früher nur Eingeweihten offenstand.

Man muss nicht bekloppt sein, sondern nur ein wenig Sinn für Ironie haben, um seine kleine Welt auch mal mit großen Augen zu sehen: »Stuttgart gehört zu den schönsten Städten des Kontinents. Im Sommer ist's im Talkessel heiß wie im Süden. Die Vegetation gedeiht wie im

Treibhaus. Der Schlossplatz erinnert an Paris, der Hasenberg an Florenz, der Weißenhof an Algier, dank einer sowohl südlichen als auch radikal modernen Bauweise...«, hat Willi Baumeister mal geschrieben, dieser große Stuttgarter Künstler, dessen Bilder schon in den zwanziger Jahren des vorigen Jahrhunderts in New York ausgestellt wurden. Wie mit diesen Schönheiten umgegangen wurde und wird, steht auf einem anderen Blatt – und leider nicht immer in der Zeitung.

Schon sind wir bei der Stadtgeschichte, die in Stuttgart lange unverantwortlich dürftig aufgearbeitet wurde, auch im Vergleich zu anderen Städten. Umso mehr ist es die Aufgabe einer Zeitung, aufzuklären und auf Missstände hinzuweisen. Immer wieder haben auch die *Stuttgarter Nachrichten* entscheidend mitgeholfen, Wahrzeichen der Stadtgeschichte zu retten. Das Neue Schloss, die Weißenhofsiedlung, die Oper. Doch geht es beileibe nicht nur um die ästhetische Bedeutung von Baudenkmälern in einer Stadt, die nicht davor zurückschreckt, ihre Ressourcen, gar ihren Fluss oder ihr einzigartiges Wasser zu missachten und ihren Charakter zu zerstören, wenn es um Profite geht. Der Titel einer sehr gut besuchten Ausstellung am Rand der berühmten Weißenhofsiedlung im Jubiläumsjahr dieser Zeitung lautete treffend: »Stuttgart reißt sich ab«.

Angesichts der Mietkostenexplosion und der zunehmenden Wohnungsnot in Stuttgart ist es heute alles andere als eine ideologische Floskel, wenn wir uns die Frage stellen: Wem gehört die Stadt? Die politische Entwicklung, die Gefahr eines extremen Rechtsrucks, hat viel mit den Wohnverhältnissen einer Stadt zu tun. Auch in solchen Zeiten muss die Zeitung etwas tun: Zusammenhänge aufzeigen, Verbindungen herstellen, die Dinge erklären.

So gesehen können wir beim Umblättern nach wie vor neben der Information auch Spaß finden – wenn sich das Rascheln noch frisch riechender Blätter wie Musik anhört: Der Sound einer gut gefüllten Papierzeitung klingt vielleicht nicht nur in meinen Ohren erregender als das Herumblättern am Bildschirm. Das alles kann ich doch einfach mal behaupten, bevor ich jetzt einen Punkt mache auf meinem Computer.

STUKKERT AM NECKARSTROME

Alles war im Fluss, ich musste hinaus. Der erste schöne Sommertag des Jahres mitten im April bereitete mir ein so schlechtes Gewissen, dass ich am Abend in lächerlichen Turnschuhen zur U-Bahn-Haltestelle stiefelte. Wenn ich zum Fluss aufbreche, lasse ich die Stiefel im Stall. Mit hohen Absätzen und Schäften lässt es sich bei Bedarf nicht so flott schwimmen im Neckar.

Über den Wilhelmsplatz Richtung Rotebühlplatz, vor dem ausgetrockneten Brunnen lege ich eine Gedenkminute ein. Der Sigmundbrunnen, benannt nach einer ehemaligen Metzgerei in der Hauptstätter Straße, wo er bis 1968 gestanden hat. Seit 50 Jahren dekoriert er den tristen Wilhelmsplatz. Noch war nicht Fließendwassersaison, der Brunnen wirkte deshalb gehalt- und leblos wie ein paar Meter weiter das Landeshauptquartier der SPD.

Mit der Linie 14, einer unserer schönsten Straßenbahnstrecken, nach Cannstatt. Ausstieg an der Haltestelle vor dem Alten Hasen. Ich erzähle es nicht zum ersten Mal, aber die meisten haben es eh vergessen: In diesem Wirtshaus an der Neckartalstraße starb im März 1876 der Revolutionsdichter Ferdinand Freiligrath an Herzversagen. Heute ruht er mir anderen Berühmtheiten wie dem Autobauer Gottlieb Daimler und dem Komödianten Oscar Heiler auf dem Cannstatter Uff-Kirchhof, während im Hasen zuweilen die Grabgesänge der VfB-Fans erschallen.

Keine zwei Jahre vor seinem Tod hatte Freiligrath seinem Kollegen Julius Wolff die hoffnungsvolle Botschaft übermittelt: »Wir sind eben aus Stuttgart in die frische

Neckarluft von Cannstatt übergesiedelt.« Es herrschte also schon vor der Erfindung des Autos heftiger Dreckalarm im Kessel. Die Luft, schreibt der Literaturwissenschaftler Jan Bürger in seinem Buch »Der Neckar – Eine literarische Reise«, »konnte einem schon auf die Nerven gehen, als die Pferdekutsche noch das wichtigste Verkehrsmittel war.« Er belegt das mit Sätzen des Dichters Nikolaus Lenau, der 1844 in Stuttgart nichts weniger als die »Ausdünstung des Teufels« beklagte: »Verdammtes Kloakenthal! Die Luft ist zwischen diesen fleißigen und abgeschwitzten Weinbergen so dumpf u. matt, so verbraucht und beschmutzt, als wäre sie durch meilenlange Windungen von Eingeweiden hindurchgegangen, ehe man sie in Nase und Lunge bekommt.«

Das kann nur heißen: Stuttgarts Klima ist das Ergebnis eines gewaltigen, eines giftigen Dauerfurzes. Das Rathaus sollte nicht mehr Feinstaub-, sondern Flatulenzalarm auslösen. Das würde vor allem dem Umgang der Politik mit den Verkehrsinfarkten und Gestankattacken in der Stadt gerecht.

Wer sich am Alten Hasen zur Wilhelmsbrücke über den Neckar aufmacht, spaziert trotz des nervenden Verkehrs auf der Neckartalstraße in eine schöne Nische der Stadt. Am rechten Ufer liegt der Neckarbiergarten mit Blick aufs Wasser. Ein erbaulicher Platz, eine dieser Wurstsalat-Oasen abseits der betonierten Eingeweide. Wenn es dunkel wird, ist die Aussicht auf die Lichter am Fluss und die schimmernden Wellen ein Genuss. In dieser Umgebung hat der Spaziergänger endlich mal Zugang zum Wasser, er schlendert am Ufer entlang und blickt auf die Cannstatter Altstadt. Angesichts des charakterlosen Umgangs mit dem Wasser auf Stuttgarter Boden erscheint mir diese Gegend wie ein Ferienort in der Fremde. Seltsam nur, dass es an einem so herrlichen Abend wie meinem nicht mehr Menschen ins Herz von Cannstatt zieht. Womöglich ist an dieser Stelle einst Gottlieb Daimler mit seinem Motorboot vorbeigeschippert – im Sommer 1886, noch vor der Jungfernfahrt seiner Motorkutsche.

Mehr als 40 Jahre zuvor hatte Heinrich Heine in seinem berühmten »Wintermärchen« gedichtet: »Ich möchte nicht tot und begraben sein / Als Kaiser zu Aachen im Dome / Weit lieber lebt' ich als kleinster Poet / zu Stukkert am Neckarstrome.«

Mit diesen Versen im Kopf sitze ich als kleiner Neckarstromer im Biergarten. Dieses verdammte Stukkert hat bis heute nichts übrig für seinen Fluss, dem Neckar, der Stuttgart deshalb nur als läppische Durchgangsstation begreifen wird. Fast 370 Kilometer legt der Neckar von seinem Schwenninger Ursprung bis zur Mannheimer Mündung in den Rhein zurück. Von Plochingen bis nach Mannheim, auf den 200 Kilometern dieses seit 1968 schiffbaren Wegs, überwindet er 161 Meter Höhenunterschied. Das entspricht der Turmhöhe des Ulmer Münsters. Und wie großartig setzt sich unterwegs der Neckar in Szene, etwa in Heidelberg, worüber Mark Twain geschrieben hat: »Deutschland ist im Sommer der Gipfel der Schönheit, aber niemand hat das höchste Ausmaß dieser sanften und friedvollen Schönheit begriffen, wirklich wahrgenommen und genossen, der nicht auf einem Floß den Neckar hinab gefahren ist!«

Zehn Jahre vor dem Umbau des Neckarbetts für das Industriegeschäft wurde der Stuttgarter Hafen eröffnet. 2018 feiert man seinen 60. Geburtstag. Am Rathaus sehe ich ein Transparent der Ausstellung zum Jubiläum. Die Schau trägt den Untertitel: »Über die Entwicklung einer wichtigen Logistik-Drehscheibe in unserer Wirtschaftsregion.« So klingt die wahre Stuttgarter Poesie. Ja, über Zahlen und Technik wissen wir viel, beispielsweise dass ein Neckarschiffer auf der Strecke von Plochingen nach Mannheim 27 Mal eine Schleusenkammer ansteuern muss. Das erfordert gute Nerven und viel Geduld in den Fahrstühlen des Flusses.

Unsereins ist weder Seemann noch Industriekapitän, nur ein Spaziergänger, der von Zeit zu Zeit ran will an den Neckar, möglichst nahe, damit er mehr hat von seiner Stadt – und nicht dauernd von den Verbotsschildern der »Strompolizei« zurückgewiesen wird.

Was ist eine Stadt ohne Fluss? Bewegend wie ein Brunnen ohne Wasser.

Ach, der schöne Ankerplatz Wilhelmsbrücke mit dem trägen Theaterschiff am Ufer. Ich mag keine Schiffe, die nie fahren, die herumliegen, um mit schlechter Unterhaltung ihren fetten Bauch zu füllen. Viel lieber gehe ich im flimmernden Licht des frühen Sommerabends durch die Kulissen von Cannstatt, die nur der Fluss in der Stadt erschafft. Ein bisschen Großstadt tut sich auf, während der Abend allmählich aus dem Wasser steigt. Die Dunkelheit am Neckar scheint die Ausdünstungen des Teufels zu schlucken, wenigstens für eine Weile.

Und wenn ich die Ohren spitze, höre ich, wie mir die Fische unter der Brücke was husten. Ich bleibe stumm. Und weiß, was sie mir sagen wollen.

UNTER VERDACHT

Der Spaziergänger ist schon lange nicht mehr das, was er immer gern gewesen wäre. Leider läuft nicht nur der Mann, sondern auch die Uhr. Früher hatte ich ein Notizbuch, einen Stift und ein kleines Fernglas in der Tasche. Heute bin ich ein Multimedia-Monster in Stiefeln. Mit meinem Taschentelefon kann ich Fotos und Filme machen, Gespräche aufzeichnen und in der Welt herumkurven. Schlauer bin ich dadurch nicht unbedingt geworden, dafür bequemer.

Seit es diese digitalen Dinger gibt, habe ich den Traum, jeden Tag in einer Kneipe oder auf einer Parkbank zu sitzen und einfach aufzuschreiben, was ich gerade sehe und höre. Daraus ist selten was geworden. Oft sah ich nicht viel – und wurde in den meisten Kneipen mit Konservenmusik beschallt, die jeden guten Gedanken tötet, bevor sie auch das Gehör zerstört.

Ein paar Leserinnen und Leser erinnern sich vielleicht, wie ich meinen ersten Laptop »Fink« getauft und mit ihm gezerft habe wie ein Volltrottel. Neulich habe ich mir wieder einen kleinen Computer für mobile Operationen zugelegt. Immer zu Hause an die Wand zu starren macht depressiv, sagte ich mir, und in der Redaktion geht es zu wie früher bei der Nasa vor einer bemannten Raumfahrt. Unter diesen Umständen ist die eigene Stadt weiter weg als der Mond. Der Traum vom Kaffeehausschreiber wiederum ist etwas kindisch. In meinem Alter ist man froh, ohne besorgte Blicke der Kellnerin einen doppelten Espresso zu bekommen. Würde ich vor ihren Augen auf einem Computer herumhacken, würde sie womöglich den

Notarzt rufen. Überhaupt ist es nach meinen jüngsten Erfahrungen nicht ratsam, zu viel Technik einzusetzen. Längst ist es ja Routine oder Sucht, überall mit dem Fotoapparat des Taschentelefons herumzufuchteln: Sehe ich was Auffälliges, knipse ich es. Das ist, weiß ich heute, brandgefährlich.

Neulich kam ich in der Katharinenstraße am Bolzplatz vor dem Züblin-Parkhaus vorbei. Der Platz wird von einem großmaschigen Gitter abgeschirmt, dahinter spielten kleine Jungs Fußball. Das Parkhaus soll irgendwann abgerissen werden und die Gegend rund um den Leonhardsplatz neu gestaltet werden. Knipse den Betonkasten, sagte ich mir, er wird dich noch beschäftigen. Also ging ich zum Gitter. Und weil ich, wie es die Ehre des Sportreporters verlangt, unbedingt den Ball der Spieler im Vordergrund festhalten wollte, verfolgte ich eine Weile gebannt das Match durch mein Taschentelefon. Erst als ich die Kugel erwischt hatte, ging ich, künstlerisch befriedigt, meines Wegs.

Einige Meter weiter landete ich vor den Drei Mohren, einem rustikalen Gasthaus, in dem ich gern einkehre. Der Name des Lokals irritiert seit einiger Zeit politisch korrekte Zeitgenossen. Schon öfter wurde ich gefragt, ob ich keine Bedenken hätte, dieses Gasthaus aufzusuchen. Nicht nur der Name klinge rassistisch, auch die Skulptur an der Fassade sei mehr als grenzwertig: Über dem Gasthausschild stehen auf einem Mauervorsprung drei junge Herren mit schwarzer Hautfarbe und lockigem Haar, bekleidet nur mit goldenen Lendenschürzen, geschmückt mit Halskette und Ohrringen.

Das Lokal Drei Mohren hat eine abenteuerliche Geschichte. Bis 1977 stand es in der Friedrichstraße in der Nähe des Kleinen Schlossplatzes, ehe es – wie viele andere schöne Dinge in der Stadt – einem Büroklotz weichen musste. Die Brauerei-Manager konnte man damals davon abhalten, das jahrhundertealte Lokal komplett dem Erdboden gleichzumachen. Sie lagerten Mobiliar und Fachwerkfassade des Hauses so lange ein, bis sie einen neuen Platz dafür fanden. Seit den Neunzigern schmückt das Gasthaus an der Grenze zwischen Bohnen- und Leonhardsviertel die Pfarrstraße.

Da ich schon mal in der Gegend war, knipste ich auch die Drei-Mohren-Fassade – und zoomte die drei Jungs in den goldenen Lendenschürzen dicht zu mir heran. Eines Tages, sagte ich mir, wird dich dieses Politikum einholen. Schließlich hat man auch den »Mohrenkopf« aus dem öffentlichen Sprachraum verbannt.

Ich selbst bin im Fall Drei Mohren eher gelassen: Weder beim Namen noch beim Wandrelief kommen mir rassistische Gedanken. Auch habe ich vor dem Kampf um Bürgerrechte zu viel Respekt, als dass ich die Menschenwürde der Schwarzen durch ein Stuttgarter Wirtshaus gefährdet sähe. Im Namen von Martin Luther King und Angela Davis, von Malcolm X und Muhammad Ali: Als kleines Weißbrot aus dem Kessel maße ich mir da kein Urteil an.

Aber das Leben ist hart. Nur Sekunden nach meinem intensiven Gasthaus-Shooting wurde ich von einem Polizistenpärchen in Uniform gestellt: Personenkontrolle! Scheiße, dachte ich, jetzt hängen sie dich wegen Rassismus. Auf meine Frage, weshalb ich mich als freilaufender Bürger am helllichten Tag ausweisen müsse, nannte mir der männliche Teil des Duos einen fürchterlichen Tatverdacht: »Sie wurden beobachtet, wie Sie Kinder gefilmt haben.«

Ich sackte zusammen. Der Pädophilie verdächtigt, bist du für immer erledigt. Mit letzter Kraft zückte ich mein Taschentelefon, um den Polizisten zu beweisen, was mich in Wahrheit umtreibt. Ich zeigte ihnen Bilder vom menschenleeren Feuersee und einem VfB-Plakat, das ich wegen seines weithin sichtbaren Grammatikfehlers geknipst hatte. Obwohl der Beamte grinsen musste, sah es nicht gut für mich aus. Beobachtet worden war ich als Kinderschreck zwar nur am Bolzplatz. Da ich aber nach den kleinen Jungs aus Fleisch und Blut auch noch halb nackte junge Herren aus Stein geknipst hatte, hätte sogar ich als Nichtbulle schweren Verdacht geschöpft.

Die Detektive aber erwiesen sich nach kurzer Recherche als erfahrene Profiler und Bildauswerter. Im Fokus meiner Bolzplatz-Aufnahmen, sagte der männliche Teil des Polizeiduos, stehe nach menschlichem Ermessen eindeutig das Züblin-Parkhaus – und kein kleiner Junge. Weil dann auch die drei Mohren solidarisch auf eine Anzeige verzichteten, konnte ich als freier Mann abziehen, ein Wirtshaus aufsuchen – und diese Geschichte in meinen nagelneuen Computer tippen.

BEIM BART DES PROFESSORS

Dietrich Krauß hat kein Auto. Mit Frau und Kindern wohnt er am Stuttgarter Bopser, sein Büro teilt er sich mit Architekten, Webdesignern und einer Kuratorin in der Mozartstraße. Diese Adresse gehört zum Heusteigviertel, das mangels großstädtischer Quartiere im Kessel gern als Biotop urbaner Kreativität gehandelt wird.

Krauß könnte in jeder Gegend der Stadt arbeiten, die er ohne Verkehrsmittel erreichen kann. In Stuttgart, sagt der überzeugte Fußgänger und Straßenbahnpassagier, musst du eigentlich nie fahren, um irgendwo hinzukommen, der Kessel ist überschaubar. Zurzeit arbeitet Dietrich Krauß, Doktor der politischen Philosophie, an Texten zum Thema »Auto« – erstellt Analysen, erforscht die Aberwitzigkeit des Objekts.

Wenn er davon erzählt, sieht man in seinen Augen, wie viel Spaß es ihm macht, dieses monströse Kapitel einer vergifteten Gegenwart aufzudecken. In einer Welt, in der man Sündenbock- und Propagandastrategien im Fall VW und den Autofetischismus keifender SUV-Süchtiger in der Enge der Stadt studieren kann.

Dietrich Krauß arbeitet für »Die Anstalt« des ZDF. Seit 2014 ist er der Autor dieser Kabarettshow, Texter im Zusammenspiel mit den Bühnenkomikern Max Uthoff und Claus von Wagner. 2015 erhielten sie den Grimme-Preis.

Als ich Herrn K. in der Mozartstraße besuche, treffe ich einen Mann von ungewöhnlicher Gelassenheit. Es braucht wohl diese innere Ruhe, um den Dingen mit radikalem Denken auf den Grund zu gehen. Kabarett gilt als die Kunst, die Realität so geschickt zuzuspitzen und zu überhöhen, bis die Wahrheit ans Licht kommt. Das ist weiß Gott nicht immer lustig.

Dietrich Krauß, 1965 in Gerabronn bei Crailsheim geboren und in Stuttgart zu Hause, verkörpert das Handwerk der ZDF-»Anstalt«, die sich vom fernsehüblichen Nummernprogramm verabschiedet hat. Er ist ein erfahrener Kabarettist, war in den Achtzigern und Neunzigern Partner von Wolfgang Kröper beim erfolgreichen Duo Die Märchenprinzen. Daneben studierte er in München Journalismus und arbeitete 20 Jahre lang beim SWR-Fernsehen, wo er bis heute unter Vertrag ist für Unterhaltung, Wirtschaft, Wissenschaft; der Sender hat ihn der »Anstalt« ausgeliehen.

Die ZDF-Show mit den Herren Uthoff und Wagner ist ein Mix aus investigativem Journalismus und kerniger Satire. Da sehen wir Szenen, die gegen alle Regeln des deutschen TV-Kabaretts zu verstoßen scheinen. Gerade diese Gesetzesbrüche haben die Show erfolgreich gemacht: Seit Uthoff, Wagner & Krauß in die »Anstalt« eingezogen sind, schalten sich vermehrt junge Leute zu, viele im Internet. Das ist bei den Öffentlich-Rechtlichen schon deshalb eine Art Sensation, weil sich die Show nicht etwa mit Comedy-Blödeleien anbiedert, sondern zwischen starken Pointen das gute alte Schulbuch aufschlägt. Es ist definitiv lustig, wenn Herr K. erzählt, wie bei dieser Arbeit alte Rituale über den Haufen geworfen werden: Scheinbar hoffnungslos altmodisch, besinnt sich »Die Anstalt« auf Werte wie Aufklärung und Didaktik. Da steht plötzlich ein Komiker wie ein Außerirdischer an der Tafel und erläutert dem Publikum mit Linien und Kreisen komplizierteste politische und wirtschaftliche Hintergründe.

Und beim Bart des Professors: Diese Pädagogik funktioniert, das Publikum nimmt die Belehrungen dankbar an – selbst dann, wenn erzählt wird, wie die Amerikaner schon zu Jelzins Zeiten mit reichlich Dollars die Politik der Russen manipulierten. Normalerweise, von Vorurteilen versaut, hätte man vom jungen Publikum die Reaktion erwartet: Who the fuck is Jelzin? Die Neugier auf Wahrheit und Geschichte aber ist nicht tot – und die Lage so ernst und verworren, dass sie vielen Menschen womöglich am besten mit diesem virtuosen »Anstalt«-Mix aus Recherche und Humor zu erklären ist.

Herr K. sagt: Es ist verrückt, die Auftritte eines Präsidenten Trump sind schon im richtigen Leben dermaßen extrem und absurd, dass sie mit den Mitteln der TV-Komik kaum noch zu überbieten sind. In dieser surrealen Situation tut sich in der »Anstalt« etwas Verrücktes: Die Komiker treiben die Dinge nicht mehr zum Äußersten – sie erklären mit penibel gesammelten Fakten die Zusammenhänge. Kabarett paradox. Nicht erst seit Trump.

»Die Anstalt« hat das Kabarett nicht neu erfunden. Ihre Ensemble-Arbeit mit Gastkünstlern – eine Abkehr von der Solistenroutine, wie sie etwa der stockkonservative Comedy-Pfau Dieter Nuhr in der ARD vorführt – orientiert sich an Großmeistern wie der britischen Truppe Monty Python. Wichtigster Grund für den Erfolg der Sendung ist neben der guten Chemie im Autorenteam eine vermeintliche Selbstverständlichkeit: Das ZDF, sagt Herr K., lässt dem Team alle Freiheiten. Nie tauchen Zensoren auf, die Qualitäten ideologisch oder nach Bauchgefühl beurteilen, ihrem Privatgeschmack, der vorzugsweise bei der amateurhaften Produktion schlechter Shows ausgebildet wurde.

Die Methode des »Anstalt«-Teams bringt naturgemäß reichlich Feinde in Stellung: Je nach Bedarf gelten die Künstler als »Nato-Huren« oder »Putin-Lakaien«. Und nach guter deutscher Sitte bewertet man ihre Satire oft genug so humorlos, als handle es sich um Dokumentationen oder »heute«-Kommentare. Die Meinungs- und Kunstfreiheit hat es nicht leicht in einem Land, in dem Humor bis heute gern als bloße Heiterkeit gedeutet wird.

Am meisten Zorn und Wut erntete »Die Anstalt« übrigens bei ihrer skurrilen und informativen Show über die Geschichte des Feminismus: Da traf die Kritik an der herrschenden Frauenfeindlichkeit nicht mehr nur Bosse und Politiker. Das Publikum, vor allem die versammelte Herrlichkeit, sah sich mit dem eigenen Schweinehund konfrontiert. So schwer fiel es den Machos noch nie, Betroffenheit zu heucheln.

KOSCHER

Um mir eine Fahrkarte für einen Ausflug zu kaufen, gehe ich zum Bahnhof. Hätte ich mir das Billett online mit dem Taschentelefon besorgt, wäre mir etwas entgangen. Lange beobachte ich fasziniert, wie die Leute in der Bahnhofshalle achtlos über den am Fußboden angebrachten Ruhmesstern für Carl Laemmle hasten.

Nach dem Vorbild von Hollywoods Walk of Fame hat man für den legendären Filmproduzenten bei uns ein Zeichen gesetzt: Neben dem Fünfzack mit seinem Namen wirbt ein Plakat für eine Ausstellung im Haus der Geschichte: »Carl Laemmle presents – Ein jüdischer Schwabe erfindet Hollywood«. Laemmle, 1867 im oberschwäbischen Laupheim geboren, wandert mit 17 Jahren in die USA aus, gründet 1912 in Los Angeles die Universal Studios und steigt zu einem der großen Pioniere des Hollywood-Films auf.

Berühmte Landsleute der Vergangenheit sind zurzeit stark präsent in der Stadt: Das Landesmuseum zeigt gerade die Ausstellung »Die Schwaben. Zwischen Mythos und Marke«. Die gierige Suche nach den menschlichen Zügen eines angeblichen Regionalcharakters hat mal der Tübinger Kabarettist Uli Keuler, einer der wenigen ernst zu nehmenden schwäbischen Mundartkomiker, auf den Punkt gebracht. Gefragt, wie er den »typischen Schwaben« beschreiben würde, sagte er: »Häufige Merkmale sind, dass er zwei Augen hat, eine Nase, einen Mund, zwei Ohren, dann unterschiedliche Geschlechtsmerkmale. Genaueres kann ich nicht sagen.«

Carl Laemmle (ursprünglich Karl Lämmle) blieb Laupheim zeitlebens nicht nur emotional, sondern auch mit großzügigen Spenden verbunden. In der Nazi-Diktatur setzte er sich für die Juden seiner Heimat ein und bewahrte viele vor der Ermordung.

Es war kurz vor den Holocaust-Gedenkfeiern, am 27. Januar 2017, dem Befreiungstag von Auschwitz, als ich an Carl Laemmles Stern im Bahnhof stand. Erfahrungsgemäß werden einem die Ausmaße des Nazi-Terrors am besten durch die Konfrontation von historischen Verbrechen mit den bis heute sichtbaren Tatorten bewusst. Die Stolpersteine auf den Gehwegen vor den ehemaligen Wohnungen ermordeter Juden machen die Geschichte intensiver erfahrbar als Politikerreden. Es sind die allgegenwärtigen Orte der Schreckens, die eine emotionale Nähe zum Unvorstellbaren herstellen – und gleichzeitig den Blick auf das Treiben der Rechten und der Nazis der Gegenwart öffnen.

Neulich besuchte ich das Restaurant Teamim in der Synagoge im Hospitalviertel. Ein Mitglied meines vierköpfigen Männervereins zur Erkundung von Lokalen in der Stadt hatte diesen Ort ausgewählt. Der Eingangsbereich der Synagoge mit Garten in der Hospitalstraße wird zurzeit umgebaut. Ins Gebäude gelangt man über die Rückseite, Firnhaberstraße. Für den Besuch im tagsüber geöffneten Restaurant muss man sich anmelden, der Sicherheitsdienst prüft bei der Ankunft in der Synagoge die Personalausweise.

Im Lokal selbst herrscht wohltuende Gastfreundschaft. Die Brüder Aurel und Richard Jäger, die beiden Köche, bereiten koscheres Essen zu. Die Zutaten kommen aus Frankreich und Israel. Wir essen Gemüsesuppe und Couscous, beides ausgesprochen gut. Die Brüder erzählen, dass es für das Lokal Umzugspläne innerhalb der Synagoge gebe. Jetzt erst wird mir bewusst, dass ich so gut wie keine Juden in Stuttgart näher kenne. Nehme mir vor, bald wieder zu kommen, um mehr zu erfahren.

Die heutige Synagoge wurde am 13. Mai 1952 eingeweiht. Auch die erste Stuttgarter Synagoge, 1861 eröffnet, stand in der Hospitalstraße. Beim Novemberpogrom 1938 brannte der Nazi-Mob unter dem Gejohle Schaulustiger aus der Stadt das Haus nieder. Es wurde vollkommen zerstört, wie auch die Synagoge in Cannstatt.

Nach Kriegsende waren von einst fast 5000 jüdischen Mitbürgern nur noch 24 in der Stadt. Sie waren dank glücklicher Zufälle nicht deportiert worden oder hatten in Verstecken überlebt. Schon bald aber, bis zum Sommer 1946, kamen unerwartet viele nach Stuttgart: Die US-Besatzungszone wurde zentrale Aufnahmestelle für Juden aus Osteuropa, vor allem aus Polen. Die Amerikaner führten diese Flüchtlinge als Displaced Persons (DP) – Heimatlose, Menschen am falschen Platz.

Von 1946 bis 1948 werden in der Reinsburgstraße zwei jüdische Zentren mit Betraum eingerichtet, provisorische Synagogen. Am 29. März 1946 stürmen mehr als 200 Stuttgarter Schutzpolizisten und Kriminalbeamte das DP-Camp im Westen der Stadt, um nach Schwarzmarktwaren zu suchen. Bei der Razzia beginnen Polizisten zu schießen. Der polnische Jude Samuel Danziger geht zu Boden. Er hat Auschwitz überlebt und wie durch ein Wunder einen Tag vor der Polizeiaktion seine Frau und seine zwei Töchter in der Reinsburgstraße wiedergefunden. Als die Amerikaner die Razzia abbrechen, ist es zu spät. Der Schuss aus einer deutschen Polizeiwaffe hat Samuel Danziger in den Kopf getroffen und getötet. Der Schuldige wird nie ermittelt, der Vorfall in der Stuttgarter Geschichtsschreibung lange vertuscht.

VERMISST[*]

Ein Freund aus Berlin rief mich an mit der Bitte, in Stuttgart einen alten Freund von ihm zu suchen. Seit einiger Zeit gehe er nicht mehr ans Telefon, beantworte keine E-Mails und keine Briefe.

Ein kaum bemerkenswerter Auftrag für mich, den gewohnheitsmäßigen Spaziergänger. Die Adresse des Vermissten war bekannt und keine halbe Stunde von meiner Wohnung entfernt. Ich ging nicht los in der Erwartung, in einer abgelegenen Wohnung irgendwo unterm Dach einen Toten zu finden. Unsere Stadt ist zu klein für Anonymitäten.

Ich wusste nicht, wie lange mein Freund aus Berlin gewartet hatte, bis er die Suche aufnahm. Vielleicht war der längst begraben und vergessen, was mich nicht gewundert hätte. Vor Jahrzehnten war er unter linken Intellektuellen ein bekannter, unorthodoxer und streitbarer Autor gewesen, der, wie man so sagte, den Diskurs mitbestimmte, ein glänzender Rhetoriker auf den wichtigen Podien der Republik. Der Berliner Freund, ein bekannter Kleinverleger, hatte eine Reihe von Büchern von ihm veröffentlicht. Ein paar hatte ich gelesen, eines sogar mit Begeisterung. Es handelte von Balzac und dem Literaturgeschäft. Das Geschäft war im 19. Jahrhundert so ausbeuterisch wie heute.

Obwohl der Vermisste lange in derselben Stadt lebte wie ich, war ich diesem scharfsinnigen, brillant schrei-

* Dieser Text ist 2018 in dem von Stefan Geyer herausgegebenen Buch »Vom Warten« im Marix Verlag erschienen.

benden Mann nur selten begegnet. Ich erinnere mich, wie ich ihn und den Verleger einmal kurz vor einer Groß-kundgebung gegen das Immobilienprojekt Stuttgart 21 am Bahnhofseingang traf. Der Autor grinste mich an und fragte, ob ich immer noch an solch lustigen, sinnlosen Aktionen teilnähme. Er selbst war gekommen, um den Verleger abzuholen. Der Höhepunkt des Protests gegen Stuttgart 21 war schon einige Monate überschritten, und der Autor hatte bereits sein Buch »Kapitalismus Forever« veröffentlicht. Ich hatte es gelesen und an seiner Er-kenntnis zu kauen, dass es keinen Sinn mehr habe, auf politische Veränderungen zum Guten zu warten. Oder gar dafür zu kämpfen – schon weil das Wort »kämpfen« an-gesichts wirklicher Kämpfe oft genug ziemlich läppisch klingt.

Als ich mich nun Jahre später auf den Weg machte, den Autor zu suchen, gingen mir diese Bahnhofserinnerungen durch den Kopf, und mir wurde etwas mulmig, weil ich befürchtete, ich könnte ihn bei guter Gesundheit in dunkler Zurückgezogenheit antreffen und erneut Opfer seines Zynismus werden, gegen den ich mir nicht den Hauch einer Chance gegeben hätte.

Sollte er wider Erwarten auf mein Klingeln hören, wer-de ich meinen ganzen Mut zusammennehmen und sagen: Guten Tag, Meister, ich bin Emil der Detektiv und kom-me im Auftrag deines Verlegers, bei dem du früher nicht annähernd das verdient hast, was du verdient gehabt hät-test.

Dann stand ich vor einem der Wohnblöcke, die man in der Republik gebaut hat, um in großen Kästen möglichst viele Menschen auf kleinem Raum unterzubringen. Nach einigen Minuten fand ich seine Klingel, sah den über-quellenden Briefkasten und begann mit einer Übung, die wir als Kinder »Klingelputzen« genannt hatten. Das war mir etwas peinlich, auch wenn ich nicht wie früher wegrennen musste. Eine Weile rührte sich nichts. Es war Nachmittag, die Menschen waren bei der Arbeit oder nicht so träge, ihre Rente zu Hause abzusitzen. Als endlich eine ältere Frau aus dem Fenster schaute, sagte ich, dass ich den Freund eines Freundes suche und nichts verkaufen wolle. Sie schüttelte den Kopf, hatte den Namen ihres Nachbarn nie gehört. Ich klingelte wahllos weiter. Spaziergänger haben keine Eile, sie haben Zeit zu warten.

Ein zweites Mal ging ein Fenster auf, und als ich darauf hinweisen wollte, dass ich kein Vertreter sei, sagte eine freundliche Frau: »Das ist ja eine Überraschung, ich kenne Ihr Gesicht aus der Zeitung.« Zum Glück kannte sie auch den Namen des Autors, wusste aber nicht, wo er abgeblieben war. Vielleicht in einem Heim, sagte sie, sie habe so etwas gehört. Wie dieses Heim hieß, wusste sie nicht, erinnerte sich aber an das Wort Hase im Namen. Dann fiel ihr ein, dass der Mann, den ich suchte, hin und wieder von jemandem aus dem Viertel besucht worden sei, einer aus einem Eckhaus in einer benachbarten Straße. »Der macht irgendwas mit Computern«, sagte sie.

Ich folgte ihrer Wegbeschreibung, hielt Ausschau nach einem Eckhaus mit Computerspuren und stand schließlich vor einem Schild mit der Aufschrift »Tonstudio«. Ein Mann, der schon eine gute Strecke seines Lebens hinter sich zu haben schien, stand vor der offenen Tür. Ich sagte: »Mann, an dieser Ecke hätte ich alles erwartet, bloß kein Tonstudio.« Bald war klar, dass der Mann, der sich nach längerem Zögern als Milan vorstellte, nichts mit Computern am Hut hatte. Er war ein eiserner Analog-Anhänger und erzählte, dass er demnächst in Rente gehe und sein Nachfolger leider schon dabei sei, den Laden zu digitalisieren.

Das Studio war im Keller und Milan anscheinend im

Schlagergeschäft. Es roch an dieser Ecke nach Schlager, und etliche Stunden später konnte ich im Internet über Milan auch nichts anderes finden außer einem Hinweis auf irgendein Schlagerding. Er war dermaßen anlog, dass er nicht mal eine Homepage hatte.

Dafür kannte er den Gesuchten. Zunächst hatte mich Milan etwas misstrauisch beäugt, wurde aber etwas gesprächiger, als er merkte, dass mir die Rummelplatzlichter seines Berufslebens nicht ganz fremd waren. Es stellt sich heraus, dass er den Vermissten irgendwann zufällig kennengelernt und ihm seine kleine Wohnung abgetreten hatte, nachdem die Frau des Autors gestorben und die große Wohnung nicht mehr zu halten gewesen war.

Der Autor aber behandelte – vermutlich schon krank – den Musikproduzenten nicht gerade gut und schmiss ihn eines Tages raus, als er für ihn wieder mal freundlicherweise die nötigsten Einkäufe erledigt hatte. Milan nahm ihm das immer noch übel, er wusste nichts von der Art der Krankheit des Autors und brach die Beziehung ab.

Er gab mir eine Visitenkarte aus Plastik, sie wies ihn aus als Musikproduzent und Verleger, Tonmeister, Komponist und Texter, Discjockey, Hifi-Fachberater und Bürokaufmann. Die ganze Geschichte machte mir schon auf meinem Heimweg schwer zu schaffen, weil mir als Emil der Detektiv die Verbindung eines einstmals bekannten Sozialwissenschaftlers und Publizisten mit einem analogen Schlagermanager aus einem Kellerstudio in einer durch und durch bürgerlichen Wohngegend so merkwürdig vorkam, dass mir der verstörende Gedanke kam, ich hätte an einem langweiligen Tag die ganze Geschichte nur erfunden, um sie aufzuschreiben. Kein halbwegs klar denkender Mensch kann erwarten, einer solchen Geschichte in der Wirklichkeit zu begegnen.

Das Pflegeheim mit dem Hasennamen lag etwas im

Abseits der Stadt, war aber aber auf digitalem Weg so schnell gefunden wie der Autor telefonisch als Patient ermittelt. Bald darauf kam der Verleger angereist, und wir besuchten den Autor. Der rauchte Filterzigaretten und trug wie früher seinen kleinen Schnurrbart. Den Verleger erkannte er sofort. Wir redeten eine Weile, und wir lachten, als ich die alte Geschichte von dem depperten Demonstranten vor dem Bahnhof erwähnte.

Einige Bemerkungen des Autors ließen erahnen, dass er bereute, sich zu viel um den Diskurs und zu wenig um sich selbst gekümmert zu haben. Er wusste von seiner Krankheit. Einmal sagte er: »Diese Krankheit zeigt, zu welchen monströsen Auswüchsen das menschliche Gehirn fähig ist.« Als ich diesen Satz heimlich unterm Tisch in mein kleines Notizbuch kritzelte, hätte ich fast überhört, wie der Autor zu seinem Verleger sagte: »Bei dir hat die Gehirnerweichung auch schon große Fortschritte gemacht.«

Einige Tage später, nachdem ich nachts von unserem Besuch im Pflegeheim geträumt hatte, beschloss ich, den Autor noch einmal zu besuchen und stieg mit einer Stange Filterzigaretten in ein Taxi. Als das Auto schon fuhr, fiel mir auf, dass ich zum ersten Mal in meinem Leben in einem Tesla saß. Zufällig hatte ich gerade Anthony McCartens Roman »Licht« über die kapitalistischen Verbrechen des Bankers J. P. Morgan im Leben des Erfinders Thomas Alva Edison gelesen und wusste, dass das Stromgenie Tesla der Gegenspieler Edisons und am Ende der Betrogene war.

Die Luxuskarre roch neu und teuer und rollte so geräuschlos Richtung Pflegeheim, dass ich schon wieder fürchtete, etwas stimme nicht mit mir. Womöglich, dachte ich unterwegs, hatte der Autor sich eines Tages vorgeworfen, zu lange gewartet zu haben, sein Leben zu ändern, weil er an der Veränderung der Welt gearbeitet hatte. Wenn er in seinem Rollstuhl noch auf etwas wartete, dann sicher nicht auf mich. Er litt an Demenz.

Nicht lange nach meinem Besuch im Heim erschienen alte Texte des Autors in neu veröffentlichten Büchern des Verlegers. Ich werde Milan suchen müssen, um mir zu beweisen, dass ich nicht alles erfunden habe.

LICHT

Womöglich war es das unsinnigste Unternehmen meiner bisherigen Spaziergängerlaufbahn: Erst irrte ich auf der Suche nach der Dieselstraße bei strömendem Regen in Feuerbach herum, dann peilte ich beim selben Sauwetter die Edisonstraße in Zuffenhausen an. Ich weiß, Adressen lassen sich leicht mithilfe eines Taschentelefons finden, sofern einer weiß, wo Norden und Süden ist. Was aber jucken mich Nord und Süd oder gar die heuchlerische, von Marketingfritzen gelenkte Wiederentdeckung einer Fortbewegungsart namens Spazierengehen.

Der Autoverkehr stinkt nach wie vor zum Himmel, und ein aufrichtiger Herumstiefler pfeift auf vorgegebene und deshalb langweilige Routen. Seine Devise lautet: Das Ziel steht im Weg, vorwärts – und nicht vergessen, Augen, Ohren und Nase zu öffnen.

Eines der zurzeit populärsten Wörter heißt Diesel. Aber wer denkt schon dabei an die tragische Geschichte des Herrn Rudolf Christian Karl Diesel: Geboren am 18. März 1858 in Paris, lange tätig in Augsburg, verschwunden am 29. September 1913 im Ärmelkanal auf der Fahrt nach London. Ausgerechnet auf einem Dampfschiff, dessen Maschine seit der Erfindung des Dieselmotors keine Zukunft mehr hatte. Die Leiche des Ingenieurs wird im Wasser gefunden. Ob Selbstmord oder Verbrechen, das wurde nie geklärt.

Zu seinem 150. Geburtstag, 2008, und zu seinem 100. Todestag, 2013, haben ihn die Medien noch einmal als Technikgenie gefeiert, als einen der bedeutendsten Ingenieure der Welt. Heute verfolgt uns die irre geführte Debatte über das Dieselverbot. Dieser Streit hat mich, der aus Überlebensangst nie eigenhändig eine Motorhaube geöffnet hat, nach Feuerbach geführt. Die Dieselstraße liegt in der Nähe des Theaterhauses auf der Prag, wo gleich mehrere Tüftler auf Straßenschildern verewigt sind: Maybach (Autos) und Dornier (Flugzeuge), die Herren Leitz (Aktenordner), Junghans (Uhren) und Hohner (Instrumente). Diese klingenden Namen können nicht darüber hinwegtäuschen, dass ich in diesem Industriegebiet nur selten auf menschliches Leben treffe. In dem verwirrenden Niemandsland mit Baulöchern und Kränen entdecke ich dafür Dinge, von denen ich nie zuvor gehört habe: das Synlab-Umweltinstitut, eine »Food & Eventlocation« namens Work Station und eine »Schule für Popgesang« namens Go Vocal. Was es alles gibt in der Diaspora.

Die kurze Dieselstraße säumen weitgehend alte Wohnhäuser. Doch kommt man auch am riesigen Areal mit den Menschenskulpturen der Immobilienfirma MKI vorbei: »Hier treffen sich Anwälte und Künstler, Gastronomen und Ballettschülerinnen, Firmengründer und alte Hasen…«, heißt es auf der Homepage. Unübersehbar in der Dieselstraße ist auch das Gospel-Forum. Das stattliche Anwesen gehört einer Freikirche, deren erzkonservativen, hierarchischen Praktiken häufig kritisiert werden.

Die Straße erhielt ihren Namen in der Nazi-Ära, 1937. Dass Dieselmotoren bald für die internationale Kriegsmaschinerie eingesetzt wurden, ist ein Beispiel für Fluch und Segen vieler Erfindungen.

Wie andere Genies reibt sich Diesel auf zwischen schöpferischer Arbeit und wirtschaftlichem Druck, dem er als Geschäftsmann nicht gewachsen ist. Und wie andere Größen beschäftigen ihn die gesellschaftlichen Verhältnisse: Er hat die Vision von einer Wirtschaft, in der die Arbeiter die Güter selbst finanzieren, produzieren und verteilen – und durch eine »Volkskasse« abgesichert werden. Über sein Buch »Solidarismus« (1903) sagt er: »Dass ich den Dieselmotor erfunden habe, ist schön und gut. Aber meine Hauptleistung ist, dass ich die soziale Frage gelöst habe.«

Dieser Mann hat eine unendliche Geschichte, doch muss ich weiter nach Zuffenhausen. Die Edisonstraße liegt in der Nähe der Straßenbahnhaltestelle Wimpfener Straße und einer historischen Arbeitersiedlung. Der Volksmund hat sie aufgrund ihrer früher meist sozialdemokratischen Bewohner »Kommunistenblock« getauft. Leider sind die Häuser bereits zum Abriss verurteilt. Es werden neue, teure Wohnungen gebaut.

Thomas Alva Edisons Leben hat mich elektrisiert, als ich neulich Anthony McCartens Roman »Das Licht« (Diogenes-Verlag) gelesen habe. In dem Buch geht es um die unglückselige Verbindung des Mannes, der das elektrische Licht in die Städte gebracht hat, mit dem schwerreichen Banker und Unternehmer J. P. Morgan, der schon vor mehr als hundert Jahren die totale Deregulierung der US-Wirtschaft anstrebte – wie sie heute Donald Trump rigoros vorantreibt.

Die Edisonstraße liegt weit vom Schuss. Nach meinem Gang durch die beschauliche Vorgarten- und Eigenheimkulisse verirre ich mich auf meinem weiteren Weg durchs Grüne, komme zum Glück aber an Maisfeldern vorbei, die mich wochenlang ernähren könnten. Irgendwann hilft mir nur noch der ferne Klang einer Kirchenglocke, eine Straßenbahnstation zu finden.

Den Roman »Licht« des neuseeländischen Schriftstellers und Drehbuchautors McCarten kann ich nur empfehlen. Großer Stoff, großartig erzählt: Es geht um Machtgier und Moral, um Fortschritt und Profit – und um zu Tode gegrillte Gorillas und Menschen. Edison hat den elektrischen Stuhl entwickelt. Und wer wie ich am Abend nach meinem Regenausflug zufällig zwischen den Gebäuden des neuen Breuninger-Komplexes herumstolpert und die Buchstaben des Elektroauto-Unternehmens Tesla im Schaufenster leuchten sieht, wird erst recht »Das Licht« lesen und sich auch mal, wie Alva Edison, die Dunkelheit zurückwünschen. Im Buch erfährt man alles über Edisons Widersacher George Westinghouse und dessen Gesinnungsgenossen, den schrulligen serbischen Wechselstrom-Entwickler Nikola Tesla, geboren zwei Jahre vor Rudolf Diesel. Als in einem Disput Edison die Vorzüge seines Gleichstroms rühmt, radebrecht Tesla, der bald ebenfalls von J. P. Morgan finanziert wird: »Sie können nicht sagen, dass Gleichstrom ist sicherer. Das ist nicht sagbar.«

Sagbar ist heute: Der Konflikt zwischen der Diesel- und der Tesla-Fraktion wird sich zuspitzen und der Stinkemotor am Ende verlieren. Aber man braucht weder die eine noch die andere Karre, um sich in der Prärie der Stadt den Geschichten der Herren Diesel und Edison zu nähern.

REVOLUTION

Wir sind wieder so weit, angeblich »zwischen den Jahren« 17/18, als seien das zu Ende gehende und das kommende zwei Mühlsteine oder zwei Fronten, zwischen die man geraten kann. In Wahrheit gibt es nicht mal einen Millimeter Raum oder eine Tausendstelsekunde Pause zwischen dem alten und dem neuen Jahr, wenn uns hierzulande die Pyromanen mit Lärm, Gestank und Dreck vom einen ins andere hinüberballern oder vollends aus den Stiefeln schießen.

Nur ein paar Verirrte laufen mit der Botschaft »Bauernbrot statt Böller« durchs Schlachtgetöse. Doch haben sie mit ihrem Hinweis auf das Elend und den Hunger in der Welt keine Chance gegen Kugelbomben, Marschflugkörper und Kanonenschläge. Schon weil sich die Hobbyfeuerwerker an Silvester bis zum Anschlag vollstopfen getreu ihrer Moral: Erst kommt das Fressen – und dann kommt das Fanal.

Stuttgart ist seit jeher ein ergiebiger Jahresendkriegsschauplatz. Dank seiner Kessellage können die Aggressoren sehr effektiv Raketenangriffe starten und die Schlachtenbummler das Ganze mit viel Übersicht auf den Hügeln begaffen. Die Silvesternacht zählt nicht unbedingt zu unseren politisch verordneten »Luftreinhaltetagen«, die schon in ihrer Wortkonstruktion nichts anderes sind als billige Täuschungsmanöver: Kein Mensch kann vergiftete Luft »reinhalten«, selbst dann nicht, wenn er mal einen Tag lang keinen Dreck macht, weil sein Porsche Cayenne von Autoschiebern geklaut oder von Revolutionären an den Laternenpfahl gehängt wurde.

Das Thema Dreck erinnert mich an eine Geschichte, die uns im neuen Jahr beschäftigen könnte, weil 2018 überall Erinnerungsveranstaltungen an die deutsche Revolution und das Ende des Kriegs vor hundert Jahren auf dem Programm stehen. 1918 hat man auch bei uns im Land die Monarchie abgeschafft, mit einem weinenden Auge, weil viele Untertanen Württembergs König Wilhelm II. für einen netten Kerl hielten und ihm schwanzwedelnd »Grüß Gott, Herr König« zuriefen, wenn er mit seinen zwei Hunden der Marke Spitz durch die Stadt spazierte.

Ich will das damalige rebellische Potenzial unseres Landstrichs nicht bewerten, bin ich doch trotz meines Alters dem alten Wilhelm nicht mehr persönlich begegnet. Heute kann ich nach mehreren Undercover-Beobachtungen lediglich berichten, dass unser Oberbürgermeister in den Straßen auch deshalb so gut wie nie gegrüßt wird, weil ihn kein Mensch erkennt. Er sollte sich dringend einen zweiten Spitz anschaffen.

Viel spektakulärer als bei uns ging es bei der Revolution 1918/19 in unserer südlichen Nachbarstadt München zu. Der Publizist Volker Weidermann hat über die bayerische Räterepublik das Buch »Träumer – Als die Dichter die Macht übernahmen« gemacht, eine spannende und einfühlsame Geschichte im Reportagestil über die kurze Ära der politischen Macht großer Schriftsteller wie Kurt Eisner, Oskar Maria Graf, Erich Mühsam, Ernst Toller. Nach der Besetzung des Wittelsbacher Palais durch die Revolutionäre beschreibt Ernst Toller, wie die Menschen in München auf einmal glauben, »die Räterepublik sei geschaffen, um private Wünsche« zu erfüllen. Auch allerlei Spinner aus dem aufgebrachten Volk drängen sich in den Palast und fordern die Umsetzung ihrer Heilslehren.

»Sie erinnern«, wird Ernst Toller im »Träumer«-Buch

zitiert, »alle an jenen schwäbischen Schuster, der in einer umfangreichen Broschüre zwingend bewies, dass die Menschheit nur darum moralisch krank sei, weil sie ihre elementaren Bedürfnisse in geschlossenen Räumen verrichte und künstliches Papier benütze. Wenn sie, doziert er, diese Minuten in Wäldern verbrächten und mit natürlichem Moos sich behülfen, würden auch ihre seelischen Giftstoffe im Kosmos verdunsten, körperlich und seelisch gereinigt, als gute Menschen kehrten sie zur Arbeit zurück, ihr soziales Gefühl wäre gekräftigt, der Egoismus verschwände, die wahre Menschheit erwachte, und das Reich Gottes auf Erden, das langverheißene, bräche an.«

So weit Tollers Rapport. Leider ist mir über dieses Münchner Kapitel schwäbischer Umsturzbeihilfe nichts Genaueres bekannt, auch nicht der Name des Schusters, der die körperlichen und seelischen Luftreinhaltetage und damit einen entscheidenden Beitrag zum Umweltschutz vorweggenommen hätte. Wäre sein Aufruf zur Rektal-Revolution erhört worden, müsste ich heute nicht nach mehreren Drohungen aus meinem politisch besorgten Umfeld Recyclingpapier im kapitalistisch verrohten Supermarkt suchen. Jahrelang hatte ich bei meinem täglichen Ritual der Ruhe und Besinnung fünflagige Komfortprodukte aus hochwertigem Frischfaserpapier bevorzugt. Durch dieses verschwenderische Vergnügen dekadenter Hinterbackenhygiene, wurde ich eines Tages belehrt, würden allein deutschlandweit Millionen Tonnen Holz durch den Abfluss gespült. Um dies nicht länger zu verantworten, musste ich meine intime Sitzordnung ändern.

Die Hinwendung zu Recyclingpapier bedeutete Verdruss und Verzicht. Der Öko-Komplex kratzte lange an meinem Selbstbewusstsein. Nach meinem Gefühl geht dieses umweltschonende Biomaterial auf keinen Fall sanfter mit einer unserer wichtigsten Körperzonen um als das wilde Moos in den Wäldern. Ob die Konsistenz unseres heutigen Mooses aufgrund schwerer Luftreinhaltetage-Verbrechen womöglich nicht mehr gar so geschmeidig ist wie zuzeiten der Münchner Revolution, spielt bei meiner Betrachtung keine Rolle – schon weil die Rolle an sich nur bei der heutigen Methode menschlicher Post-Bedürfnis-Reinigung von Bedeutung ist. Das weitgehend vergessene Moos-Putzverfahren dagegen bedarf keiner Klorollentechnik, wie sie bei uns in geschlossenen Räumen üblich ist – an Örtchen, die nach Erkenntnis des schwäbischen Schusters miese Charaktere züchten, weil sie die Verdunstung seelischer Giftstoffe im Kosmos unterbinden. Und somit verhindern, dass unsere Moral zum Himmel stinkt, wo sie der liebe Gott riechen könnte.

Und nun soll die neue Zeit meinetwegen kommen. Ich stecke inzwischen mitten in den gedanklichen Abgründen der Schließritze, die ein revolutionärer schwäbischer Schuster vergeblich neu beleuchtet hat.

Die Wahrheit aber ist: Den entscheidenden schwäbische Beitrag zur Münchner Räterepublik lieferten Stuttgarter und Tübinger Studenten, als sie unter Hakenkreuzfahnen nach München fuhren, um die Revolutionäre niederzumetzeln. Ihr beschissener Geist lebt bis heute.

GURKEN

Der Kapitalismus hat viele Dinge im Angebot, um die Menschen vom Kapitalismus abzulenken. Dazu gehört der Glühwein auf dem Weihnachtsmarkt. Der Satiriker Thomas Gsella, den ich als liebenswerten Menschen kennengelernt habe, warnt vor dem Gesöff in seinem *Stern*-Gedicht zum Thema »Schlechte Erfindungen«: »Am Ende sind die Körper schwach / Und finden, ach, kein Ende: / Sie eiern durch die Reihen, ach, / Und reihern in die Stände.«

Ich treibe mich gern auf dem internationalen Hauptumschlagplatz des Glühweins herum, schon aus Gründen der Dekadenz. Ich stelle mir vor, ich sei ein reicher Mann und könnte mit Bündeln von Scheinen eine Weihnachtsmarktbude nach der anderen plündern und alles mitnehmen, was ich nicht brauche. Zuerst und vor allem: Gurkenhobel.

Mich als Küchenniete fasziniert der Gurkenhobel, auch wenn er nicht mehr Gurkenhobel, sondern »Professional Gigant Multihobel« und »Powerline« heißt. Der Gurkenhobelverkäufer, dieser ehrenwerte Marktschreier, zählt für mich schon lange zur gehobenen Gattung des Entertainments, rhetorisch und charismatisch vielen Marktschreiern im Rathaus nebenan haushoch überlegen.

Mit tropfender Nase beobachte ich in einer Budengasse auf dem Marktplatz den Gurkenhobelprediger. Er erinnert mich an den großen Politiker Cem Özdemir; neulich habe ich mitbekommen, wie er nach dem gescheiterten Jamaika-Feldzug mit künstlich gepresster, auf rau & männlich getrimmter Stimme ins Parlament gerufen hat: Wer ist für

Lametta – und wer für das Land? Dieselben Anfangslaute in zwei Wörtern hintereinander, in Özdemirs Fall die politisch hochbrisante Kombination »La La«, kennen wir als Alliteration oder Stabreim. Als ich dem Marktschreier, umringt von Krautköpfen, gelben Rüben und grünen DDR-Bananen, zuhöre, brüllt er unter dem Beifall weiter Kreise der Bevölkerung: »Wer ist für das Grundgesetz – und wer für den Gurkenhobel?« Und dann klatschen wir begeistert und skandieren so laut wir können: »Hurra! Gurkengesetz!«

In Wahrheit hat dieser Vorfall nie stattgefunden. So etwas machst du besser nicht auf dem Weihnachtsmarkt, bewacht von Polizisten mit nagelneuen Maschinenpistolen vom Typ MP 7 aus dem Hause Heckler & Koch und frisch eingetroffener Amok-Ausstattung für Anti-Terroreinsätze: Spezialklamotten, 15 Kilo schwer. Davon hat mir ein freundlicher Polizist erzählt, und das ist das Erwärmende in unserer kleinen Gemeinde: Du plauderst mit dem Schutzmann aus deiner etatmäßigen Demo-Ecke, während die Rathausglocken »O Tannenbaum« spielen.

Mitten im Weihnachtsgeschäft 2017, einer LED-Sternstunde des Kapitalismus, erreicht uns eine Nachricht, die in den Wirren des ersten Schnees und des Jahresendkonsums schon bald verblassen wird. Rechtzeitig zur Auszahlung der letzten Weihnachtsgelder auf dem Arbeitsmarkt hat die Deutsche Bahn eine Meldung verbreitet, die so sensationell ist wie morgens die paar Eissterne auf den Geländewagenscheiben unserer feinverstaubten Alarmstadt: Stuttgart 21 wird – macht hoch die Tresortür! – wieder mal teurer. Und selbstverständlich später fertig. Diesmal betragen die sogenannten Mehrkosten 1000.000.000 Euro, was reichen würde, den Weihnachtsmarkt auf Jahre hinaus leerzukaufen und die Menschen eine ganze Weile mit Glühwein abzufüllen. Auf dass sie nicht länger ruhen, sondern endlich mal richtig reihern.

Schon lange fällt es schwer, sich die Tragweite solcher Botschaften noch vorzustellen. Die Kosten des »Verkehrsprojekts« – tatsächlich dient es der Eroberung frei werdenden Grund und Bodens für Immobiliengeschäfte – belaufen sich inzwischen laut DB-Angaben auf 7600.000.000 Euro. 1994, zu D-Mark-Zeiten, wurde Stuttgart 21 auf umgerechnet weniger als 2,5 Milliarden Euro veranschlagt und als »Geschenk an die Bürger« verkauft. 15 Jahre später gab es den großen Bürgerprotest, den die CDU-Landesregierung im September 2010 von einer Armee niederprügeln ließ, die nicht mal ansatzweise aus Schutzmännern von der Ecke bestand.

Den Protest gegen die unsinnigste Erfindung in der Eisenbahngeschichte allerdings gibt es bis heute. Zahlenmäßig geschrumpft, aber vom Spott Ahnungsloser unbeeindruckt, deckt das Bündnis gegen Stuttgart 21 dank fleißiger Fachleute in seinen Reihen regelmäßig falsche Fakten auf, ehe der Murks von den S-21-Verantwortlichen scheibchenweise eingeräumt wird.

Noch mal kurz zur Geldgeschichte. Im November 2011 veranstaltete die neu gewählte Grüne-SPD-Regierung eine landesweite Volksabstimmung, wie sie unfairer hätte kaum sein können. Abgestimmt wurde nur über die Akzeptanz des »Kostendeckels«, der – vorsätzlich falsch – mit 4,5 Milliarden angegeben wurde. Der damalige OB Schuster ließ vor dieser Wahl auf Steuerkosten einen Propagandabrief an hunderttausende Haushalte schicken. Keine zwei Monate vor der Abstimmung tönte die verkehrspolitische Sprecherin der Landtags-CDU, Nicole Razavi, auf ihrer Webseite: »Kosten bei Stuttgart 21 bleiben im Rahmen – wer was anderes behauptet, lügt!« Kritikern unterstellte sie »eine schamlose Politik des Spekulierens und Täuschens« und »böswillige Unterstellungen«.

Heute erscheint es müßig, wieder und wieder die Lügen und Täuschungsmanöver der Planungsgurken von S 21 aufzulisten. Je astronomischer die Kosten, je unsicherer der Endtermin, desto weniger scheint dieses Größenwahnprojekt die Menschen zu interessieren. Die Summe, die im zweistelligen Milliardenbereich landen und weitere Steuern fressen wird, ist kaum noch nachvollziehbar:

Wer soll begreifen, was 10.000.000.000 Euro im Alltagsleben der Stadt anrichten?

Und welcher Hohn, wenn die Verantwortlichen im Rathaus jetzt die verheerende Immobilienpolitik der Vergangenheit und die bedrohliche Wohnungsnot in einem Atemzug mit dem finanziellen und zeitlichen S-21-Desaster nennen. Als hätte je jemand daran gedacht, mit dem Milliardengeschäft S 21 Mietwahnsinn und Wohnungsnot zu stoppen.

Am S-21-Debakel haben weder Gipskeuper noch Kriechtiere schuld, sondern ein politischer Kontrollverlust, der nicht am Glühwein liegt. Wir erleben die Folgen des Machbarkeitswahns rücksichtsloser Manager und Politiker, die sich bei ihren Geschäften weniger um die Wahrheit scheren als jeder Gurkenhobelverkäufer.

KNOCHENHART

Wenn die Kneipe noch nicht voll ist, öffnet sie einem ihre Seele. An der Decke Kronleuchter, die Lichter der Stadt, der du entkommen oder die du erforschen willst. Rechter Hand Bilder an der Wand: der Mann mit der Kochmütze, er macht Pause, zieht an seiner Zigarette. Von Weitem erinnert die Szene an die verlorenen Figuren des amerikanischen Malers Edward Hopper. In Wahrheit hat es ein russisches Student der Stuttgarter Kunstakademie gemacht. Daneben ein Firmenschild mit der Aufschrift »Bierniederlage der Stuttgarter Hofbräu«. »Bierniederlage« ist wohl das schönste Wort, das die Brauereibranche je hervorgebracht hat.

Jedes gute Gasthaus ist ein Museum für Millionen Erinnerungen, für Gedankenleuchten und Verdunklungskatastrophen. Dies gilt speziell für einen Laden, der es in der Geschichte der Weltgastronomie erst auf schlappe zwanzig Jahre gebracht hat. Er heißt Schlesinger – Int. Als Schlesinger bezeichnet man einen Teigschaber, den man früher aus dem Schlesingerknochen, dem Schulterblattfortsatz des Kalbes, hergestellt hat. Der Namensschwanz »Int.« steht für »international«. Diesen Laden findet man neben dem City Bowling, in der Nähe vom Haus der Wirtschaft und der Liederhalle. Die Adresse lautet Schloßstraße – und wer da keinen Lüster aufhängt, denkt nicht mit.

An 8. März 2016 feierte die Kneipe Schlesinger ihren 20. Geburtstag. Angeblich war dieses Datum kein Zufall: Immer am 8. März begeht die aufgeklärte Welt den Internationale Frauentag. Die Sozialistin Clara Zetkin, einst in

Stuttgart (lange in Sillenbuch) zu Hause, hat ihn 1911 ins Leben gerufen. Im Schlesinger erinnerte man sich dieser Errungenschaft im Kampf um Gleichberechtigung mit gebührender Würde. Die offizielle, etwas wildere Party zum Wiegenfest fand ein paar Tage später statt.

Tatsächlich haben am 8. März 1996 drei gestandene Männer mit femininem Unterbewusstsein die Kneipenszene der Stadt belebt: Martin »Nolde« Arnold, Heribert »Heri« Meiers, Jörg »Tschelle« Schelling. Früher hatten in den Räumen Kneipen mit Namen wie Bruddler, Tante Rosa und Uprising Niederlagen erlitten. 1996 war Punk schon mehr als zwanzig Jahre alt, aber in den Köpfen des in den Sechzigern geborenen Gründertrios noch voll präsent. Zuvor hatten sie in der Mörikestraße im legendären Casino gearbeitet: Heri als einer der Chefs, Nolde und Tschelle als Zapf- und Service-Sklaven. Dieses Etablissement gab es von 1986 bis 1994 und war im Teigschaber-Klima des Kessels eine echte Anarcho-Sensation. Heute gilt für das Casino der Satz: Wer sich daran noch erinnern kann, war nicht dabei.

Einige der Veteranen sind nicht mehr unter uns, wie Werner »Wenne« Voran, der größte B-Seiten-DJ aller Zeiten, der einst im Casino und danach eine Zeit lang im Schlesinger immer sonntags – am »Tag des Herrn« – Musik auflegte. Im April 2014 starb er kurz vor seinem 60. Geburtstag. Die Casino-Herrschaften hatten sich schon früh als professionelle Punks geübt: Nolde ging als Roadie auf Tour, Tschelle trommelte in Bands, unter anderem mal bei Nena, und den dritten Mann fand man immer bei Bedarf an den wichtigsten Aktivistenorten des heimischen Untergrunds. Punk bedeutet gemeinhin, gegen die Lebenslügen der da oben anzustinken – bevor einem die Alten mit einem Kleinkredit bei der Kneipengründung Familienhilfe leisten.

Das Thema Kneipe verführt naturgemäß zum Abtauchen in die Vergangenheit. Es fiele leicht, zehntausend Märchen aus siebentausend und noch einer erregenden Nacht zu erzählen. Ach ja, die Sache mit der »Rumänen-Lounge«. Muss sein. Von Anfang an war »das Schlesinger« geprägt von der britischen Paarung Rock'n'Roll & Fußball: Während Tschelle bis heute bei den Kickers den heiligen Rauch seiner Selbstgedrehten in den A-Block bläst, brüllt der Rest für den VfB. Und bei jedem großen Turnier überträgt das Schlesinger die Spiele. Da hing schon ein Video-Beamer an der Decke, als die Dinger noch größer waren als ein Auto. Nachdem das deutsche Team vor der EM 2004 ein Spiel in Rumänien mit 1:5 vergeigt hatte, wurde im Schlesinger die »Rumänien-Lounge« eröffnet: ein Käfig mit eingebautem Bildschirm, hochprozentig sortiertem Kühlschrank und exklusivem Dixi-Klo. Wer rein durfte, war voll autonom.

Fantasie herrscht bis heute im Schlesinger. Es gibt neben Dutzenden von Biersorten und reeller Küche kleine Shows und Überraschungen. Aus den Kneipen-Freaks sind stilvolle Wirte geworden wie anderswo aus Punkmusikanten elegante Entertainer. Herr Nolde empfängt an Veranstaltungsabenden die Gäste schon mal im Dreiteiler. Im Schlesinger begegnen sich Professor und Student, Business-Anzug und Schrauber-Latzhose. Das einst durch und durch handgemachte Lokal hat sich im Lauf der Jahre – mit starkem Frauengeist innerhalb der Belegschaft – in eine Mischung aus Theke und Restaurant verwandelt, in ein städtisches Gasthaus ohne Generationsgrenzen. So etwas gibt es in Stuttgart selten. Man erlebt in diesem Bienenkorb gewissermaßen die zeitgenössische Form der alten »Szenekneipe«: den »Kommunikationsbetrieb mit getränkebegleitendem Speiseangebot«, wie das mal ein Fachverband-Beamter schriftlich definiert hat.

Einmal Punk, immer Rebell. Seit Jahren dient das Schlesinger auch als Reha-Zentrum für S-21-Gegner nach der Demo; berühmt der Wasserwerfer-Oldtimer, den sich im Kneipenumfeld die »Bewegung 30. 9.« zur Erinnerung an den »Schwarzen Donnerstag«, die Niederknüppelung des Protests durch die Bullen, für Spezialeinsätze anschaffte. Auch der grüne Ministerpräsident und sein oberster Parteikollege aus dem Rathaus liefen schon samt Entourage im Schlesinger ein – politische Kalbsknochenstunden zum Fußballgucken für Propagandafotos. Was soll's. An einer Säule vor dem Tresen kleben die Porträts der CDU-Leuchten Mappus und Schuster und des VfB-Fußballers Buchwald – die lustigsten Visagen, die diese Stadt zu bieten hat.

STELLWERK DER WELT

Sommerliches Sonntagswetter stimmt mich so übermütig, dass ich in der Saison 17/18 in Herrenberg auf den Fußballplatz gehe und mir eine Weile das Spiel des heimischen Teams gegen Bondorf anschaue. Weil es aber schon früh 3:0 für die Gastgeber steht, stiefle ich weiter und frage – von zwei Minaretts angelockt – drei Türken, ob ich ihre Moschee besichtigen dürfe. Ich darf und ziehe meine Schuhe aus. Der schöne Gebetsraum für etwa 200 Menschen riecht noch sehr neu, und als ich wieder herauskomme, sehe ich in der Nachbarschaft das Holzkreuz am Gebäude des Hilfswerks der Samariter.

So schnell und mühelos wechselst du vor deiner Haus- und Heimattür die Welten. Was ich zuvor in einem Raum des Herrenberger Hotelkomplexes Botenfischer gesehen habe, sprengt allerdings meine Vorstellungskraft. Und weil es mir zu schwierig erscheint, für eine Kolumne über diese irrwitzige Welt einen Anfang geschweige denn ein Ende zu finden, ziehe ich einen Eingeweihten zurate. Deshalb beginnt meine kleine Geschichte über ein Wunderwerk menschlicher Kompromisslosigkeit und Virtuosität im Stuttgarter Nordbahnhofviertel, wo der bildende Künstler und Autor Harry Walter in einem der Eisenbahnerhochhäuser aufgewachsen ist.

Der kleine Harry, etwa neun oder zehn Jahre alt, betrachtet vom Balkon im neunten Stock die vorbeifahrenden Züge einfach als Vehikel einer gigantischen Modelleisenbahn und lenkt sie imaginär mit echten Fleischmann-Transformatoren. Dieses Spiel hat er erfunden, weil sein Vater aus unerfindlichen Gründen die real existierende Modelleisenbahn im Haus nicht mehr aufbauen will. Womöglich spürt Harry schon damals, was es bedeutet, an den Hebeln des Stellwerks der Welt zu sitzen.

Seit 2017 ist in Herrenberg eine Anlage unter dem Titel »Stellwerk S« ausgestellt. Wer diese Arbeit in die Schublade »Modelleisenbahn« steckt, wird ihr nicht mal ansatzweise gerecht. Wie sehen eine gigantische Stuttgart-Miniatur. Der Handwerker und Erfinder Wolfgang Frey hat sie im Maßstab 1:160 so getreu nachgebaut, dass jedes Gebäude, jede Oberleitung und sogar das eine oder andere Grab auf dem Pragfriedhof der Wirklichkeit entspricht. Üblicherweise reden wir in einem solchen Fall von Detailbesessenheit. Entschieden näher kommt man dieser einzigartigen, dieser radikalen Unternehmung vermutlich mit dem Wort Kunst.

Harry Walter beschäftigt sich seit vielen Jahren mit diesem Werk, ohne dem Schöpfer, einem Autodidakten, je begegnet zu sein. Wolfgang Frey stirbt 2012 mit nur 51 Jahren an einem Herzleiden, das ihn nicht davon abgehalten hat, seit 1978 Tag und Nacht an der Erschaffung seiner imitierten Welt zu arbeiten. Zuerst schuftet er zu Hause – von 1982 an ununterbrochen im Untergrund, in einer Werkshalle hinter einer Metalltür in der U-Bahn-station Schwabstraße. Die Deutsche Bahn hat ihm diesen Raum, der sein Atelier und womöglich auch sein Gefängnis wurde, zur Verfügung gestellt.

»In einem vollkommen von der Außenwelt abgeschotteten Hobbybunker träumte Wolfgang Frey den alten Künstlertraum, die Welt noch einmal schaffen zu dürfen«, sagt Harry, den ich nicht ohne Grund in meinem aushäusigen Besprechungszimmer namens Café Stöckle am Hölderlinplatz treffe. Einige Jahre hat er nebenan in der Lerchenstraße gewohnt. In unserem Gespräch geht es um magische Orte, um ihre Verbindung zu Menschen, um Erinnerungen und ihren Einfluss auf die Gegenwart. Wolfgang Frey hat die Grenzen von Vergangenheit und Gegenwart ausgeblendet und konsequent daran gearbeitet, die Zeit anzuhalten. Mit seiner Kamera macht er Tausende von Fotos. Mehr als 30 Jahre lang modelliert er sein Stück Stuttgart, ohne die Veränderungen der Stadt in seinem Werk ständig berücksichtigen zu können. Er beginnt mit dem Nachbau des Hauptbahnhofs und weitet sein Modell allmählich bis zum Löwentor im Norden und zum Neckar in Cannstatt aus, als die Verstümmelungen des Bonatz-Baus durch Stuttgart 21 bereits Realität sind.

Für die Nachwelt erscheint es mir typisch, dass wir dieses von Hand erbaute Stuttgart als Skulptur nur außerhalb unserer Stadt zu sehen bekommen. In Herrenberg, wohin es der Unternehmensberater Rainer Braun nach dem Kauf der Anlage gebracht und dankenswerter Weise der Öffentlichkeit zugänglich gemacht hat. Auch er hat einst für die Bahn gearbeitet, wie sein Vater und Großvater. Er betrachtet es als Pflicht und Herausforderung, Wolfgang Freys Kunstwerk nicht in irgendein Museum zu verfrachten, sondern für dieses Kunstwerk ein eigenes kleines Museum zu schaffen. Aus Platzgründen sind bisher nur etwa 65 Prozent des Werks in der Herrenberger Nagolder Straße aufgebaut: 250 Loks, 1000 Züge, 500 Gebäude.

Dem Leben und Denken des Handwerkgenies Wolfgang Frey kommt man vielleicht etwas näher, wenn man weiß, dass er auch seinen früheren Arbeitsplatz im Hauptstellwerk nachgebaut hat – und zwar 1:1 in seinem Unter-Tage-Atelier. »Irgendein Verrückter in mir« habe ihn dazu überredet: »Anhand solch einer Anlage waren alle Eingaben zu überwachen, und die Zugnummern konnten angezeigt werden«, hat er in einem Aufsatz für das Miniaturbahnen-Magazin *Miba Anlagen* geschrieben.

Harry Walter sagt: »Stellt man sich die Modellanlage als eine verschlossene Wirklichkeit und das Stellwerk als den Kontrollraum vor, von dem aus diese Wirklichkeit gesteuert wird, so ist Wolfgang Frey das Kunststück gelungen, in der von ihm geschaffenen Welt der einzige kompetente Bewohner zu sein.« Diese Gedanken werden wahrscheinlich nicht ohne Folgen bleiben: Der Autor plant ein Buch über Wolfgang Frey. Darin soll es neben dem Blick auf ein obsessives Tüftlerschaffen vor allem darum gehen, künstlerische, philosophische und literarische Zusammenhänge aufzuzeigen.

Die wahre Dimension der Modelleisenbahnanlage wird man erst durch die Auseinandersetzung mit Wolfgang Freys radikaler Arbeit in einer Schattenwelt verstehen können. Was aber nicht heißen soll, der Besuch der Ausstellung »Stellwerk S« erfordere geistige Schwerstarbeit. Die Präsentation in den Räumen neben einem kleinen Restaurant ist ein Abenteuer: Nach ungläubigem Kinderaugenstaunen mache ich mich wie elektrisiert auf die Suche nach Dingen, die mir aus der Wirklichkeit nahe sind – oder einmal nahe waren, inzwischen aber verschwunden sind. Alles ist unecht und doch echt. Wahnsinn. Ein besseres Wort fällt mir am Ende nicht ein.

HAMMA NOCH WAT BARGELD DA?

Der Tag war schwül und unsereins heiß auf Blutwurst. Ich ging in die Sansibar. Das Lokal im Dorotheen-Quartier verspricht via Internet »Meeresrauschen und Dünenfeeling in Stuttgart«, nicht zu verwechseln mit Dünnpfifffeeling. Obwohl »nordischer Charme« im Wirtshaus herrschen soll, ist die Blutwurst frankophil als »Boudin noir« ausgewiesen – schmeckt aber einwandlos, wie wir Weltmänner sagen.

Wohl wissend, dass der Einkaufsklotz am Karlsplatz nicht für Würste wie mich gebaut wurde, genoss ich doch die Dünenerotik am Rauschemeer des Kessels. Vor mir der Laden »rich&royal«: Dieser exakt so geschriebene Name ist sogar für einen Kreisklassekomiker wie mich als fade Hipster-Ironie zu erkennen, schließlich bekommst du von dieser Firma ein königliches Top mit der geistreichen Botschaft »# live rich« online schon für 30 Möpse.

Wenn ich behaupte, ich sei ein halbwegs umtriebiger Herumtreiber, ist das nicht übertrieben. Und ich bin entzückt, wenn uns die Werbung für die neuen Shoppingschuppen »ein Quartier für Flaneure« verheißt. Ich maße mir weiß Gott nicht an, zur Gattung der literarischen Figur namens Flaneur zu gehören. Hinweise auf ihre Existenz allerdings machen mich als gewohnheitsmäßigen Herumstiefler etwas stutzig. Auf der Homepage des Dorotheen-Quartiers heißt es: »Der Flaneur – das ist ein Mensch, der im Spazierengehen schaut, genießt und umherschweift. Der nicht nur das Ankommen am Ziel schätzt, sondern auch das Wandeln dorthin.«

Das ist blanker Unsinn. Der klassische Flaneur streut bewusst ziellos herum und lässt sich treiben – wenn auch nicht ohne den Hintergedanken, seine Fuß- und Kopfreisen literarisch auszubeuten. »Es ist ein wenig aus der Mode gekommen. Aber mit dem Dorotheen-Quartier kommt das Flanieren zurück in die Stadt ...«, tönt die Reklame weiter. Ich will auf diesem Thema nicht zu lange herumreiten: Die Kunst des Flanierens und die Wissenschaft vom Spazierengehen, Promenadologie genannt, füllen ganze Bücher. Gibt's im Kaufhaus.

Noch so viel: Seit einiger Zeit taucht die von Werbe- und Medienleuten sinnentstellte Vokabel »flanieren« immer öfter auf. Um von den Abgasskandalen der Autoindustrie und der vergifteten Stadtluft abzulenken, wird heute schon jede spritfreie Rolle vorwärts vom Park- zum Kaufhaus als ökologische Heldentat gefeiert. Und jeder stinknormale Gehweg in der Stadt gilt jetzt als »Flaniermeile«, so wie jeder, äh, Window-Shopper und Kneipenschlurch als »Flaneur« geadelt wird.

Der Berliner Flaneur Franz Hessel (1880 bis 1941) schreibt: »Flanieren ist eine Art Lektüre der Straßen, wobei Menschengesichter, Auslagen, Schaufenster, Caféterrassen, Bahnen, Autos, Bäume zu lauter gleichberechtigten Buchstaben werden, die zusammen Worte, Sätze und Seiten eines immer neuen Buches ergeben. Um richtig zu flanieren, darf man nichts allzu Bestimmtes vorhaben.« Nein, schon gar nicht wie ich eine Blutwurstorgie in der Sansibar, wo mir als altem Freund des deutschen Liedguts ein Hit der Kölner Karnevalskapelle Höhner durch den Kopf geht: »Hömma Mamma samma hamma noch wat Bargeld da? / Hömma Mamma samma hamma noch wat da in bar? / Jo? Dann jommer in de Sansi Bar / Sansibar – Ohoho – Sansibar – Ohoho / Allemann in de Sansibar – Allemann in de Sansibar!«

Mangels Talent hab' ich es mir verkniffen, das Edelreservat gegen etwas Bargeld mit meinem Gesang zu beschallen. Der bewusste Streuner hat ja eher den Ehrgeiz, beim Herumgehen Zusammenhänge herzustellen. Das gilt nicht nur für Blutwürste und Höhner-Gegacker. »Mit dem Herumlaufen allein ist es nicht getan. Ich muss eine Art Heimatkunde treiben, mich um die Vergangenheit und Zukunft dieser Stadt kümmern«, schreibt Hessel über sein Berlin.

Diese Sätze, erst neulich wieder gelesen, erinnern mich an eine rabbinische Weisheit, die ich als Mauerschrift in der Nähe einer Braunschweiger KZ-Gedenkstätte gesehen habe: »Die Zukunft hat eine lange Vergangenheit.«

Da alle Investoren-Architektur stets im Namen unserer verkauften Zukunft gebaut wird, muss ich mich als Heimatkundler im Sinne Hessels kurz um die Vergangenheit kümmern: Initiator des neuen Einkaufkomplexes ist bekanntlich die Firma Breuninger. In deren Nachbarschaft hatte eine Bürgerinitiative jahrelang die größte Mühe, das Hotel Silber, die berüchtigte ehemalige Stuttgarter Gestapo-Zentrale, vor dem Abriss zu retten. Irgendwann, nur etwas mehr als läppische 70 Jahre nach dem Zusammenbruch der Nazi-Diktatur, soll das Gebäude endlich als Gedenk- und Lernort eröffnet werden. Dieses kleine Projekt zur lokalen Auseinandersetzung mit dem schlimmsten Kapitel deutscher Geschichte gestaltet sich wesentlich schwieriger als der Bau einer Shoppingmall – wo es inzwischen eine Eduard-Breuninger-Straße zu Ehren des Firmengründers gibt.

Dringend notwendig wäre eine Erinnerungsstätte für dessen Sohn und Nachfolger Alfred Breuninger, und zwar im Hotel Silber: So könnten Besucher pädagogisch wirksam mit den Verbrechen der Vergangenheit in ihrer unmittelbaren Umgebung konfrontiert werden. Alfred

Breuninger war von 1933 an NSDAP-Mitglied, saß von 1935 bis 1945 für Hitlers Partei im Gemeinderat und zählt zu den wirtschaftlichen Profiteuren des Nazi-Terrors. Auf der Internet-Präsentation der Firma wird er mit einem tiefschürfenden Satz als Opfer abgehandelt: »Alfred Breuninger, der 1932 nach dem Tod seines Vaters das Unternehmen übernommen hat, wird in der nationalsozialistischen Zeit auf eine harte Probe gestellt: Im zweiten Weltkrieg werden die Breuninger-Geschäftshäuser völlig zerstört.«

Nach der Blutwurst in der Sansibar ging ich in Begleitung einiger Ehrenmänner auf einen Espresso und eine Süßspeise in das benachbarte italienische Kettenlokal namens OhJulia. Kaum im Raum, sprach uns der amtierende OhJulia-Chef-Animateur an: »Punkt eins: Bis jetzt habt ihr alles richtig gemacht. Ihr seid nämlich da.« Unsere an sich zwingende Antwort »Punkt zwei: du hast alles falsch gemacht, denn gleich bist du nicht mehr da«, behielten wir mit weltmännischer Gelassenheit für uns: Über dem Eingang im Lokal saßen zwei fette, schwarze Tauben. Und friedvoll gurrten die Ratten der Lüfte.

SCHMIERE

Der Arzt und Stuttgarter Landtagsabgeordnete Wolfgang Gedeon ist trotz seiner antisemitischen Äußerungen weiterhin Mitglied der AfD. Die rechtsnationale, völkisch gefärbte Partei mit Nazis in ihren Reihen hat es so entschieden. Gedeons judenfeindlichen Behauptungen erinnerten stark an die Schriften des NS-Ideologen Alfred Rosenberg, sagen Antisemitismusforscher. Rosenberg war in der Nazi-Diktatur Leiter des deutschen Reichsministeriums für die besetzten Ostgebiete und mitverantwortlich für die systematische Vernichtung der Juden. Im Nürnberger Prozess gegen die Hauptkriegsverbrecher wurde er zum Tod verurteilt und 1946 hingerichtet.

Beim Blick auf die Verbrechen der Vergangenheit reden wir von Erinnerungskultur, wie wir überhaupt gern den Begriff Kultur mit allen möglichen Wörtern kombinieren: Willkommenskultur, Trinkkultur, Ameisenkultur. Inzwischen bin ich misstrauisch gegenüber der Erinnerungskultur. Ähnlich wie ein Denk- oder Mahnmal erzeugt dieser Begriff den Eindruck, etwas sei von gestern. Vorbei. Erledigt.

Neulich, es war schon dunkel, wartete ich am Ostendplatz auf den Bus. Vor mir sah ich das Schild Jakob-Holzinger-Gasse. Jakob Holzinger war ein jüdischer Arzt aus dem Fränkischen, verheiratet mit Selma Holzinger, geborene Oettinger, aus Riedlingen, verwandt mit der Familie Landauer, die ein Textilhaus am Marktplatz führte. Die Nazis haben getan, was Nazis tun. Heute heißt das Geschäft Breitling.

Die Erinnerung an die Geschichte der Holzingers habe

ich auf meiner Busfahrt von Ost nach West mithilfe des Taschentelefons aufgefrischt.

In seiner Praxis am Ostendplatz, wo die Familie wohnt, behandelt der angesehene Arzt Patienten auch ohne Bezahlung. Nach der Reichspogromnacht am 9. November 1938 wird er vorübergehend ins KZ Dachau gesperrt. Wieder frei, schafft er seine Ersparnisse ins Ausland, damit seine Kinder fliehen können. Er und seine Frau wollen oder können Stuttgart nicht mehr verlassen. Um der Deportation ins KZ zu entgehen, bringen sie sich im November 1940 um.

Der Gewerkschafter und Antifaschist Eugen Eberle, von 1948 bis 1984 unbeugsamer Einzelkämpfer im Stuttgarter Gemeinderat, hat über das Schicksal der Holzingers in seinem Buch »Die schlaflosen Nächte des Eugen E.« einen bewegenden Aufsatz geschrieben – ein präziser Blick auf das Leiden der Menschen unter dem Nazi-Terror. 1996 ist Eberle gestorben. Am 1. September 2018, auch dies zur Erinnerung, steht sein 110. Geburtstag an.

Kurz nach meiner Ost-Tour, es ist wieder dunkel, gehe ich nach einer Stärkung im Imbiss Anatolien-Gourmet durchs Hospitalviertel. Vor der Synagoge bleibe ich stehen, um mir ein Bild von den Renovierungsarbeiten zu machen. Das heutige Haus wurde 1952 eingeweiht. Auch die erste Stuttgarter Synagoge, 1861 eröffnet, stand an der Hospitalstraße. Bei den Novemberpogromen 1938 brannte der Nazi-Mob das Gebäude unter dem Beifall Schaulustiger nieder.

Meine Begleiterin auf dem Weg durchs Hospitalviertel rät mir, noch einmal zurückzugehen in die Büchsenstraße, um mir auch das Mahnmal für das ehemalige Polizeigefängnis anzuschauen. Leider ist die Schrift auf der Tafel an der Ecke Büchsenstraße/Leonhard-Lechner-Weg im Dunkeln nicht lesbar und selbst bei Tageslicht wegen ihrer engen Großbuchstaben nur mühsam zu entziffern. Schade, denn der Text der 1994 auf Initiative des Verbands Deutscher Sinti und Roma angebrachten Gedenktafel klärt uns vergleichsweise gründlich auf: »In der Zeit des Nationalsozialismus wurden hier Menschen gequält und gedemütigt. Im Gedenken an die Sinti und Roma, Mitbürgerinnen und Mitbürger, die dem nationalsozialistischen Völkermord zum Opfer fielen. Zum Gedenken an die jüdischen Mitbürgerinnen und Mitbürger, die entrechtet, deportiert und ermordet wurden. Im Gedenken an alle, die aus politischen und religiösen Gründen verfolgt wurden.«

Die Zeitschrift des Deutschen Ärzteverbandes hatte 1938 die Bevölkerung aufgefordert, »Juden und Zigeuner« wie »Ratten, Wanzen und Flöhe« und »alle diese Schädlinge biologisch allmählich auszumerzen ...«

Das Gefängnis in der Büchsenstraße war berüchtigt und gefürchtet als »Büchsenschmiere«; viele wurden von hier aus in den Tod geschickt. Das Wort Schmiere deutete nicht nur, wie oft vermutet, auf den verdreckten Gestapo-Kerker hin. Das Wort Schmiere kommt aus dem Jiddischen und bedeutet Wache, im weitesten Sinn auch Polizei. Noch lange nach dem Krieg wurde die Stuttgarter Polizei im einschlägigen Milieu nur »die Schmier« genannt; vielen Einheimischen ist diese Bezeichnung bis heute geläufig, ohne ihre Herkunft zu kennen.

Am Tag nach dem Spaziergang durchs Hospitalviertel fahre ich nach Cannstatt, König-Karl-Straße 47. Hier haben, ebenfalls am 9. November 1938, Nazis unter begeisterter Mithilfe der örtlichen Feuerwehr die Synagoge zerstört. Sie wurde nach dem Krieg nicht mehr aufgebaut. Der heutige Gedenkort für die Cannstatter Synagoge besteht aus einer Wiese und einem Parkplatz. Mit Schülern wurde 2004 das Konzept »Denkmal erfahren« realisiert. Es soll »Irritationen« auslösen. Mir erscheinen diese Bilder bemüht, unscharf, verharmlosend.

Neben dem 1961 von der Stadt gesetzten, ebenfalls nur mühsam lesbaren Gedenkstein, wurden Verkehrswarnschilder aufgestellt mit Hinweisen auf historische Daten des Nazi-Terrors: »Anlieger frei bis 9.11.1938« und »politische Führung am 30.1.1933 geändert«. Auf dem Parkplatz hängen auch Tafeln zur Erinnerung an heimische Widerstandskämpfer. Vielleicht habe ich etwas übersehen, aber falls ja, dann nicht viel: Nirgendwo auf dem Gelände entdeckte ich die Begriffe Nationalsozialisten oder Nazis. Auf dem Gedenkstein der Stadt von 1961 ist von »der Zeit einer gottlosen Gewaltherrschaft« und vom »Ungeist des Hasses und der Verfolgung« die Rede. Wer diesen Hass verbreitet, wer Millionen Menschen ermordet hat, wird nicht gesagt. Die Täter, die Verbrecher werden nicht benannt.

Eines der wichtigsten Mahnmale der Stadt für meine Orientierung steht heute im Schlossgarten. Das Landtagsgebäude. Zur Erinnerung: Im Stuttgarter Landtag, wo die Politik der Gegenwart verhandelt wird, stellt die AfD heute mehr Abgeordnete als die SPD. Mittendrin im Parlament sitzt der antisemitische Demagoge Gedeon.

GEFÄHRLICHE JAHRESZEIT

Es war Ostern, ziemlich kalt und zu früh am Tag, weil sie die Uhr auf »Sommerzeit« umgestellt hatten. Meine S-Bahn fuhr hinaus aus der Stadt nach Weil der Stadt. Spontanes Bahnfahren ist eine Begleiterscheinung des Herumgehens: Tagelang müsste ich zu Fuß gehen, um zu sehen, wo die vielen Leute arbeiten, die vom Arbeiten niemals reich werden.

Feuerbach fliegt vorbei, Zuffenhausen, wir erreichen die Haltestelle Neuwirtshaus am Porscheplatz. Ein paar Kilometer durch den Kreis Ludwigsburg nach Korntal, zurück auf Stuttgarter Gebiet, nach Weilimdorf. Vor dem Zugfenster Fabriken, Industriegelände, Wohnsiedlungen. Die Kältezonen der Stadt, Trabanten der Urbanität, unbekanntes Land. Erst nach Leonberg, scheint mir, hat unser Rußpott rund um den Kessel ein Ende; Wiesen und Felder, so weit das Auge reicht.

Als ich an der Endstation Weil der Stadt aussteige, grüßt mich am Bahnsteig freundlich ein Mann, der seine Touren bodenständiger und mutiger zu gestalten scheint als unsereins: Er trägt einen Schlafanzug, geht barfuß und tänzelt befreit. Schon lange habe ich aufgehört, mich über Menschen zu wundern. Von Weil der Stadt aus hat vor ein paar hundert Jahren der Wissenschaftler, Theologe und Philosoph Johannes Kepler das Universum erforscht, den Himmel und die Hölle. Warum sollten die Menschen dieser Stadt heute die Welt nicht barfuß erobern?

Ich steige in einen Bus, fahre weiter an den Ort, in dem der Mann geboren wurde, der das Nacktklettern liebte. Wenn auch nicht in erster Linie als nudistischer Alpinist, so wurde er doch weltberühmt: Im Dezember 1946 erhielt er den Nobelpreis für Literatur.

Von seinen unzähligen Werken gilt »Der Steppenwolf« als sein berühmtestes. Wer wie ich Ende der Sechziger pubertierte, hatte irgendwann immer einen »Steppenwolf« in der Gesäßtasche seiner Jeans, die er zuvor mit viel Mühe und einer Drahtbürste in der Badewanne verschlissen hatte. Alles in dieser Zeit schien dich zu zerreißen, auch die Musik.

Es war die Renaissance des Schriftstellers Hermann Hesse, geboren am 2. Juli 1877 in Calw. In den Sechzigern lag etwas in der Luft, die Dinge änderten sich, und da kam dieser Kerl aus einem erstmals 1927 erschienen Buch gerade wieder recht: »Es war einmal einer namens Harry, genannt der Steppenwolf. Er ging auf zwei Beinen, trug Kleider und war ein Mensch, aber eigentlich war er doch eben ein Steppenwolf.« Harry kam weder mit der verdammten Gesellschaft noch mit sich selbst zurecht, und als ich jung und bartlos war, gab es viele herumstreunende Steppenwölfe, die nur mit anderen Steppenwölfen klarkamen. Dann tauchte auch noch eine kanadische Rockband namens Steppenwolf auf und spielte »Born To Be Wild«. Ja, was sonst. Der Sänger dieser Band hatte 1944 in Ostpreußen das Licht der dunkelsten aller Welten erblickt, vier Jahre später floh seine Mutter mit ihm aus der sowjetischen Besatzungszone nach Hannover, 1958 emigrierten sie nach Kanada. So wurde aus einem ostpreußischen Jungen namens Joachim Fritz Krauledat der amerikanische Rockstar John Kay. Als ich ihn Anfang der Achtziger, damals nicht mehr ganz so berühmt, in einem kleinen Club namens Easy am Stuttgarter Olgaeck traf, sprach er er fließend Deutsch. Zwanzig Jahre später, 2002, spielte er beim Internationalen Hermann-Hesse-Festival in Calw.

Ich selbst konnte mit dem literarischen Weltenwanderer Hermann Hesse in meiner Jugend nicht viel anfangen. Er erschien mir kitschig, esoterisch. Mit Hesse in der Hosentasche, fürchtete ich, könnte ich auf den Sitzkissen einer Teestube zwischen dem Gestank von Räucherstäbchen und gut gewürzten Tabaktüten schon früh die Manneskraft verlieren.

Es war nicht ganz 40 Jahre später und ein trüber Ostertag, als ich mich jetzt beim Blättern in Zeitungen an Hesse erinnerte: Die amerikanische Rocksängerin und Poetin Patti Smith hat gerade ihr Erinnerungsbuch »M Train« veröffentlicht und der deutsche Rocksänger und Poet Udo Lindenberg einiges zu tun, um die Karten für seine bevorstehende Open-Air-Show im VfB-Stadion loszuwerden. Beide, Smith und Lindenberg, sind große Hesse-Verehrer. Davon beseelt, löste ich ein Ticket nach Calw im Schwarzwald, wo die Häuser eng und stolz herumstehen und viele Balken haben. Wo der Dichter gleich an mehreren Plätzen in verschiedener Aufmachung posiert, als würde man Skulpturen eher trauen als der Kraft seines herumschwirrenden unsterblichen Geistes.

Es gibt eine kleine Textsammlung von Hesse mit dem Titel »Frühling«, darin findet sich ein guter Grund, mit der S-Bahn hinauszufahren und mich der Welt zu stellen: »Der Frühling will überstanden sein; er ist für Alternde die gefährlichste Jahreszeit«, schreibt der Dichter 1935. Das Altern, man merkt es schnell beim schüchternen Gang durch das Calwer Hermann-Hesse-Museum, ist ein großes Thema dieses ewig jugendbewegten Schriftstellers, und da juckt es mich, seinen amerikanischen Kollegen Philip Roth zu zitieren: »Das Alter ist kein Kampf; das Alter ist ein Massaker.«

Dem Stuttgart-Patrioten sei noch gesagt, dass Hesse von 1892 bis 1893 das Gymnasium von Cannstatt besuchte, als Cannstatt noch nicht zu Stuttgart gehörte. Eine Hesse-Straße findet sich weder hüben doch drüben vom Neckar. Weil gerade erst Landtagswahlen waren, erwähne ich noch den politischen Hesse. Seinem Sohn Heiner schrieb er am 31. Januar 1930, warum er nicht Sozialist geworden sei, obwohl er »den Sozialismus für die einzige anständige Gesinnung« halte: Die Lehren von Marx seien nicht »ganz rein und einwandfrei« und »die Sozialdemokraten in der ganzen Welt ihren besten Grundsätzen längst untreu geworden«.

Der Frühling ist sich treu geblieben. Manche Menschen sind dennoch so dumm zu glauben, sie könnten die gefährlichste Jahreszeit mit der »Sommerzeit« ändern wie eine sozialdemokratische Gesinnung.

IM REGEN VON LUGINSLAND

Ein Spaziergänger ist kein Historiker, der unterwegs die Welt einsammelt, und der Spaziergänger hat nicht immer Glück, wenn er hinausgeht in seine kleine Welt. Es regnet Hunde und Katzen, als ich in Luginsland vor dem Doppelhaus in der Annastraße 6 und 8 ankomme. Es ist April und kalt. Mich wärmt meine Gänsehaut.

Auf dem Weg nach Luginsland habe ich nicht die schnelle S-Bahn nach Untertürkheim genommen. Die S-Bahn taugt oft nicht für meine Ausflüge; im engen Stadtverkehr des Kessels katapultiert sie dich von A nach B, und alles ist vorbei, bevor du einen herumfliegenden Gedanken einfangen kannst. Die Straßenbahn der Linie 4 führt durch Ostheim und Gaisburg, durch Wangen und über den Neckar nach Untertürkheim. Auf dieser Strecke ahnst du etwas vom Leben in der Stadt. Dieses Leben ist anders, als viele glauben, die sich vom Mercedes-Stern auf dem Bahnhofsturm und den Shoppingmalls blenden lassen.

Vor dem Untertürkheimer Bahnhof, er sieht aus wie die vergessene Kulisse eines Films für harte Jungs, fährt der Bus der Linie 60 hinauf nach Luginsland, in die Siedlung, die 1911 nach dem Modell der genossenschaftlichen Gartenstädte gegründet wurde. Neun Arbeiter hatten nach dem Umzug der Daimler-Motoren-Gesellschaft von Cannstatt nach Untertürkheim das Fundament für Luginsland gelegt. Die internationale Gartenstadt-Bewegung geht zurück aufs 19. Jahrhundert. Die Häuser von Luginsland mit ihren Gärten in sicherer Entfernung zu den Fabrikschloten dienten nicht nur der Arbeitsmoral bei

Daimler und Bosch. Sie waren eine solidarische Errungenschaft der sozialistischen Arbeiterbewegung.

Das Doppelhaus an der schmalen Gasse, 1920 ohne Bezug auf eine reale Figur Annastraße getauft, ist nicht weit entfernt von der Gaststätte Luginsland, einem stattlichen Anwesen. Solche Ecken, die scheinbar heile Welt einer vergangenen Dörflichkeit, nennt man gern »Idylle«. An der Wand hinter den Pflanzen des Vorgartens in der Annastraße 6 hat man ein Erinnerungsschild mit Grammatikfehler angebracht: »In diesem Hause lebte die Familie Schlotterbeck, die am 30. November 1944 zusammen mit sieben anderen Freunden von den Nationalsozialisten brutal ermordet wurden. Sie kämpften für eine Welt der Freiheit und sozialen Gerechtigkeit ...«

Es ist das Haus der Stuttgarter Widerstandsgruppe Schlotterbeck. Als ich ankomme, arbeiten im Eingang eine Frau und ein Mann. Ich spreche sie an, fürchte, dass kein Mensch an diesem Samstagnachmittag Lust hat, mit einem Fremden im strömenden Regen zu plaudern. Ich habe Glück. Die Bewohner, Katrin und Aram Heß, sind freundlich und aufgeschlossen. Der Mann spricht leichten Berliner Dialekt. Wir reden, und ich spüre bald wieder die Gänsehaut: Seine Mutter, erzählt er, war Wilfriede Heß – eine Nichte von Friedrich Schlotterbeck, dem Mann, der als Einziger seiner Familie den Nazi-Terror überlebte. Im Mai 1944 gelang ihm die Flucht in die Schweiz. Friedrich Schlotterbeck, 1909 in Reutlingen geboren, starb nach einem bewegten Leben am 7. April 1979 in Berlin-Buch, DDR. Seine Eltern, seine Geschwister und seine Braut Else Himmelheber wurden von den Nazis ermordet. Else Himmelheber hat man 1996 – gegen den Widerstand der CDU – eine Staffel in der Nähe des Marienplatzes und der Karlshöhe gewidmet. Wie die anderen Antifaschisten war sie in der KPD.

Aram Heß, 50 Jahre alt, in Berlin aufgewachsen, ist heute Verkaufsleiter bei Bosch-Junkers. In diesen Tagen wird er mit seiner Frau das Haus seiner Vorfahren beziehen. Ja, sagt er, auf diesen Tag habe er gewartet, dieser Schritt sei seine Hinwendung an die Geschichte seiner Vorfahren; zuletzt war das Haus vermietet gewesen.

Zufall, dass ich das Ehepaar Heß treffe. Eigentlich bin ich nach Luginsland gefahren, um mir das Häuschen von Willi Bleicher anzuschauen. Rechtzeitig vor dem 1. Mai 2016, an dem bei einer kleinen internen Feier das Stuttgarter Gewerkschaftshaus offiziell auf den Namen Willi-Bleicher-Haus getauft wird. Damit ehrt man den 1981 verstorbenen Gewerkschafter, den wegweisenden schwäbischen IG-Metaller. Das Gewerkschaftshaus steht in der Willi-Bleicher-Straße, die bis 1982 Kanzleistraße hieß.

Der große Arbeitskampfstratege, Streikführer und charismatische Redner, wie die Schlotterbecks im antifaschistischen Widerstand, war acht Jahre im KZ Buchenwald eingesperrt. In Cannstatt geboren und in Untertürkheim aufgewachsen, wohnte der gelernte Bäcker und spätere Daimler-Arbeiter jahrelang neben den Schlotterbecks in der linken Hälfte des Doppelhauses in der Annastraße. Heute lebt Willi Bleichers Nichte Edeltraud Widmaier in dem Eckhaus mit der Nummer 8; sie trägt Bleichers Erbe weiter, »in bester Erinnerung an Onkel Willi«, sagt sie mir.

Mit dem Neubau des Stuttgarter Gewerkschaftshauses wurde nach den Jahren auf dem Gelände des einstigen Gasthauses Bären am heutigen Züblin-Parkhaus 1930 begonnen. Für den 1. Mai 1933 war die Eröffnung geplant. Einen Tag später stürmten SA-Truppen das Gebäude. In ganz Deutschland zerschlugen die Nazis die Gewerkschaften. Willi Bleicher war nach Hitlers Machtübernahme in die Schweiz und nach Frankreich geflohen. Nach seiner baldigen Rückkehr verhaftete ihn die Gestapo 1936.

Am selben Tag, an dem die Geschichte Willi Bleichers, dieser legendären Symbolfigur der Arbeiterbewegung, im Gewerkschaftshaus wieder lebendig wird, veranstaltet die AfD in Stuttgart ihren Bundesparteitag. Daran denke ich, als ich auf dem Rückweg von Luginsland ins Zentrum in Untertürkheim aussteige, um den Friedhof zu besuchen. Erst nach langer Suche finde ich die Gedenkstätte für die Familie Schlotterbeck und ihre Freunde. Elf Grabsteine liegen hinter einer hufeisenförmigen Hecke in der Erde versteckt. Als ich ankomme, regnet es immer noch in Strömen. Nicht deshalb sieht dieser Ort trostlos aus, und nicht so, wie ihn die Opfer der Nazis verdient hätten. Keiner soll sagen, alles sei längst vorbei.

AUF DER SUCHE NACH DEN GEISTERN

Wer schon mal freiwillig ein paar Takte Punk gehört hat, weiß vermutlich, dass Sid Vicious, der Bassist der Sex Pistols, im Oktober 1978 seine Freundin Nancy Spungen im Zimmer No. 100 des New Yorker Chelsea Hotel erstochen hat. Nach Drogenentzug im Knast und Zahlung einer Kaution starb der Rockstar im Februar 1979 im selben Zimmer an einer Überdosis Heroin.

Der Bass taugt allerdings nur bedingt für die großen Todesmythen. Wie es sich für Freund Hein gehört, spielt beispielsweise der riesige, in einen blutroten Plastikumhang gehüllte Sensenmann vor einer Volksfest-Geisterbahn auf dem Wasen Violine. Womöglich war meine Begegnung mit dem Todesgeiger eine gute Einstimmung auf einen Besuch im Kammertheater – auch wenn sich die Inszenierung wenig um Abgründe und Himmelfahrten in New Yorks berühmtester Herberge kümmert.

Das Kammertheater zeigt »Chelsea Hotel«, »einen musikalischen Abend« mit fast 20 Songs zum Tatort und einigen szenischen Motiven aus Sam Shepards »Cowboy Mouth«, einer »Warten auf Godot«-Variante im Rockstar-Milieu. Die etwas älteren Stuttgarter Theaterbesucher – also der Großteil des heutigen Publikums – erinnert sich an Shepards Drama »Fool for Love« in den Achtzigern, der kurzen, aufregenden Intendanten-Ära Ivan Nagels. Arie Zinger inszenierte das Stück, ebenfalls im Kammertheater, unter dem Titel »Liebestoll«. – 1996 hatte ich erstmals Erzählungen von Sam Shepard (»Spencer Tracy ist nicht tot«) in der Hand. Bis heute lese ich

Texte dieses großen, 2017 verstorbenen Schauspielers und Autors mit Freude – und erwähne diese Dinge nur als Beweis, wie ein kleiner Abend voller großer Songs eine Menge Gedanken und Erinnerungen abruft.

Im echten Chelsea Hotel war ich erstmals in den Achtzigern, keine Ahnung mehr, in welchem Zustand. Viele Menschen haben sich in dieser Backstein- und Gusseisenkulisse den Rest gegeben. Von dem Dichter Dylan Thomas heißt es, im Alter von 39 Jahren habe er sich im Chelsea regelrecht zu Tode gesoffen: 1953, ausgerechnet am 9. November. Dass später in diesem Hotel jahrelang ein Dylan-Thomas-Verehrer namens Robert Zimmerman lebte, ist nur logisch; besser bekannt ist er als Bob Dylan.

Da unsereins rein rockmusikalisch in die Siebziger hineinplumpste, ohne besonders viel davon mitzubekommen, gab und gibt es nicht nur beim Blick auf das Chelsea Hotel Nachholbedarf. Vor ein paar Jahren, auf dem Weg zu einer Retrospektive mit Werken von Robert Mapplethorpe in Düsseldorf, las ich im Zug »Just Kids«, das 2012 erschienene Buch der einstigen Mapplethorpe-Muse Patti Smith: »Das Chelsea war ein Puppenhaus in der Twilight Zone mit Hunderten von Zimmern, von denen jedes ein eigenes kleines Universum barg. Ich durchwanderte seine Flure auf der Suche nach seinen Geistern, ob tot oder lebendig ...«

Von ihrem Hotel geht die Autorin und Rocksängerin mit ihrem Lebenspartner oft in die Bar Max's Kansas City, wo kommende Stars wie David Bowie, Iggy Pop und Velvet Underground auftreten. Beherrscht wird der Laden von Andy Warhol und seinem Personal, allesamt Mitglieder des Chelsea-Hotel-Klans.

Als Stümper aus der Provinz ist mir Max's Kansas City bis heute als eine der schwersten Pleiten meines Lebens in Erinnerung. Erstmals hörte ich von diesem Club von

Hans-Jürgen Müller, dem 2009 verstorbenen Stuttgarter Galeristen. Als Pionier der Kunstszene hatte er schon 1965 New York besucht, wo ihm der Galerist Leo Castelli im Max's ein Treffen mit dem Künstler Frank Stella arrangierte. »Frank Stella wirkte auf mich wie ein arbeitsscheuer Architekt«, notierte Müller später. »Die Brille steigerte die Intelligenz in seinem Gesicht gleichermaßen, wie sie damals durch zwei herausgeschlagene Vorderzähne wieder reduziert wurde. Sein Amerikanisch wickelte sich um die Zigarre, mit der er die Zahnlücke ausstopfte ...« Stella erzählte oft, seine Schneidezähne habe er bei einem Dialog mit Gästen im Max's verloren (als die Stuttgarter Staatsgalerie 1988 eine spektakuläre Stella-Ausstellung präsentierte, fehlten sie immer noch). Von Müllers Berichten angemacht, wollte ich bei meinem ersten NY-Besuch unbedingt ins Max's Kansas City. Nach einer Taxifahrt zur richtigen Adresse stand ich zerstört vor einem Gemüseladen: Die Bar hatte für immer geschlossen.

Im Stuttgarter »Chelsea Hotel« setzen Regisseur Sébastien Jacobi und das Ensemble auf die erzählerische Kraft der Songs. Lässt man sie, in der erstklassigen Bearbeitung des Musikers Max Braun und der Schauspielerin/Sängerin/Projektinitiatorin Hanna Plaß, auf sich wirken, machen sie genügend neugierig auf die kosmischen Innereien des Hauses. Als Horrorhotel, Künstlerkommune und Wiege großer Erleuchtungen ist das Chelsea dagegen fast nur im Bühnenbild präsent. Zuletzt haben sich Investoren das Chelsea Hotel unter den Nagel gerissen. So wird nie wieder ein Mann wie der frühere Miteigentümer Stanley Bard an der Rezeption stehen, einem Künstler wegen Mietrückstands mit dem Rauswurf drohen und ihm wenig später 20 Dollar in die Hand drücken, weil der arme Kerl nichts mehr zu essen hat.

Auch wenn meine Zeilen nicht einem einzigen Backstein des mehr als 130 Jahre alten Hauses historisch gerecht werden können, so darf ich doch nicht Leonard Cohens unsterblichen Song »Chelsea Hotel # 2« vergessen. 1974 veröffentlicht, schildert die Ballade poetisch einzigartig souverän die erotische Begegnung mit einer Frau. Erst 1985, 15 Jahre nach ihrem Tod, gab Cohen ihren Namen preis: Es war die Sängerin Janis Joplin, die ihn im ungemachten Hotelbett verwöhnt hatte.

Keine Frage, dass auch dieser Song im Theater gesungen wird, begleitet nicht etwa von den Todesklängen der Geige. Wir hören eine sehr gegenwärtig verzerrte Gitarren.

REGEN UND GRAUPEL

Er ist gegangen, bevor der erste Schneemann im Regen und in Graupeln stehen wird.

In der Nacht zum 11. November 2016, als mein Taschentelefon am Kabel hängt, aber nicht auf lautlos geschaltet ist, weckt mich um Viertel vor vier das Klingeln einer SMS. Die Nachricht kommt aus Michigan/USA, und es ist keine von der Sorte, die man umgehend löscht in der Hoffnung, für die Fortsetzung der Nachtruhe eines alternden Spießers stehe draußen im Novemberregen der Sandmann mit einer Keule bereit.

In der SMS lese ich, einer der großen Dichter unserer Zeit sei tot: die goldene Stimme, der Lady Killer, der Undercover Lover, der demütige Vater der berührenden Worte. Ausgerechnet in den Tagen der großen Veränderungen sei dieser inspirierende Geist der Musik und Poesie von uns gegangen. Trauer. Tränen.

Nachdem ich ein paar, so hoffe ich, tröstende Zeilen zurückgeschrieben habe, gehe ich zum Plattenregal. Zu meiner großen Überraschung entdecke ich neben anderen Scheiben des Undercover Lover das dreiteilige Vinyl-Album »Live In London«. Ich wusste nicht mehr, dass ich es vor Jahren gekauft hatte. Dem Sandmann sage ich, er könne schlafen gehen und wiederkommen, wenn ich die Sache mit dem Schneemann erledigt hätte.

Auf dieser Platte findet sich die sehr schöne »Rezitation«-Version des Songs »A Thousand Kisses Deep« mit den berührenden Sätzen über Regen und Graupel: »I'm just another snowman standing in the rain and sleet, who loved you with his frozen love«, aufgenommen 2009, im

Jahr bevor Leonard Cohen zum letzten Mal in Stuttgart auftrat.

Der Tod Leonard Cohens, dachte ich im ersten Augenblick, ist die Antwort auf den Wahlsieg Donald Trumps. Doch ist diese These nicht besonders schlüssig. Der große Songschreiber war zwar Amerikaner, allerdings gebürtiger Kanadier und geborener Weltmann. Als der Irre die Wahl gewonnen hatte, lenkte ich mich eine Weile ab mit den Gedanken an die Frauen und Männer der USA, die gute Bücher schreiben und gute Musik machen, gute Kunst und gute Filme produzieren, und an die vielen Menschen, die womöglich gute Dinge tun, auch wenn sie niemand kennt.

Was soll ich machen. Amerika ist mir nah, ich hab's gefressen, seit Huckleberry Finn und Winnetou: Für mich, in den fünfziger Jahren geboren, war der Übergang von Winnetous Hengst Iltschi im »Schatz im Silbersee« zu Dennis Hoppers Harley Davidson in »Easy Rider« geradezu fließend.

Amerika ist überall. Und beim Blick auf die neuen Unruhen in den Vereinigten Staaten fiel mir ein: Vor dem einstigen US-Konsulat in der Stuttgarter Urbanstraße hat 1998 ein umstürzender Fahnenmast einen Passanten erschlagen. Heute erscheint mir dieses tragische Unglück als eine kaum erwähnenswerte Bagatelle bei der Vorstellung, was die Kommandozentralen Eurocom und Africom in Vaihingen und Möhringen unter amerikanischer Flagge alles anrichten und anrichten können, wenn sie wollen.

Als Leonard Cohen am 1. Oktober 2010 in Stuttgart auftritt, logiert er mit seiner Crew im Hotel Le Méridien an der Willy-Brandt-Straße, gegenüber vom Schlossgarten. Einen Tag vor ihrer Show gehen die Musiker spazieren und sehen die Szenen im Park. Einer von ihnen, sichtlich verunsichert, fragt einen Mitarbeiter des Veranstalters: »Jesus, was machen die vielen Militärs im Park? Ist schon wieder Krieg in Deutschland?«

Es war der Schwarze Donnerstag am 30. September 2010, der Tag, an dem eine Polizeiarmee die Stuttgart-21-Gegner niederknüppelte, um die Bäume zu fällen und den Park zu besetzen. Tags darauf dann dieser denkwürdige Abend mit Leonard Cohen in der Schleyerhalle.

Die Floskel sei erlaubt, es ist Zauber, diese Art Magic, die schwer zu beschreiben ist: Der kleine Mann mit Hut und Gitarre strahlt weithin spürbar eine innere Ruhe und Gelassenheit aus, die mit dem Begriff »Präsenz« allein nicht zu erklären ist. Sein angerauter Bariton raunt und haucht, bis jeder auch noch in der letzten Reihe begreift, warum das Leise oft lauter und intensiver einschlägt als Lärm – und sich auch nicht von der Hässlichkeit einer Mehrzweckhalle dämmen lässt.

Leonard Cohen bedankt sich im Lauf des Abends beim Publikum: Es sei ein Privileg, sagt er, sich bei einem Konzert zu treffen, während Chaos und Dunkelheit die Welt in Beschlag nehmen. Und dann, in der Halle herrscht Gänsehaut-Andächtigkeit, bekundet er seine »Solidarität mit den Bäumen, die Sie so wertgeschätzt haben«. Unter dem Jubel des Publikums spielt er seinen Song »Anthem«, eine Hymne mit der leisen Bitte, nie aufzugeben: »Ja, die Kriege werden / Weiter gehen«, heißt es darin. »Die heilige Friedenstaube / Sie wird wieder eingefangen / Gekauft und verkauft / Und wieder gekauft werden / Sie wird nie frei sein … Läute die Glocken, die noch klingen.«

Ring the bells that still can ring ...

Ein Jahr später, beim Gedenktag an den Schwarzen Donnerstag mit Tausenden von Menschen im damals noch nicht gänzlich verwüsteten Schlossgarten am Bahnhof, singt die in Stuttgart lebende Amerikanerin Dacia Bridges zwei Songs von Leonard Cohen. Die Musikerin, damals hochschwanger, hat zwei seiner berühmtesten Songs ausgewählt. »Bird On The Wire« und »Hallelujah«.

Heute wohnt Dacia wieder in ihrer Heimat. Nach Leonard Cohens Tod erreichte mich ihre SMS aus Michigan. Die Nacht war gelaufen. Ich setzte mich aufs Sofa und legte das Album »Live In London« auf. Als »A Thousand Kisses Deep« einsetzte, ging ich ans Fenster und schaute nach, ob im Garten der »Snowman« steht. Es regnete in dieser Novembernacht, an die ich mich noch erinnern werde, wenn Graupelkörner den letzten Schneemann schon erledigt haben.

»Man darf nicht warten, bis aus dem Schneeball eine Lawine geworden ist. Man muss den rollenden Schneeball zertreten. Die Lawine hält keiner mehr auf. Sie ruht erst, wenn sie alles unter sich begraben hat.« Erich Kästner

DER FILZPANTOFFELHELD

Noch selten habe ich vergessen, den Weihnachtsmarkt zu besuchen. Meistens gehe ich kurz vor Schluss, die Liedzeile »Macht hoch die Tür, das Tor des Tresors macht weit ...« gilt ja in unserem Primark-Konsum bis Heiligabend. Was ich auf dem Weihnachtsmarkt zu suchen habe, ist leicht zu beantworten: Dinge, die die Welt nicht braucht. Ich leide an der Sucht, unnützes Zeugs und hässliche Souvenirs zu kaufen. Kaffeetassen, aus denen man nicht trinken kann, ohne dass einem bei ihrem Anblick schwindlig wird. Schreibstifte, die eine Einweisung ihres Besitzers in die Geschlossene rechtfertigen. Und mit feinem Gespür für das Gesamtkunstwerk besitze ich Kapuzenjacken, die man guten Gewissens ausschließlich in der Geschlossenen tragen kann.

Einmal auf dem Weihnachtsmarkt habe ich mir Notizen mit einem Füllfederhalter der Marke Harley-Davidson gemacht. Dieses Monstrum habe ich mir einst im Schreibwarengeschäft Bublitz in der Bolzstraße besorgt; leider musste dieser Laden später einer Bar weichen. Der Harley-Füller spiegelt mein konsequentes Leben: Sein Design erinnert an einen Motorkolben, ich bin Fußgänger. In den vergangenen Jahren habe ich mir auf dem Weihnachtsmarkt unter anderem einen kleinen VW-Bus, einen daumengroßen Schutzengel und zwei Paar Filzpantoffeln gegönnt. Filzpantoffeln an den Füßen sind lächerlicher als alles, was ein nackter Mann vorzeigen kann. Doch nähren sie meine Illusion, gut gewärmte Füße könnten etwas Blut bergauf Richtung Gehirn pumpen. Wozu ich zwei Paar Filzpantoffeln von derselben Sorte habe, können im Übrigen nur lebensfremde Ignoranten fragen: Weil ich mindestens eins der zwei Paare in meiner Wohnung nie finde.

Es wäre verdammt stillos, meine Füße unterm Schreibtisch in eines meiner sechs Paar Badelatschen aus dem Drogeriemarkt zu stecken. Wenn du mit Billig-Badelatschen und meiner Kapuzenjacke mit dem Aufdruck »Punk Rebel« am Schreibtisch sitzt, bist du erledigt. »Punk Rebel«-Kapuzenjacken kombiniert mit Filzpantoffeln vom Weihnachtsmarkt haben dagegen Klasse. Sind entschieden attraktiver und cooler als die weiß-roten, am VfB orientierten Weihnachtsmännermützen auf den Köpfen fuselweinverglühter Figuren, die den Weihnachtsmarkt bis zum Erbrechen karnevalisieren.

Es ist Zufall, als ich unseren Weihnachtsmarkt einen Tag nach dem Sattelschlepper-Anschlag auf den Berliner Weihnachtsmarkt an der Gedächtniskirche besuche. Ein Polizist vor dem Rathaus sagt mir, es seien weniger Menschen gekommen als in den Tagen zuvor. Vor meinem Weihnachtsmarktausflug hat mir einer meiner letzten Freunde, ein Musiker, geraten, unbedingt nach Engeln von Wendt & Kühn Ausschau zu halten: Engel von Wendt & Kühn seien das Größte. 2015 hat die Holzfiguren-Firma aus dem Erzgebirge ihr 100-jähriges Bestehen gefeiert. Weltberühmt sind bis heute ihre Musiker-Engel: Schlagzeuger, Posaunisten, Harfenisten. Alles. Mit diesen Engeln kannst du ein harmonisches Ensemble zusammenstellen oder ein großes Chaotenorchester, auch Groko genannt.

Als ich auf dem Markt bin, spielen Kinder vor der Stiftskirche mit Blockflöten »Es ist ein Ros' entsprungen«. Musikanten von Wendt & Kühn aber finde ich trotz intensiver Suche nirgendwo. Das ist bitter. Ohne Beute kann ich nicht nach Hause gehen, und ein drittes Paar

Filzpantoffeln erscheint mir angesichts der allgemeinen Weltlage etwas dekadent.

Engel anderer Marken als Wendt & Kühn kommen an diesem Tag nicht infrage, und holzgeschnitzte Kamele, Lamas und Löwen kann ich moralisch nicht mehr verantworten: Stünden diese Tiere unter meinem Filzpantoffel, wären sie ein Schlag ins Gesicht unseres humanistischen Gemeinderats, der Wildtier-Haltung in Zirkussen verboten hat. Über die Menschenhaltung in einer Stadt, in der sich bald nur noch die Reichen eine Wohnung leisten können, hat er nichts gesagt.

Auf dem Markt bleibe ich am Stand einer Töpferei hängen. Ihre Tassen passen nicht in mein häusliches Repertoire: nicht hässlich genug. Dann allerdings entdecke ich einen »Knoblauchtopf«, eine mir bis dahin unbekannte Errungenschaft der Evolution. Handarbeit, ein formvollendetes Werk mit Deckel und Löchern, wesentlich kleiner als ein deutscher Nachttopf.

Dazu muss man wissen: Ich bin der einzige Mensch, den ich kenne, der nicht kochen kann – und es im Gegensatz zu vielen anderen mit ähnlichem Talent als totale Küchenniete auch nicht tut. Doch weiß ich als glühender Verfechter der neoliberalen Weihnachtsmarktwirtschaft, dass ein Mann, der niemals kocht, einen Knoblauchtopf mit Löchern besitzen muss. Nur so kurbelt er die Konjunktur an.

Die Frage, wozu ich einen Knoblauchtopf brauche, schreit nicht unbedingt nach einer Antwort. Doch liefere ich Ihnen gern eine: Ich werde in diesem Gefäß künftig meine Gesinnung lagern. Die Löcher im Topf und der Deckel zum Öffnen werden verhindern, dass meine Gesinnung zu faulen beginnt wie eine Knoblauchknolle, die keine frische Luft bekommt. Wenn ich meine Gesinnung brauche, ist sie frisch und genießbar, auch wenn sie für den einen oder anderen sehr befremdlich riecht. Kein Jahr nach meinem Erwerb des guten Stücks hat die CDU ihre unmenschliche Strategie zur Abweisung von Flüchtlingen in Anlehnung an meinen Koblauchtopf »Atmender Deckel« genannt. Das stinkt zum Himmel.

Im Lauf meines Lebens habe ich gemerkt, dass spezielle Gesinnungen, die ungelüftet in Köpfen lagen wie in Töpfen ohne Luftlöcher, zu gären und zu stinken beginnen. Kurz bevor der Schädel explodieren könnte, suchen sie sich einen Ausgang und dringen nicht nur durch aufgerissene Mäuler in die ohnehin zerstörte Umwelt ein. Meist landet das Gift aus den Köpfen in den asozialen Netzwerken, auf Twitter und Facebook, vorzugsweise wenn die Gesinnungsträger gegen Menschen hetzen, die sie nicht kennen und von denen sie nichts wissen. Die Auslöser dieser Giftangriffe nennen sich oft »Andersdenkende«, gerade so, als hätten sie schon mal über ein anderes Denken als ihr eigenes nachgedacht.

Nach meinem Weihnachtsmarktbesuch bekam ich im Fernsehen mit, wie der Frankfurter Philosoph Thomas Metzinger in einem Interview sagte, der heute herrschende Hass in den sozialen Medien erinnere ihn an eine alte Weisheit, die da laute: Man trinkt einen Becher Gift und hofft, dass der andere davon stirbt.

Damit, denkt der Filzpantoffelheld, ist alles gesagt über den Gesinnungstopf. Der Gestank von gestern kann das Gift von heute sein. Und der Schnee von gestern die Lawine von morgen. Dann fallen auch Engel aus allen Wolken.

POLKA IM BAHNHOF

Unter Sehnsucht versteht man ein schmerzliches Begehren, eine Art Krankheit, die einen auffressen kann, weil sich der Leidende selbst verzehrt. Einer der Auslöser dieser Krankheit ist der Drang abzuhauen.

Solche Gedanken schwirrten mir durch den Kopf, als ich an einem Novembersonntag zum Bahnhof ging. Sonntags herrscht im Bahnhof mehr Hektik als sonst, und in den Gesichtern der Menschen ist selten zu erkennen, ob sie fröhlich den nächsten Zug raus aus dem Alltag nehmen oder in ihren Frustmontag hineinfahren.

Überhaupt sind Menschen heute schwer einzuordnen: Einige Jungs, die in Guerillaklamotten an mir vorbeigehen, würde ich nicht zu den Kampfprofis zählen. Ein zum Gleis eilendes Kerlchen mit Camouflage-Kostüm, roten Backen und Barett hingegen kann ich eindeutig den neuen Kindersoldaten der Bundeswehr zuordnen.

Der Hauptbahnhof ist ein Depressionsbunker, seit die Fahrgäste durch zwei provisorisch angelegte, mit läppischen Hochglanzfotos dekorierte Tunnel zu ihren Bahnsteigen gehen müssen. Wie so oft hatte ich keinen triftigen Grund, die Ruine des Bonatz-Baus aufzusuchen. Es war ein Gefühl, das mich trieb. Tage zuvor hatte ich in der Zeitung diese Meldung gelesen: »Gleich drei ausgebüxte Kinder hat die Bundespolizei am Dienstag im Hauptbahnhof in Zügen und auf einem Bahnsteig entdeckt und ihren Eltern übergeben. Die zwei Mädchen und der Junge sind elf bis 13 Jahre alt.«

Ich werde diese Kinder wohl nie treffen, was sehr schade ist, weil ich sie aus der Ferne bewundere. Besorgte Eltern könnten mir vorhalten, nur ein gewissenloser Idiot verurteile das Verhalten dieser Kinder nicht auf das Schärfste und warne nicht eindringlich vor Nachahmung. An besagtem Sonntag jedoch war es so kalt, dass ich meinen pädagogischen Zeigefinger vorsichtshalber in der Hosentasche ließ.

Keine Ahnung, warum die Kinder flüchteten, welche Sehnsucht sie verführte zu ihrem großen Schritt. Das Verb »ausbüxen« verleiht ihrer Flucht eher etwas Heiteres und wird ihr vermutlich nicht gerecht. Zwei der Ausreißer, ein elfjähriges Mädchen und ein 13-jähriger Junge, sind Geschwister – nennen wir sie Hänsel und Gretel, weil in einer Sehnsuchtsgeschichte heutige Namen wie Liam oder Mila eher peinlich klängen. Das allein reisende Mädchen, nennen wir es Schneewittchen, war ebenfalls 13 Jahre alt. Das Tour-Duo kam aus Nordrhein-Westfalen, die Solistin aus Hessen. Ich frage mich, warum sie alle eine Fahrt zum Stuttgarter Kopfbahnhof gewählt hatten. Wollten sie weiter nach Wien oder Mailand, nach Zürich oder Zazenhausen?

Die Nummer, einfach abzuhauen, beeindruckt mich seit jeher. Ich dachte schon, die kleinen Fluchten junger Menschen aus den verdammten Zwängen des Lebens fänden nur noch mithilfe von Computern statt. Jetzt weiß ich: Die Sehnsucht der Ausreißer lebt. Huck Finn und Tom Sawyer sind nicht tot, und Tschick, ihr literarischer Kollege der Gegenwart, war erst neulich im Kino zu sehen. Er steht auch auf der Bühne im Theaterhaus.

Im Bahnhof finde ich keinerlei Spuren der Kinder. In der nördlichen Imbissstation mit dem himmlischen Namen »Zapfhahn« warten nach Kimi Raikkönens Unfall ein paar Hähne auf die Fortsetzung des Formel-1-Rennens in São Paulo. Über der Fensterwand des Wartesaals fällt mir das Tolstoi-Zitat ins Auge: »Alles nimmt ein gutes Ende für den, der warten kann.« Und in der abgelegenen Bahnhofsmission am Gleis 16 sagt mir ein junger Mitarbeiter, vor seiner Arbeit an diesem Ort habe er nicht geahnt, wie viele Arme es in Stuttgart gebe. Sein älterer Kollege nickt schweigend.

Vor der Bahnhofsmission steht ein Mann mit Akkordeon. Er sei Ungar und schlafe im Park, sagt er. Als ich ihm ein paar Euro gebe, beginnt er zu singen und zu spielen. Nach ein paar Takten Polka kommen zwei Uniformierte der Bahn und befehlen ihm aufzuhören. Du kannst in diesem Bahnhof heute eh kein Lied mehr zu Ende singen: Der weitgehend zerstörte Bahnhof würde vollends einstürzen. Endstation Sehnsucht.

Meine Visite in der Bahnhofsmission führte mich etwas weg von den Kindern. Doch hatte ich noch genügend Sehnsucht in mir: Besagte Zeitungsmeldung war mir nur aufgefallen, weil ich kurz zuvor den Roman meines alten Freunds Klaus Bittermann zu Ende gelesen hatte. Seit bald 40 Jahren Jahren betreibt er mit viel Courage den Berliner Kleinverlag Edition Tiamat – und fast genauso lange bewahrte er eine Polizeimeldung der *Nürnberger Nachrichten* auf, die ihm den Stoff für seinen Roman lieferte: »Sid Schlebrowskis kurzer Sommer der Anarchie und seine Suche nach dem Glück«.

Eine Sehnsuchtsgeschichte, ein zeitgenössisches Märchen mit realem Hintergrund: »Im Südtiroler Sterzing ist ein Gaunerpärchen gefasst worden«, heißt es in der Zeitungsmeldung. »Monatelang hatten die 16-jährige Nancy W. und ihr 17-jähriger Freund Michael S. von Hoteldiebstählen gelebt. Die 16-jährige war im Mai von zu Hause ausgerissen und mit ihrem Freund Michael durch die Wintersportorte gezogen. Das junge Paar hinterließ in Luxushotels unbezahlte Rechnungen und bestohlene Gäste. Das Mädchen trat betont selbstbewusst auf. Es trug stets einen Pelzmantel.« Mit trockenem Humor führt uns Bittermann zu Banditen, Punks und Revolutionären. Vor allem aber erzählt er uns eine berührende Liebesgeschichte. Rein technisch hat das alles mit meinem Bahnhofsvorfall wenig zu tun: Sid, der Sohn eines geistig angezählten Boxers, und Nancy, die gebildete Tochter aus reichem Haus, gehen nicht wie brave Kinder mit dem ICE, sondern wie gute Gangster mit Porsche und Alfa Romeo auf Tour. Entsprechend hoch ist das Tempo dieses skurrilen und spannenden Abenteuers.

Ich hoffe, dass ich Hänsel und Gretel und Schneewittchen eines Tages begegnen werde. Ich bin einer, der warten kann. Womöglich verbirgt sich hinter meiner Polizeimeldung eine traurige Wahrheit: Kein Mensch voller Sehnsüchte flüchtet ohne Not nach Stuttgart.

WARUM DER KOPF RUND IST

Es ist erregend, im selben Moment auf die Stadt herunter- und zu ihr aufzuschauen: So entwickelt sie eine Dynamik wie ein gut gemaltes Bild.

Wir starten zu zweit an der Treppe, die an der Hohenstaufenstraße am Marienplatz zur Römerstraße hinunterführt. Nennen wir meinen heutigen Begleiter, einen Mann aus der Umgebung, Herrn Huber, um seine Persönlichkeitsrechte zu schützen. Schau hinter dich, sagt Herr Huber, hinter dir geht es hinauf zur Karlshöhe, und dann schau wieder geradeaus: Diese Stadt ist wie eine Wanne.

Das ist wahr. Und wenn man die lange und steile Römerstraße hinaufgeht, bis sie nur noch als Feldweg mit Treppen durch die grüne Wildnis zum Haigst führt, dann schweift der Blick rechter Hand zur Wielandshöhe mit Vincent Klinks gleichnamigem Restaurant. Aus der Ferne wirkt das weiße Gebäude, als habe ein Besessener wie Klaus Kinski in Werner Herzogs Film »Fitzcarraldo« ein riesiges Schiff auf die Hügel schleppen lassen. Es ist lustig, aus unserer Wanne heraus auf diesen Prachtdampfer zu schauen, bewegender als eine Plastikente.

Beim Spaziergengehen erlebt man die Stadt oft wie einen Film. Was sich davon später im Hirn abspeichert, entspricht selten dem chronologischen Verlauf der Tour. Das Durcheinander der vielen Eindrücke aber ist am Ende viel aufregender. Deshalb ein Rat an alle Herumgeher: einfach losziehen und sich fallen lassen – in Gedanken, versteht sich.

Jetzt aber rasch zurück auf Anfang, wie der Filmer sagt.

Oben von der Treppe an der Hohenstaufenstraße, die uns zwischen die Jugendstil-Fassaden der Straße führen wird, sehen wir den Fernsehturm. Die Staffeln hinab, und dann schon die erste Erkundungsrast. Linker Hand ist die Werkstatt Radtheke, die Herr Huber kennt, weil er ein Fahrrad besitzt und gottfroh ist über jeden Handwerker in seinem Kiez. Den Laden führt der gelernte Mechaniker Hotte. Er repariert nicht nur Räder jeder Art, er schlachtet auch schrottreife Drahtesel aus und verwertet ihre gesunden Teile weiter. In unserer von Staus blockierten Berg- und-Tal-Stadt, sagt der Tüftler Hotte, gebe es immer mehr Radler und deshalb ein »neues Stadtgefühl«.

Weiter zum nächsten Handwerker, zu Jürgen Schwartz, dem Maestro des Friseurladens Schnittstelle am rechten Ufer der Römerstraße. Seit elf Jahren ist er an Bord – und sein Salon auch Atelier: Jürgen bietet in seinen Räumen Malkurse für Erwachsene an, er hat sich auf Acryltechnik spezialisiert. Herr Huber ist selbstverständlich Stammkunde, auch wenn sich seine Besuche auf die künstlerische Gestaltung seiner extrem minimalistisch angelegten Haarpracht beschränken.

Zur Lebensqualität in solchen urbanen Ecken gehören öffentliche Wohnzimmer, wie die italienische Einkehrstation Loretta mit ihrer reellen Küche. Loretta ist ein weithin bekannter Erholungs- und Debattierclub, mitunter von der Immobilienspekulation bedroht. Angesichts ihrer Italo-Station im Quartier ist es Zeit zu sagen, dass der Name Römerstraße nichts, aber auch gar nichts mit den Römern zu tun hat. Sie wurde 1862 nach dem Politiker Friedrich von Römer benannt, geboren 1794 in Erkenbrechtsweiler, gestorben 1864 in Stuttgart. In der Märzrevolution 1848 wurde er württembergischer Justizminister, galt als Liberaler, wies allerdings nach dem Umzug der Nationalversammlung von der Frankfurter

Paulskirche ins Stuttgarter Ständehaus das sogenannte Rumpfparlament aus Württemberg aus. Den Linken galt er fortan als Feind. Seine letzte Ruhestätte findet man auf dem Hoppenlaufriedhof.

Jetzt hänge ich verdammt noch mal immer noch am Anfang der Römerstraße, und die Geschichte der Straße erklärt sich nicht besser, seit man weiter oben an der Ecke Filderstraße das Gasthaus Römerhof in »Il Pomodoro« umgetauft hat: Aus dem März-Minister wurde eine italienische Tomate.

Die Römerstraße ist voller Geschichten. Man findet unterwegs, Hausnummer 30, das Büro des Vereins »Frauen helfen Frauen«; im Schaufenster ein Zitat der Berliner Schriftstellerin Hedwig Dohm (1831 bis 1919): »Es heißt, solange der Mann will und die Frau soll, leben wir nicht in einem Rechts-, sondern in einem Gewaltstaat.« Weiter oben, längst vorbei an Fangelsbachfriedhof und Markuskirche, ist im Haus Nummer 78 die Sozialberatung Stuttgart untergebracht, ein Verein zur Betreuung straffällig gewordener Menschen.

Zuvor aber stehen wir andächtig vor der Römerschule. Herr Huber ist entzückt von der riesigen handgemachten Aufschrift entlang der Außenwände: »Der Kopf ist rund, damit das Denken die Richtung ändern kann.« Der Spruch stammt von dem französischen Maler und Schriftsteller Francis Picabia (1879 bis 1953), und dieser Mann genießt in diesen Tagen besonders große Aufmerksamkeit: Francis Picabia war einer der großen Künstler der Dada-Bewegung, die 1916, vor 100 Jahren mitten im Ersten Weltkrieg, als Revolte gegen die gesellschaftlichen Werte entstand. In der großartigen Ausstellung »I Got Rhythm. Kunst und Jazz seit 1920« im Kunstmuseum am Schlossplatz war übrigens Francis Picabias Ölbild »Bal Nègre« zu sehen.

Meine Gedanken sind weit über die Römerstraße hinausgeschwirrt, deshalb zum Abschluss meines Trips noch ein Tipp: Schauen Sie vom oberen Wildnisgelände der Strecke hinunter ins Tal. Dann sehen Sie das, worauf mich Herr Huber aufmerksam gemacht hat: Hinter dem alten Stuttgart und vor dem Anstieg zur Halbhöhe verhunzen zahlreiche graue Betonbauten Stuttgarts einzigartige Topografie. Solche Investorenklötze verhindern wie die Mauer einer geteilten Stadt, dass das Denken seine Richtung ändern kann.

IM FICHTENDICKICHT

Im kalten Februar 2018 habe ich im Kleist-Forum von Frankfurt an der Oder am »Blauen Mittwoch«, der Mixed Show des Berliner Kabarettisten Arnulf Rating, teilgenommen, um an der Grenze von Brandenburg zu Polen als schwäbischer Alien aus meinem heimischen Milieu zu berichten.

Gestatten Sie, dass ich mich vorstelle: Von Beruf bin ich Fußgänger, ein Stuttgarter Feinstaubschlucker im Angestelltenverhältnis. Oft ziehe ich ziellos als eine Art Hobby-Heimatkundler durch die Straßen – und höre, sehe und rieche, was mir eine Stadt zu erzählen hat. Und was zum Himmel stinkt. Was die Leute hinter ihrer bürgerlichen Fassade vertuschen, seit sich Casanova aus dem Obergeschoss des Stuttgarter Gasthofs Bären abseilen musste, weil er beim Kartenspiel im Suff im Puff eine Menge Kohle verloren hatte und seine Schulden nicht begleichen konnte.

In Stuttgart wurden das Automobil und der Büstenhalter, der rote Feuermelder und der grüne Ministerpräsident erfunden. In meiner Heimatstadt haben Zigtausende gegen die Zerstörung ihrer Stadt durch Stuttgart 21 protestiert – und einige früher tapfere Männer in der Neckarstraße mit einer Axt das Rundfunkkabel während einer Hitler-Rede durchgehackt – was langfristig leider nicht viel genützt hat: Heute sitzen in unserem Landtag mehr AfD-ler als Sozis. So ist das bei uns zu Hause, wo Architekten, Stadtplaner und Immobilienhaie schlimmere Spuren hinterlassen haben als die Bomben der Alliierten.

Das Spazierengehen, das Flanieren in der Stadt, schärft die Sinne und führt mich hinaus in die weite Welt, weil die weite Welt ja auch bei uns zu Hause ist. In unserer reichen Stadt, in der sich nur noch die Reichen ein Zuhause leisten können, seit die Mieten explodieren und die Sozialwohnungen an Heuschrecken verscherbelt wurden. Wenn ich neben unseren Baulöchern durch unsere neuen Einkaufsklötze mit ihren vielen Fressbuden spaziere, wird mir klar, worunter wir heute in den Städten leiden: Geld stinkt nicht nur. Es sieht auch scheiße aus.

Unser Zuhause wird auch Heimat genannt, vor allem heute, da Rechtsnationale und Nazis verschärft ihr Unwesen treiben. Deshalb hat man den Lederhosen- und Niedertrachten-Bayern Seehofer zum Bundesminister im Dreierpack ernannt, zuständig für Inneres, Bauwesen und Heimat. Diese Inzuchtsverkettung ist im Grunde nur logisch: Da dem Innenminister bei uns auch die Polizei unterstellt ist, muss die Immobilien-Mafia bei uns keine Strafverfolgung mehr fürchten, zumindest nicht durch die Bullen.

Womöglich erscheinen Ihnen, meine Damen und Herren, meine Sätze über meine Heimat etwas griesgrämig. Doch müssen Sie mich bitte verstehen: Als Schwabe werde ich wegen meines Dialekts weltweit verspottet. Das verbittert einen jungen Menschen – wie mich.

Ich mag das grausige Mundart-Getue eigentlich nicht, aber aus Demonstrationsgründen muss ich hier kurz aus der Schule plaudern:

Koi Sau verschtoht, was i moin, kaum dass i's Maul uffmach.

Zu Deutsch: Keiner kann mir folgen, wenn ich den Mund öffne, etwa um Ihnen den schwäbischen Gruß zu entrichtet, der da früher lautete:

Leck mi am Arsch, du Halbdackel, du ogschorener.

Seit der Wiedervereinigung wird allenthalben behauptet, der schwäbische Dialekt sei noch schlimmer als der sächsische – was sich bei uns koi Sau vorstellen kann. Doch nirgendwo außerhalb unserer Gegend wird das bräsige Gegurgel der württembergischen Schwaben so gelassen als »exotisch« toleriert oder gar als lustig empfunden wie etwa das Österreichische, das Bayerische oder sogar das Berlinerische. Schwäbisch gilt als primitiv, ungehobelt und Ohrenschmerzen verursachend. Da helfen auch keine Hinweise auf unsere großen schwäbischen Sprachakrobaten wie Hegel, Mörike oder Schiller – zu schweigen von unsern einschlägig bekannten Heimatsäcken wie Wolfgang Schäuble und Cem Özdemir. (Özdemir, den kennen Sie: Sein Migrationshintergrund heißt Bad Urach, ein Kaff auf der Schwäbischen Alb, das sich durch großes Kalkaufkommen auszeichnet).

Um unseren Steinbruch-Sound zu kaschieren und den Marketingfritzen zu gefallen, nehmen wir heute selbst die schwierigsten logopädischen Übungen auf uns. Ich zum Beispiel trainiere jeden Tage mit einem Wattebausch vor meiner schwäbischen Schnauze den Stolpersatz:

Zwanzig Zwerge zeigen Handstand – zehn im Wandschrank, zehn am Sandstrand.

Vor allem unsere Provinzpolitiker versuchen, ihr Landeier-Organ mit offenen Lauten und stimmhaftem »s« auf weltmännisch zu trimmen. Besonders eindrucksvoll gelingt das unserem grünen Landesgottvater. Der S-Klasse-König Kretschmann presst bei all seinen phonetischen Gewaltmanövern so hartnäckig die Diesel-Gase der grünen Umweltpolitik aus seinen Stimmbändern, bis ihm die Haare zu Berge stehen. Deshalb rennt er herum, als hätte ihn der FDP-Linder mit dem Staubsauger geföhnt.

Mit seiner Technik übertrifft Kretschmann sogar noch die brachialen Nasallaut-Attacken des Brüsseler Exil-

Kommissars Oettinger. Der hat, als Antwort auf Die Fantastischen Vier, das Kalaschnikow-Schwäbisch erfunden. Oettinger trainiert täglich in einem schalldichten Brüssler Bunker seine Hinterwälder-Zunge mit der tausendfachen Wiederholung der Waldschrat-Parole:

In dem dichten Fichtendickicht ficken dicke Finken tüchtig. (Und bis heute glaubt er, dieser Spruch sei fukking English.)

Meine Zeit ist um, verehrte Gäste an der schönen Oder, ich verabschiede mich mit einer letzten Zungenübung für Sie zu Hause:

Zwischen zwei Zwetschgenzweigen zwitschern zwei zersauste Schwaben.

Pardon, ich meinte: zwei Schwalben. Fußball aber ist nicht mein Thema. Wirklich nicht. Ich bin Anhänger der Stuttgarter Kickers.

WIEDER SCHULJUNGE

Ich war in der Schule. Wurde auch langsam Zeit. Nicht in einer dieser überlaufenen Privatschulen für die Kinder der Betuchten, ich hatte was Exklusives ausgesucht: Vorstadtstille, Grundschule Stuttgart-Burgholzhof, Klasse 3 für Acht- und Neunjährige. Eine gute Wahl. Der Spaziergänger ist ein ewiger Anfänger. Das gilt auch, wenn er sich zum Burgholzhof wegen Unpässlichkeit kutschieren lässt: Bis heute wird mir schwindlig bei Erinnerungen an die Schule.

Der Burgholzhof liegt nördlich des Stadtzentrums über dem Pragsattel und gehört zum Bezirk Cannstatt. Das berühmteste Gebäude des Stadtteils mit 2700 Einwohnern ist das Robert-Bosch-Krankenhaus, die wichtigste Gaststätte heißt Aussichtsreich und ist mir aus gutem Grund bekannt: weiter Blick ins Neckartal.

Früher, vor etwa zwanzig Jahren, war ich öfter auf dem Burgholzhof, allerdings aus niedrigen Beweggründen. Da veranstalteten die amerikanischen Soldaten ihr jährliches Rodeo: eine großartige Show mit Pferden und Bullen, Hufeisenwerfern und Dorfrockern in Staubmänteln. Den Burgholzhof haben Militärs geprägt. Die Wehrmacht baute 1934 auf dem Gelände die Flandernkaserne. Nach dem Zusammenbruch der Nazi-Diktatur öffneten die Amerikaner diese Gebäude für Displaced Persons: Menschen am falschen Platz – Heimatlose, Vertriebene, Geflüchtete mit oft unfassbarem Schicksal. Nach dem Krieg wurden die Robinson Barracks für die GIs und ihre Angehörigen angelegt. Heute sind nicht mehr viele US-Militärs auf dem Gelände, das Quartier wurde in ein Wohngebiet umgewandelt. In der Schule wird heute schon von der ersten Klasse an Englisch gelehrt.

Im Viertel der Neubauten findet man die Straßen mit den Namen verstorbener Friedensnobelpreisträger, gewidmet dem ägyptischen Staatsmanns Anwar al-Sadat, dem israelischen Verteidigungsminister Yitzhak Rabin und dem indischen Freiheitskämpfer Mahatma Gandhi. Alle drei Männer wurden ermordet. Der Burgholzhof, ein Kapitel Krieg und Frieden.

In der Schule arbeiten zehn Lehrerinnen und ein Lehrer mit 180 Kindern. Beim Blick auf das asphaltierte Fußballkleinfeld denke ich an Schürfwunden und bekomme Phantomschmerzen im Hüft-, Knie- und Ellenbogenbereich. Ich war mal Torwart, ewiger Anfänger.

Der viel zu klein geratene Spielplatz vor der Schule hat einen tiefen Sandboden, weshalb es bei Regenwetter in den Fluren und Klassenzimmern aussieht wie am Wattenmeerstrand von Cuxhaven. In der Klasse, die ich besuche, werden 21 Kinder unterrichtet. Frau Anja Binder, die Lehrerin, hat mich eingeladen. Ich sitze in der Stunde für »freies Schreiben«. Die Schülerinnen und Schüler haben mit ihren Füllern kleine Geschichten verfasst – eine wird vorgelesen. Sie handelt vom Traum, eine Katze besitzen zu dürfen. Der Text erscheint mir entschieden tiefsinniger und origineller als die Katzenkacke, die erwachsene Menschen Tag für Tag auf Facebook absondern.

Zunächst dachte ich, ich käme nur als Zaungast ins Klassenzimmer und könnte mich wie früher im Unterricht ausschlafen. Gut, ein wenig neugierig bin ich schon, will wissen, welche Sprachen die Kinder zu Hause sprechen: Indisch, Indonesisch, Arabisch, Amerikanisch, Türkisch, Griechisch, Kroatisch – an alle kann ich mich nicht mehr erinnern. In nur wenigen Familien der Schüler wird Deutsch gesprochen, die Kinder können es alle.

Dann stellen mir die Schüler Fragen. Erst geht es um relativ einfache Antworten: wie ich heiße, wo ich herkomme, wer mein Lieblingsfußballer ist. Ein Mädchen will wissen, ob ich reich bin. Nein, sage ich – und denke: kein Wunder, nix gelernt.

Dann wird es ernst. Ein Junge will wissen: »Was inspiriert dich zum Schreiben?« Exakt in diesen Worten stellt er diese Frage, und das bringt mich durcheinander. Wann und wo hab' ich schon eine Inspiration? Um den Schüler mit der geschliffenen Formulierung nicht zu enttäuschen, plappere ich drauflos: Ich gehe durch die Straßen, über Plätze, ich spaziere herum, schaue mir das Leben an, so gut ich kann. Vielleicht fällt mir etwas auf: ein Fußballplatz vor der Schule, auf dem du dir das Knie aufschlägst und dir Prellungen holst. Oder ich treffe Kinder, deren Eltern aus Ländern kommen, die ich nur vom Fernsehen kenne. Die Sprachen sprechen, die ich in der Straßenbahn nicht identifizieren könnte. Ich gehe durch Straßen mit Namen von Menschen, die ermordet wurden, weil sie für den Frieden kämpften und heute bei vielen schon vergessen sind.

Und mit etwas Glück lande ich eines Tages in einem Klassenzimmer und erfahre ein paar Dinge, von denen ich keine Ahnung hatte. Geschichten, die nichts für die Zeitung sind, weil sie keinen was angehen. Vielleicht höre ich von Zuständen, die dringend in die Zeitung müssten, weil sie nicht in Ordnung sind. Von eitlen Politikern und Behörden, die sich nicht um die Bildung an den Schulen kümmern, schon gar nicht draußen an den Rändern, weil sie Wichtigeres zu tun haben.

Zu all diesen Gedanken hat mich die Frage des kleinen Jungen inspiriert. Ich bin allerdings nicht auf den Burgholzhof gefahren, um herumzuschnüffeln. Der Gast erobert an einem solchen Tag den Außenposten mit der weißen Fahne und zieht danach ab mit dem Plan, den Dingen irgendwann auf den Grund zu sehen.

Ein kleine Anekdote darf ich verraten, sie handelt vom »Klassenrat« an diesem Morgen: Die Kinder sitzen im Kreis und tragen vor, was ihnen gefällt und was nicht. Ein Mädchen sagt: Ich will nicht, dass dieser Junge aus der anderen Klasse in mich verliebt ist. Das Mädchen und der Junge sind neun, und bei dieser Geschichte, so stellt sich bald heraus, handelt es sich um einen klassischen Stalker-Fall. Irgendwas ist schiefgelaufen für den Jungen bei seinen Versuchen, mit anderen Kontakt aufzunehmen. Dieser Vorfall ist kein Kinderkram. Er spiegelt eine Krankheit unserer Zeit: die Unfähigkeit, jenseits von Laptops, Tablets und Mobiltelefone Bindungen und Freundschaften einzugehen. Nicht ohne Grund treffen sich heute die Einsamen auf »Kuschelpartys«.

Goodbye, Burgholzhof, der ewige Anfänger hat wieder was gelernt.

UNTER GÄNSEN

Einige Tage war ich weg von der Straße und habe mich in geschlossenen Räumen herumgetrieben. Jetzt bin ich zurück im Feinstaubmief und wüsste nicht, wo ich anfangen soll, wäre ich nicht kurzfristig ans Ende der Welt gefahren. Manchmal landest du ziemlich schnell am Abgrund, wie uns Heinz Erhardts Reisepoem lehrt: »Die Gans erwacht im grauen Forst / Erstaunt in einem Adlerhorst / Sie blickt sich um und denkt betroffen / Mein lieber Schwan, war ich besoffen.«

Ich flog stocknüchtern nach Hedelfingen, wo ich wieder mal erfahren habe, warum dieser Stadtbezirk ein erbauliches Pflaster ist. Das hat auch mit Gänsen zu tun, aber davon später.

Die Straßenbahn der Linie 9 braucht vom Hauptbahnhof kaum mehr als zwanzig Minuten bis ans Ende unserer kleinen Stuttgart-Welt. Eine kurzweilige Fahrt durch den Osten. Auf der Strecke geschichtsträchtige Orte wie Ostheim und Raitelsberg, dann die Hallen der internationalen Wangener Großmärkte, zuvor schon der trübe Blick auf das Gaisburger Schweinemuseum, damit man nicht vergisst, was Provinz bedeutet.

Beim Ausstieg aus der Linie 9 ist alles echt Hedelfingen: Ein intakter Zeitungs- und Zigarettenkiosk am Bahnsteig, linker Hand das alte Backstein-Schulhaus, auf der anderen Straßenseite eine leicht verwitterte Tankstelle namens Endstation mit guten Thekenplätzen und runden Tischen mit Decken, falls jemand Lust hat auf eine Runde »Schwarzer Peter« oder so. Freundliche Menschen in der Kneipe, wir schauen uns kurz um – ich spreche von »wir«, weil an diesem Tag mein vierköpfiger Männerverein wieder pflichtgemäß auf Gasthaus-Erkundungstour ist. Irgendwer muss diese Arbeit ja erledigen.

Unser Ziel ist nicht die Endstation, sondern – nach dem Überqueren der grausig lärmenden Hauptstraße – das Knausbira-Stüble im Ortskern mit den Fachwerkhäusern. Etliche Jahre hatte ich dieses weithin berühmte Gasthaus nicht mehr besucht, jedenfalls nicht in der Saison der toten Gänse. Das Weindorf Hedelfingen, Anfang des 13. Jahrhundert erstmals erwähnt, liegt in Stuttgarts südöstlichem Grenzbereich, links vom Neckar, kurz vor Esslinger Hoheitsgebiet. 1922 wurde es eingemeindet. In Wahrheit ist Hedelfingen eine Hafenstadt: 70 Prozent des Stuttgarter Hafens liegen auf der Gemarkung dieses Stadtteils. Auch der Hafen selbst ist übrigens ein offizieller Stadtteil; mehr als hundert Einwohner sind in diesem Revier registriert. Aber wer interessiert sich in dieser Stadt schon für das Leben am Fluss, den kaum noch einer kennt, seit das Neckarstadion Mercedes-Benz-Dings heißt.

In Hedelfingen leben, zählt man die Ortsteile Rohracker (etwa 5500 Einwohner) und Lederberg dazu, fast 10.000 Menschen. Viele von ihnen sind vergleichsweise alt. Das Restaurant Knausbira-Stüble hat seinen Namen bei der Symbolfrucht des Orts entlehnt: Die Knausbira, in einschlägigen Betrachtungen auch »Knausbiira« (mit zwei i) geschrieben, ist eine Birnensorte. Man konnte dieses Zeugs früher nicht essen, aber einwandfreien Most daraus machen und sich damit vom »Äppelwoi« unterscheiden. An der Fassade des Hedelfinger Rathauses aus dem Jahr 1910 hängt freischwebend eine eiserne Knausbira. Dieses Kunsthandwerk erinnert mich an einen Punchingball und einen Galgen, und diese Sicht der Dinge macht Hedelfingen ja nur noch interessanter. Das Knaus-bira-Stüble bietet das ganze Jahr über schwäbische Kost vom Feinsten. Die Spezialität des Hauses allerdings sind Gänse: Brust oder Keule, die alte Streitfrage, ich bin da offen. Die Federviehsaison dauert vom 24. Oktober bis zum 23. Dezember, und wer abends einen Platz haben will, sollte sich mindestens ein Jahr vorher anmelden.

In den acht Wochen vor Weihnachten werden in dem Restaurant mehr als 800 Gänse aus dem Hohenlohischen verspeist. Wirtin Susanne Schallmeir serviert unaufgeregt und nach Bedarf vom Tablett auf den Teller. In der fast offenen Küche arbeitet ihr Mann Hendrik so entspannt, als hätte er nicht den geringsten Stress. Keine Ahnung, wie das alles funktioniert, bei relativ gedämpftem Geschnatter. Als Spaziergänserich kann ich nur sagen: Es schmeckt verdammt gut. Als Zutaten gibt es Knödel, Blaukraut und Rosenkohl.

Hedelfingen ist eine Hochburg des Gänsebratens, wobei ich bitte, mich in meiner Dekadenz nicht nach moralischen Bedenken zu fragen: Ich selbst habe nie ein intimes Verhältnis zu Gänsen mit Namen Ramona, Elvira oder Veronika Ferres aufgebaut, so dass ich über Leben und Sterben der Wasservögel nichts sagen kann. Jedenfalls sind diese anständig aufgezogenen Tiere tot, bevor sie gerupft werden – was mir beim Blick auf den Umgang von Menschen mit Menschen vergleichsweise human erscheint.

Tradition und Mythos der freilaufenden und gebratenen Gans samt ihres Oberhirten Sankt Martin können an dieser Stelle nicht ausreichend gewürdigt werden. Früher, habe ich gelesen, waren Gänse auch erstklassige »Wachhunde«. Vermutlich aber würde der Mensch, sofern nicht Vegetarier oder Veganer, heute auch mehr Wachhunde verschlingen, wären sie so schmackhaft wie Gänse.

Hedelfingens Gänse-Kultur ist schon deshalb empfeh-
lenswert, weil der Ort nach getaner Arbeit das Gewissen
entlastende Verdauungsspaziergänge bietet: in der Tiefe
des Neckartals wie auf den Hügeln mit dem historischen
Terrassenweinbau und seinen Trockenmauern. Auch im
Ort selbst gibt es einiges zu sehen, etwa das Alte Haus
aus dem 16. Jahrhundert, die Kelter oder einen selten gut
bestückten Shisha-Laden.

Auf keinen Fall vergessen darf ich die evangelische
Kreuzkirche mit ihren Bauhaus-Anleihen. Ein Wunder,
dass dieses kubische Gebäude mit seinem rötlichen Putz
die Nazi-Diktatur überlebt hat und bis heute fast voll-
ständig erhalten ist. 1930 haben es Paul Trüdinger und
Hans Volkart aus Geldnot im schlichten Industriestil ent-
worfen.

Und dann gut gestopft und ganz entspannt zurück ins
zerfledderte Zentrum, nur zwanzig Minuten entfernt vom
Ende unserer kleinen Stadt.

IM VATIKAN

Doch, ich war mal im Vatikan und habe keine guten Erinnerungen. Die Sixtinische Kapelle war dermaßen überfüllt, dass ich in einem klaustrophobischen Anfall einen Wärter seiner Heiligkeit so lange anflehte, bis er mich fluchend durch einen Notausgang entkommen ließ.

Am Sonntag war ich erneut im Vatikan, diesmal an einem Ort, von dessen Existenz ich lange nichts gewusst hatte. Bekanntlich führen alle Wege nach Cannstatt, auch die Linie 1.

Diesmal war ich nicht auf Zufallstour. Herr Gerhard Zahn hat mich im Sommer 2017 zur Audienz in den Vatikan bestellt. Er ist 77 Jahre alt, verheiratet mit Elisabeth und seit 60 Jahren in dieser Siedlung zu Hause. Wie viele meiner Gesprächspartner hat er mich zunächst gebeten, seinen Namen nicht in der Zeitung zu erwähnen. Das habe ich ihm ausgeredet, schon weil er wie unsereins selbst mal bei den *Stuttgarter Nachrichten* gearbeitet hat, in den siebziger Jahren als Korrektor.

Herr Zahn ist geborener Cannstatter und gelernter Buchdrucker. Bis 2003 war er 16 Jahre lang für die Hausdruckerei im Landesmuseum im Alten Schloss zuständig. Seit mehr als einem halben Jahrhundert ist er Gewerkschafter und Mitglied der Naturfreunde mit internationalen Kontakten. Mit seiner Frau erkundet er die Heimat, beide fotografieren leidenschaftlich gern. Von Ruhestand keine Spur.

Meine Art des Herumgehens ist ein eher defensiver Akt der Stadteroberung. Ich würde mir höchstens in Notfällen herausnehmen, am helllichten Sonntag bei unschuldigen

Leuten zu klingeln und sie nach ihrem Leben zu fragen. Die Notizen meiner Spaziergänge sind als Anregung gedacht, mal das Auto stehen zu lassen, per Bahn, per Fuß oder mit dem Rad loszuziehen und festzustellen, dass die Stadt eine Menge Dinge erzählt, die von der Politik, den Ämtern und den Stadtwerbern vergessen oder verdrängt wurden.

Heute schlage ich vor, zuerst das Nordbahnhofquartier zu besuchen, die alten Eisenbahnhäuser anzuschauen und dann weiterzuziehen in den Cannstatter Stadtteil Winterhalde, von wo aus der Vatikan und Fellbach nicht weit sind. Die Ähnlichkeiten vieler alter Backsteinbauten hier wie dort machen uns deutlich, wie die Eisenbahn einst die Arbeiter- und Wohnkultur in der Stadt mit geprägt hat. Zwar ist in unserem Talkessel auch heute der städtebauliche Einfluss der Bahn deutlich zu spüren. Aber deren Immobilienpolitik ist ja eher dafür erdacht, gewachsene Kultur zu Gunsten von Glas- und Betonkästen zu zerstören.

Als Ausstieg für einen Besuch im Vatikan empfiehlt sich die Linie-1-Haltestelle Augsburger Platz. Vom Zentrum aus gesehen liegt die Winterhalde rechts. Geht man ein paar Minuten die Beuthener Straße entlang, vorbei an der evangelischen Andreäkirche, erreicht man die Ihmlingstraße: Beginn der Siedlung Vatikan. Auf einer Tafel im Viertel erfährt man das Wichtigste über seine Geschichte: »In den Hauptteilen ab 1905 im Jugendstil durch die Architekten Brude und Gruber erbaut. Weiterbau 1930-1932. Fertigstellung 1961. Frühes Beispiel für genossenschaftliches Wohnen.« Den Genossenschaften ging es damals darum, den Menschen »helle und gesunde« Wohnungen zu verschaffen.

Im Vatikan lebten und leben, wie überall in der Winterhalde, vor allem Eisen- und Straßenbahner. »Der geläufige Namen«, heißt es auf der Erinnerungstafel weiter, »rührt von der Erbauungszeit ›weit von der Stadt‹ und in sich geschlossenen Lage sowie der früher überwiegend katholischen Bewohner her.« Der Volksmund sagt es uns präziser: Der Cannstatter Vatikan war früher erzkonservativ, also rabenschwarz und am Ende der Welt. Nach der Monarchie befreiten sich Teile der Genossenschaftsbewegung von der Obrigkeitshörigkeit und nahmen die Ideen der organisierten Arbeiter und ihrer Gewerkschaften auf.

Heute lebt im Vatikan eine bunte, internationale Gesellschaft zu noch erträglichen Mieten. In den Kulissen des Quartiers wähnt man sich auf den ersten Blick in einer architektonisch fast etwas aufgesetzt fröhlich wirkenden Welt. Die Häuser zwar kompromisslos lückenlos und blockweise aneinandergereiht. Mit ihren schönen Fassaden in grünen und braunen Farbtönen und ihren auffälligen Fachwerkelementen aber stehen sie da wie in einer Spielzeugstadt, kunterbunt, etwas wild und sehr menschlich. Überall kleine Gärten, Wäschestangen, grüne Oasen.

Eine Stunde lang gehe ich mit großen Augen durch die Siedlung zwischen Ihmlingstraße und Kienbachstraße, Winterhaldenstraße und Beuthener Straße. Nichts ist mehr wie früher, sagen die Zahns, aber die Gegend immer noch gut für ein gutes Leben. Eine gewisse Einsamkeit liegt über dem Quartier, was nicht nur an der Sonntagsruhe liegt. Generell herrscht im Vatikan vergleichsweise andächtige Stille. Es ist nicht weit zu den Weinbergen. Andererseits aber auch nicht weit zur lauten Stadt jenseits des Neckars: Den Gaskessel können wir vom Vatikan aus gut sehen. Ich bin nur ein Uneingeweihter, denke aber, es würde dem Gemeinschaftsgefühl und der spirituellen Energie im Vatikan nicht schaden, wieder mal wie früher ein richtiges Fest steigen zu lassen.

Die Zahns erzählen von den Zeiten, als es noch Lebensmittelläden, Metzgereien und Wirtshäuser im Vatikan gab. Und Feste. Das ist Jahrzehnte her. An der Ecke Kienbach-/Ruhrstraße kommen wir an der letzten verbliebenen Kneipe vorbei, einem griechischen Lokal namens Eckhaus. Gegenüber ist ein kleiner Laden: »bei Natascha«, eine Mischung aus Kiosk und Lebensmittelgeschäft. Der Vatikan hat abgespeckt. Man übersieht ihn gern.

SING, BOB, SING

Ich weiß nicht mehr, wie spät es war in der Nacht zum
20. November 2017, als ich aus dem Schlaf gerissen
wurde und schweißnass zum schussbereiten Taschentelefon an meinem Bett griff. Ich tippte die Notrufnummer
ein, aber der Bildschirm blieb schwarz wie die Nacht vor
meinem nur leicht geöffneten Rollladen. Der gottver-
dammte Akku war leer. Beißender Qualm hatte bereits
meine Bude bis unter die Decke gefüllt. Ich musste husten wie ein Kohlekraftwerk und konnte nichts sehen außer ein paar Blitzen am Rauchmelder. Aber das Scheiß-
ding reagierte nicht. Der Kapitalismus hat Rauchmelder
nicht erfunden, um Leben zu retten. Er will damit Profite
machen. Wenn du an der neoliberalen Gewinnmaximie-
rung erstickst, interessiert das weltweit keinen einzigen
FDP-Typen.

Es war beängstigend still um mich herum, so still es nur
sein kann, wenn Gevatter Tod vor deinem Bett steht.
Oder der Russe. Aber da ich außer dem Taschentelefon
auch einen Baseballschläger neben meinem Bett liegen
habe, griff ich mir das Ahornholz und sagte: Keine Panik,
erst einmal sondieren.

Und dann sah ich ihn durch den Nebel: Neben dem
Schrank kauerte ein Typ mit Dreitagebart und zog an ei-
ner gewaltigen Tüte. Keine Ahnung, wie er sich diesen
Monsterdübel gebaut hatte, ungefähr so groß wie am
Stuttgarter Hölderlinplatz die hässliche Kunststoff-Stele
zu Ehren des Dichters, die aussieht wie ein tätowierter
Joint.

Hey, Mann, sagte ich zu dem Dreitagebart – und

steckte ihm das Ladekabel meines Taschentelefons ins rechte Nasenloch: »Digital first – Bedenken second«. Leider habe ich keinen Balkon, sonst hätte ich dem Kerl an der frischen Luft Gelegenheit gegeben, unten dem Volk mit den erhobenen Mistgabeln zu winken. Fuck Jamaika, verfickte Koalition, hätte ich von oben gerufen. Plötzlich aber löste sich der Typ, der kein gänzlich Unbekannter war, in die wichtigste körperliche und intellektuelle Grundsubstanz seiner Existenz auf: Lindner war Luft.

Langsam dämmerte mir, dass ich geträumt hatte. Ich musste mich irgendwie beruhigen, auch weil sich zum politischen Grauen inzwischen das Morgengrauen gesellte. Jamaika war baden gegangen, Merkel wankte, und auf der Straße riefen die Aufrechten: Anarchy in Germany!

Was aber kann ein einsamer Mann tun an einem kalten Morgen, hundert Jahre nach der Novemberrevolution. Ich kippte etwas braunen Rum in meinen Blue-Mountain-Kaffee, öffnete alle Fenster meiner Wohnung und legte eine Scheibe auf. Bob, sagte ich, heute musst du alles geben! Yeah, Mann, sagte Bob, und dann schallte es durch den Stuttgarter Westen: »Revol-ju-schon, Re-vo-lju-schon ...«. Ich sang mit, so gut ich konnte, und schepperte mit meinem Tambourin im Viervierteltakt, dem einzigen Takt, den ich beherrsche außer der Fünf-Minuten-Terrine. Besonders leidenschaftlich stieg ich ein an der Stelle, an der Bob singt, dass du keinem Politiker trauen darfst. Sie wollen dich nur alle machen.

Never make a politician (aaa-aaah) grant you a favour! (doo-doo-doo-doo) / They will always want (aaa-aaah) to control you forever, eh! (forever, forever)

Vermutlich traut mir keiner zu, dass ich Reggae-Platten von Bob Marley & The Wailers höre. Diese Gummimenschenmusik. Aber das täuscht. Ich bin ein Rastamann, besitze einen Sommerhut aus Hanf und erinnere mich, wie einst viele von uns in harten Nächten Jamaika-Koalitionen geschmiedet haben, ohne dass es ein neoliberaler Dreitagebart gewagt hätte, in seinem Egotrip-Delirium aus der Sondierung auszusteigen. Damals allerdings hatten wir nichts Gelbes wie Lindner im Boot. Kam nicht in die Tüte. Es ging schließlich um nichts weniger als um alles: ein neues Leben, eine neue Gesellschaft und die bewusstseinserweiternde Koalition aus Schwarzem und Grünem Afghan. Nur manchmal, wenn bei diesen Sondierungsritualen nicht allein der heilige Rauch die Rastalocken auf meiner Glatze umschmeichelte, weil sich Proleten wie ich mit dem profanen Stoff von Dinkelacker benebelten, kam es zu Szenen eklatanten politischen Versagens. Dann verpuffte Bobs realpolitische Forderung »Get up, stand up for your rights«. Wie hätten wir uns für unsere Rechte erheben und den Sieg der Revolution feiern sollen. War es doch schwierig genug, zum Protestpinkeln gegen die CDU auf dem Balkon anzutreten. Mit einem Extrastrahl für die SPD.

Jahrzehnte später, nach dem jähen Aus fürs Berliner Dreifarbenhaus trotz aller wütender Benimmappelle unseres Dschamaika-Diplomaten Kretschmann, sagte jetzt die Kanzlerin: »Es ist ein Tag mindestens des tiefen Nachdenkens, wie es weitergeht in Deutschland.« Fragt man sich nach diesem Satz mindestens tief irritiert, was Merkel wohl geraucht hat, wird es einem richtig schwindlig beim Kommentar der grünen Frontfrau Göring-Eckardt: »Ich will ausdrücklich sagen, dass ich davon ausgehe, dass dieses Bündnis hätte zustandekommen können.« Für dieses Gestammel kann nicht mal mehr ein Joint in Kanonenrohrgröße verantwortlich sein. Diese Formulierung riecht nach einer Bewusstseinstrübung, die so schnell nicht einmal mit grüner Medizin geheilt werden kann, weil nach dem Ende des Sadomaso-Dreiers auch eine Cannabis-Freigabe für Cem Özdemir auszuschließen ist.

Großer Gewinner des deutschen Regierungsschlamassels aber ist Jamaika: Endlich wird der schöne Name dieses armen Landes nicht länger für die Rudelbildung der Berliner Balkonpolitiker missbraucht. Sing, Bob, sing – und nimm noch eine Tüte auf die Revolution.

WO DIE SONNE TANZT

Eine Woche lang war ich nicht in der Stadt. Als ich aus der Sonne zurückkam, schneite es, was nicht weiter auffiel, weil sich inzwischen die Welt verändert hatte.

Viele Leute tragen ein »Weltbild« mit sich herum. Ich besitze keins, weil ich die Welt nicht kenne. Dafür gehört mir seit vergangenem Sommer ein gerahmtes Schwarz-Weiß-Bild, auf dem der französische Sänger, Schauspieler und Schriftsteller Serge Gainsbourg und die britische Sängerin/ Schauspielerin Jane Birkin zu sehen sind. Sie haben es sich auf einer ledernen Liege neben Schallplatten und Büchern bequem gemacht. Jane Birkin ist barfuß und trägt ein sehr kurzes Kleid, von Serge Gainsbourg sind nur der Kopf und die linke Hand mit der Zigarette zu sehen. Für mich ich das ein Weltbild. Fotografiert von Reg Lancaster, erworben beim englischen Foto-Galeristen Duncan Smith in der Stuttgarter Senefelderstraße.

Das Foto hing schon einige Tage in meiner Wohnung, da fiel mir auf, dass etwas fehlte. Ich brauchte die Musik zu diesem Bild. Wenn ich schon die Welt nicht kenne, so habe ich doch Anspruch auf etwas Kopfkino. Bei Second Hand Records in der Leuschnerstraße fand ich ein US-Original des Vinyl-Albums »Beautiful Love« von Jane Birkin und Serge Gainsbourg mit dem unsterblichen Lied »Je t'aime … Moi non plus«. Über dieses Chanson mit seiner erregenden Atemtechnik zur Symbolisierung des globalen Geschlechtsakts ließe sich ein Buch schreiben, ich beschränke mich mit Rücksicht auf den prüden Rest der Welt aufs Nötigste. Gainsbourg hatte den Song, der Stöhnen beim Sex als Stilmittel perfektionierte, zunächst

1967 mit Brigitte Bardot aufgenommen. Die aber war gerade mit Gunter Sachs zusammen und bat mit Rücksicht auf die Moral des deutschen Playboys, die Nummer aus dem Verkehr zu ziehen. Gainsbourg ließ 40.000 Singles vernichten und spielte das Lied noch einmal mit Jane Birkin ein. Als es 1969 erschien, war ich fünfzehn und im Sexgeschäft noch ziemlich handgestrickt. Auf der amerikanischen Plattenhülle ist zu lesen, das Stöhnen und der Text von »Je t'aime … Moi non plus« hätten das »Establishment« zu Tode erschreckt. Was für ein schöner Tod.

Den Liedtitel mit dem Zusatz »Moi non plus« (ich auch nicht) soll Gainsbourg nach einem Satz des Malers Dalí über den Kollegen Picasso gewählt haben: »Picasso ist Spanier, ich auch. Picasso ist ein Genie, ich auch. Picasso ist Kommunist – ich auch nicht.«

Als ich im Januar 2016 morgens um fünf zu einem Ausflug nach Athen aufbreche, beherrscht bereits der Anschlag islamistischer Terroristen vom Vorabend in Paris die Nachrichten. Auf dem Weg zum Flughafen geht mir Jacques Dutroncs Sechzigerjahre-Chanson »Paris s'éveille« durch den Kopf: »Es ist fünf Uhr, Paris erwacht ...« Stunden später sehe ich im Internet die Sprechblase von Joann Sfar: Der Zeichner der Pariser Satirezeitschrift *Charlie Hebdo* teilt der Welt auf Englisch mit, die Menschen von Frankreich vertrauten nach dem Anschlag in »Musik!« in »Küsse!« ins »Leben ...« Das klingt nach Jane Birkin & Serge Gainsbourg.

Mit Liedern verreist du oft weiter als mit dem Flugzeug. Da zu einer hilfreichen Betrachtung des Terroranschlags von Paris mein Verstand nicht ausreicht, halte ich es für vernünftiger, ein Lied zu hören – und eine Mandarine nach der anderen zu essen, wie es angesichts des Terrors der Komiker Helge Schneider empfiehlt. Viele in diesen Tagen brauchen keine Mandarinen. Sie haben die

Weisheit mit Löffeln gefressen und kotzen ihre Bösartigkeit in den sozialen Medien aus.

Drei Tage nach meiner Ankunft in Athen demonstrieren rund um den Syntagmaplatz zigtausend Menschen, darunter viele junge Linke, wie sie im bunten Stadtteil Exarchia zu Hause sind. Es ist der 17. November, der Gedenktag an den Athener Studentenaufstand: Die griechische Militärdiktatur schlug die Revolte am 17. November 1973 blutig nieder, mindestens 23 Studenten mussten ihr Leben lassen.

Damals war ich neunzehn, es gab bei uns längst griechische Kneipen, und als ich jetzt in Athen die Fahnen sehe, fällt mir ein seit Jahrzehnten nicht mehr gehörtes Lied von Franz-Josef Degenhardt ein: »Für Mikis Theodorakis«. Seltsamerweise habe ich den Refrain bis heute im Kopf: »Jener Tag, / an dem die Sonne tanzt, / Roter Tag der Freiheit in Athen, / Jener Tag, an dem wir auf den Straßen tanzen / und uns wiedersehen.« Ein Jahr nach dem Aufstand war das Ende der griechischen Junta besiegelt.

Beim Spaziergang durch den Stadtteil Exarchia finde ich in einem Plattenladen ein französisches Original von Bob Dylans legendärem Album »Highway 61 Revisited«, erschienen vor 50 Jahren. Alle Songtexte der Platte werden auf der Innenhülle kurz auf Französisch erklärt. Zu »Like A Rolling Stone« heißt es: »Diese schöne Ballade erzählt die Geschichte einer Frau, die mal reich war … Sie machte sich über die Armen lustig, über die Vagabunden und über die, die sagten: ›Pass auf dich auf, Puppe, du wirst fallen‹ … Später erfuhr die Frau Verwahrlosung und Hunger am eigenen Leib … Der Refrain lautet: ›Wie fühlt es sich an, auf sich selbst gestellt zu sein – ohne ein Zuhause – keiner kennt dich – une pierre qui roule … like a rolling stone …‹.«

In Athen lese ich in der deutschsprachigen *Griechen-land-Zeitung* von einer Diskussion im Stuttgarter Kunst-gebäude zum Thema »Zukunft Griechenlands – Zukunft Europas«. In derselben Ausgabe ist ein Zitat des Philoso-phen Antisthenes (445 bis 365 vor Christus) abgedruckt: »Wer die anderen fürchtet, verwandelt sich unmerklich in einen Sklaven.«

Gegen die Furcht werde ich mir Songs von Serge Gainsbourg und Jane Birkin anhören, das Foto mit den beiden an meiner Wand anschauen und eine Mandarine nach der anderen vernaschen.

BARFUSS AM FELDWEG

Die Nachricht von Lemmy Kilmisters Tod vier Tage nach seinem 70. Geburtstag hatte sich längst verbreitet, als ich an Sivester 2015 nach Muckensturm aufbrach. Seit langem pflegte ich eine intime Beziehung zu dem Mann von Motörhead: Immer wenn ich aus Reha-Gründen auf meinem Hometrainer, einem dieser peinlichen Wohnzimmer-Räder, in die Pedale trete, lege ich Songs von Lemmy auf. Meistens den Sampler mit »Ace Of Spades« als dritte Nummer. Wenn dieser Song startet, sitze ich erst 7:46 Minuten auf dem Idioten-Rad, und immer wenn Lemmy nach der zweiten Strophe die Zeile »You know, I'm born to lose« singt, sage ich zu ihm: Hör zu, Lemmy, ich bin ein Verlierer. Aber ich werde strampeln, ich werde alle neun Nummern deiner verdammten Scheibe abarbeiten und eines Tages bis nach Muckensturm kommen. Ja, das ist der Weg, dem Tod eine Weile davonzufahren.

Die meisten Leute aus Stuttgart, da bin ich mir sicher, sind noch nie mit der Linie 2 der Straßenbahn über die Cannstatter Haltestelle Kursaal hinausgekommen. Es sei denn, sie waren bei ihrer eigenen Beerdigung auf dem Hauptfriedhof in Steinhaldenfeld bei Muckensturm.

Meine Reiseziele sind oft von Launen abhängig. Kurz vor Silvester war mir irgendwie nach Muckensturm. Klingt nach persönlichem Aufbruch und kulturellem Tsunami. Hie und da schon hatte ich zwar von der kleinen Wohnsiedlung gehört, sie aber wieder vergessen. Wie hätte ich ahnen können, eines Tages ausgerechnet über Muckensturm nach Amerika zu reisen.

Die wichtigste Verkehrsader des Mini-Stadtteils ist die Einsteinstraße. Weit über Stuttgarts Grenzen hinaus berühmt wurde diese Straße Anfang des Jahrtausends wegen einer kleinen Finanzaffäre unseres örtlichen Fußballvereins. 2002 berichtete die *FAZ* über diese Prasserei: »Die Feste im Stuttgarter Stadtteil Muckensturm waren legendär. Die Einsteinstraße war völlig überfüllt, und manchmal rückte die Polizei an, weil keiner mehr durchkam.« Diese Feste hatten im Haus des VfB-Präsidenten Mayer-Vorfelder stattgefunden. Heute singt MV vielleicht mit Lemmy im Duett »My Way«; schon zu Lebzeiten hat er seinen Lieblingssong häufig auf Partys vorgetragen. MVs ehemaliges Hauptquartier Muckensturm liegt an der Straßenbahnhaltestelle Hauptfriedhof. Auf Stuttgarts zweitgrößtem Totenacker nach dem Waldfriedhof sind seit den Dreißigerjahren des 20. Jahrhunderts viele jüdische und seit den achtziger Jahren auch muslimische Bürger begraben.

Eine Seitenstraße der Einsteinstraße wurde 1968 Ferdinand Hanauer gewidmet, einem Fabrikanten aus Cannstatt (1868 bis 1955). Erst neulich hatte ich mir den Namen Hanauer notiert, als ich mir in der ARD eine Doku über das geplante Freihandelsabkommen TTIP zwischen den USA und Europa anschaute; darin ging es auch um die fatalen Folgen des 20 Jahre alten Freihandelsabkommens NAFTA zwischen Nordamerika und Mexiko für Menschen mit kleinem Einkommen. In diesem Film kam ein Unternehmer zu Wort, ein amerikanischer Milliardär namens Nick Hanauer. Er zählt zu den Superreichen der USA. Von Freihandelsabkommen, sagte er, profitierten nur die Großkonzerne.

Nick Hanauer ist eine schillernde Figur. In seiner Heimatstadt Seattle unterstützte er erfolgreich eine Kampagne für einen Mindestlohn von 15 Dollar (Präsident Obamas Plan, den nationalen Mindestlohn von 7,25 auf 10,10 Dollar zu erhöhen, scheiterte). Man nennt den Unternehmer, der sein Geld unter anderem in Amazon investierte, den »verrückten Nick«. Vor allem seit er in einem offenen Brief seine »steinreichen Kollegen und Kolleginnen« gewarnt hat: »Unser Land entwickelt sich von einer kapitalistischen Wirtschaft zu einer feudalen Gesellschaft. Wenn sich unsere Politik nicht dramatisch ändert, wird die Mittelschicht verschwinden ... Wachen Sie auf! ... Wenn wir nicht bald etwas tun, um die eklatanten Ungerechtigkeiten in dieser Wirtschaft zu beheben, werden die Mistgabeln zu uns kommen. Keine Gesellschaft kann diese Art von wachsender Ungerechtigkeit auf Dauer aufrechterhalten.«

Die »Mistgabeln« sind Nick Hanauers Symbol für eine drohende Revolution. Wenn die Schere zwischen Reich und Arm in den USA noch weiter auseinanderklaffe, schreibt er, sei trotz aller polizeistaatlicher Kontrolle ein Aufstand unausweichlich. Seinen Namen hatte ich mir auch deshalb gemerkt, weil er in der TV-Dokumentation als »deutschstämmig« vorgestellt wurde (man kann ja nie wissen).

Kaum zurück aus Muckensturm, wo ich die schönen Weinberge und ein großes China-Restaurant mit Kegelbahn bewundert hatte, las ich in Hanauers offenem Brief dieses Passage: »Meine Familie, die Hanauers, begann in Deutschland und verkaufte Federn und Kissen. Sie wanderte, von Hitler verfolgt, aus Deutschland aus und endete in Seattle und besaß dort ein anderes Kopfkissen-Unternehmen. Drei Generationen später profitierte ich von diesem. Dann hatte ich so viel Glück wie eine Person im Internetzeitalter überhaupt nur bekommen kann ...«

Nick Hanauer, geboren 1959, machte sein Geld in den USA vor allem im IT-Geschäft. Begonnen aber hatte alles mit Federn und Kissen in Cannstatt: Der Bettenfabrikant Ferdinand Hanauer war einer von Nicks Vorfahren. Diese kleine Geschichte verdanke ich Muckensturm, wo man neben der Straße auch eine Kindertagesstätte nach Ferdinand Hanauer benannt hat. Sein Nachfahre Nick schreibt über die USA: »Ich schaue auf den durchschnittlichen Joe auf der Straße, und ich sage: Selbst die Besten von uns werden in den schlimmsten Zeiten barfuß am Feldweg stehen und Obst verkaufen.«

An Silvester 2015 sah ich einen großen Muckensturm heraufziehen. Bald darauf kam Donald Trump.

GENERALSTREIK

Heute, am 12. April 2018, sind Warnstreiks in der Stadt. Busse und Bahnen stehen still, Kitas und Schwimmbäder bleiben geschlossen, die Müllabfuhr fällt aus. Auch die Flucht aus den verstopften Straßen unseres Feinstaubkessels auf dem Luftweg könnte etwas schwierig werden: Auf den Flughäfen wird ebenfalls die Arbeit niedergelegt.

Die Streikfreiheit ist in unserem Grundgesetz verankert, die meisten von uns haben das Recht, die Arbeit zur Durchsetzung von Tarifforderungen zu verweigern. Laut Bundesarbeitsgericht besteht der Sinn und Zweck des Streiks durchaus auch darin, wirtschaftlichen Schaden anzurichten, um Druck gegen die Arbeitgeber aufzubauen. Was wir Journalisten in diesen Tagen auch hin und wieder tun.

Arbeitgeber haben für Arbeitskämpfe in aller Regel »kein Verständnis«. So sagte es neulich der Sozialbürgermeister Wölfle bei den Warnstreiks in den Kitas. Der Grüne sonderte nicht nur die übliche Floskel ab, wonach diese Maßnahme »zulasten von Eltern und Kindern« gehe. Er formulierte auch die überhebliche Erkenntnis, diese Streiks seien »fast schon folkloristisch zu betrachten«.

Im Volkstheater kennt er sich aus: Früher gab sich der ehemalige Sozialarbeiter und Stadtrat unter anderem als vitaler Protestfolklorist im Kampf gegen Stuttgart 21, ehe er mit viel Verständnis für den Gegner den Hals wendete.

So ist das Leben in unserer bunten Gemeinde, die Streikgeschichte geschrieben hat wie kaum eine andere dieser Republik. Es ist ein paar Tage her, nicht mal 70

Jahre: Bekannt wurde der große Arbeiterprotest der Nachkriegszeit unter dem Begriff »Stuttgarter Ereignisse« – auch »Stuttgarter Vorfälle« oder »Stuttgarter Tumult« genannt. Es war am 28. Oktober 1948, im Jahr vor der Gründung der Bundesrepublik und des DGB. Allerdings war es zunächst nicht das Scharmützel nach einer großen Kundgebung auf dem Karlsplatz für Preisregulierung, Lohnerhöhung und Mitbestimmung, das überall Schlagzeilen machte. Vielmehr beschäftigten die Reaktion der US-Militärs und die drastischen Folgen für Stuttgarts Bevölkerung die Medien.

Am Donnerstag, 28. Oktober 1948, wird in allen Betrieben der Stadt von 13 bis 14 Uhr die Arbeit niedergelegt. Fast 100.000 sind dem Aufruf zum Protest gefolgt. Der legendäre Stuttgarter Gewerkschaftsführer Hans Stetter fordert in seiner Rede auf dem Karlsplatz Maßnahmen, »um die Lohn- und Gehaltsempfänger vor dem Verhungern zu schützen«. Als sein Auftritt beendet ist und die Leute nach Hause gehen wollen – so berichtet am Montag darauf der *Spiegel* –, greifen »ein paar Radaubrüder ein, deren Kennkarten im Rheinland und in Dresden abgestempelt waren«, und stacheln den Volkszorn gegen das Modegeschäft Stahl in der Königstraße auf. Bierflaschen und Steine fliegen, Schaufenster gehen zu Bruch – und zwischen »seidenen Krawatten und überteuerten Handschuhen und Stoffen (80 DM pro Meter)« sitzt ein »ramponierter Stadtpolizist«. Davor »johlt eine aufgebrachte Menge«. Ob Provokateure die Unruhen heraufbeschworen haben, wurde nie geklärt. Weil aber die heimische Polizei nicht Herr der Lage ist, greifen die amerikanischen Kollegen mit Schlagstöcken, Tränengas und Panzern ein.

Zwei Tage später fordern die Amerikaner laut *Spiegel* bei der *Stuttgarter Zeitung* einen Redakteur mit der Maßgabe an, er dürfe »kein Kommunist« sein. Der Chef der Militärregierung für Württemberg-Baden, Charles M. La Follette, übergibt ihm die Ausgangssperre: Alle 450.000 Stuttgarter haben sich von neun Uhr abends bis morgens um vier in ihrer Wohnung aufzuhalten. Bei Verstoß drohe »jede Strafe außer der Todesstrafe«. Der deutschen Polizei teilen die US-Kräfte wörtlich mit, sie habe »Scheiße« gebaut. Als Schuldige der Ausschreitungen aber gelten selbstverständlich die Gewerkschaften.

Über die Vorfälle heißt es in dem von Theodor Bergmann, dem Stuttgarter Widerstandskämpfer, Publizisten und Agrarwissenschaftler, herausgegebenen Buch »Klassenkampf & Solidarität«: »Der Ortsausschuss der Gewerkschaften distanzierte sich von den Steinwürfen gegen das Modehaus, erklärte aber gleichzeitig, dass solche Zwischenfälle durch ›habgierige Geschäftemacher‹ und ihre Duldung durch die Behörden provoziert wurden. Trotz dieser Erklärung wurde Hans Stetter von der amerikanischen Militärpolizei festgenommen und in Frankfurt von General Clay stundenlangen schweren Anschuldigungen ausgesetzt.« Stetter wird vorgeworfen, er habe die Massen aufgehetzt. Clay sagt ihm, aufgrund der Stuttgarter Vorgänge könne er die Gewerkschaften verbieten, beendet den Rapport aber mit dem Satz: »Ich will das vorläufig nicht tun.«

Das unbefristet ausgesprochene Ausgehverbot löst in Stuttgart Empörung aus. Die Gewerkschaften beginnen mit der Vorbereitung eines Generalstreiks, der schließlich am 8. November in Düsseldorf für den 12. November beschlossen und nach heftigen Diskussionen von zunächst geplanten 48 auf 24 Stunden beschränkt wird. Nach den »Stuttgarter Ereignissen« genehmigen die US-Behörden diese »Arbeitsruhe« nur unter der Auflage, keine Kundgebungen, Demonstrationen und »sonstige Zusammenkünfte« abzuhalten. In der sogenannten Bizone, dem Zusammenschluss von amerikanischer und britischer Besatzungszone, legen am 12. November mehr als neun Millionen Arbeiter aus Industrie und Handel, Handwerk und Verkehrswesen die Arbeit nieder – drei Viertel der 11,7 Millionen Beschäftigten. Damals haben die Gewerkschaften nur vier Millionen Mitglieder.

Trotz des großen Erfolgs der Aktion wird der Begriff »Generalstreik« lange vermieden, auch von Gewerkschaften. Kurioserweise spricht man von einem »Demonstrationsstreik«, obwohl Demonstrationen verboten waren. Der Unmut der Arbeiterschaft richtete sich vor allem gegen Ludwig Erhard, den Kopf des westdeutschen Wirtschafts- und Verwaltungsrats. Er hatte mit der Währungsreform im Juni 1948, viel zu früh, sämtliche Preiskontrollen aufgehoben. Erst im Dezember wurde der Lohnstopp teilweise und im Jahr darauf – nach weiteren aufreibenden Arbeitskämpfen – komplett freigegeben.

Ohne die »Stuttgarter Ereignisse« vom 28. Oktober 1948 wäre die Arbeitergeschichte der Bundesrepublik vermutlich anders verlaufen. Wen wird da heute das bisschen Streik in der Stadt kratzen.

BRONZEZEIT

Es gab in diesem Paradies manchen Sommer, der ein Winter war. Ein Ort, an dem Sommer und Winter so nahe beieinander lagen wie sonst nirgendwo. Dieser Mikrokosmos kannte nur zwei Jahreszeiten. Der Sommer war kurz und heftig. Der Winter lang und beschaulich. Und in der Kälte herrschte große, fast verstörende Gelassenheit, wie sie unter Menschen kaum mehr üblich ist. Diese Art Leben hatte komische Momente. Globale Coolness mischte sich mit altschwäbischer Folklore.

»Ein Freibad«, heißt es bei Wikipedia, »ist eine im Freien angelegte öffentliche Badeanstalt. Diese Anlage besteht neben der eigentlichen Schwimmgelegenheit auch aus Umkleidekabinen, Toiletten, Liegeflächen und wird von Aufsichtspersonen überwacht. Für die Benutzung der Anlagen wird normalerweise eine Gebühr erhoben.«

Diese Definition macht stutzig: Anders als für Freibier, Freidenken oder Hitzefrei müssen wir fürs Freibad Geld zahlen. Demnach kann es nicht weit her sein mit dem Freisein an diesem Ort, den man einst nicht zufällig »Anstalt« nannte, wie die Erziehungsanstalt, die Strafvollzugsanstalt, die Rundfunkanstalt und ähnliche Unterwerfungsstätten.

Das sehr spezielle Bad, von dem ich berichte, erzählt mehr von Sommer und Winter als jedes andere, weil wir hier neben dem Badesommer auch den Badewinter im Freien erlebten. Einerseits trafen wir Sommermenschen in der Masse und Wintermenschen als Solitäre. Andererseits auch Sommer- und Wintermenschen in einem: die nicht gerade zahlreichen Ganzjahresvögel, zu denen neben einigen Krähen und Enten auch unsereins zählte. Der menschliche Ganzjahresvogel saß selbst am heißesten Tag des Jahres in der Sauna, um seine Seele zu reinigen. Und im Winter kam er bei jedem Wetter, um zu sühnen.

Diese irre Anstalt mit Halle und Freibecken heißt Mineralbad Berg und liegt im östlichem Stadtteil Berg, in der Nähe des Neckars und des SWR. Gegründet hat sie 1856 der Hofgärtner Friedrich Neuner, weshalb sie bis heute auch »Neuner« genannt wird. Nichteingeweihte führen diesen Namen oft fälschlicherweise auf die Straßenbahn zurück. Die Haltestelle vor dem Haus allerdings dient seit jeher anderen Linien.

Weil »das Berg« viele Mitläufer der Moden an die Zeit der Pferdekutsche erinnerte, verpassten sie ihm das Prädikat »retro«. Mit dem Begriff »retro« bezeichnet man in der Musik und anderen Künsten bewusst eingesetzte Stilelemente aus der Vergangenheit, die »neue« Trends schaffen sollen. Das Bad Berg aber war schlicht ein traditionsreiches Gesamtkunstwerk – und vieles einfach so geblieben, wie es immer war. Nicht immer aus Gründen des Denkmalschutzes.

Oft war es pures Glück, dass die Fortschrittsapostel aus der Politik das Berg mangels Geld nicht mit ihrem Geistesmix aus Geschmacklosigkeit und Geschäftemacherei verschandeln konnten. Gekünstelt, gezielt auf nostalgisch getrimmt war im Berg so gut wie nichts. Vieles erschien seltsam, weil originär: die alten, an Gießkannen erinnernden Kaltwasserduschen (»Brausen« genannt), die betörende Guckloch-Erotik der hölzernen Umkleidekabinen, die Maultaschenkultur.

Wer eine Gartenanlage mit Ginkgobäumen, Blutbuchen und Rosenbeeten, mit Dannecker-Skulpturen und Mineralwasserbecken als »retro« bezeichnet, könnte auch historische Parks oder alte Kirchen so nennen. Wobei wir im

Berg beides hatten, sofern wir ein Gotteshaus nicht nur als Gebäude wahrnehmen.

Am ersten Sommertag des Jahres, wenn sich das Bad wie in einem hart geschnittenen Film blitzschnell von einer Oase der Ruhe in einen lärmenden Rummelplatz verwandelte, mussten junge Gäste unbedingt die Rechtfertigung »voll retro« parat haben, um in dieser – verglichen mit heutigen Spaß- und Wellness-Anstalten – sehr altmodischen Entspannungskulisse irgendwie voll hip zu wirken.

Nirgendwo erlebte der Stadtspaziergänger so hautnah, was »Sommer« für die Sommergesellschaft im Freibad bedeutet: Diese Jahreszeit erfüllt für sie nur noch Sinn und Zweck, wenn sich an sehr heißen Tagen keine einzige Wolke am Himmel zeigt. Nur so wird die Anstalt zur perfekten Körperrösterei mit Kaffeepausen. Das Wasser im Freibad – auch das für körperliche und psychische Defekte heilsame Nass aus der Mineralquelle – war im Sommer nur noch Nebensache. Die meisten Leute achteten nicht auf diese kostbare Ressource, sie verschmutzten das prickelnde, chlorfreie »Champagnerwasser« mit ihren eingeölten Leibern.

Das Wichtigste war, wie auf allen Partys, das Bad in der Menge. Und mangels Würstchen grillte man sich selbst. Dann standen die Egos im überbevölkerten Wasser herum, als hätten sie einen Stehtisch vor der Stadtfest-Bude ihrer Lieblingsbar besetzt. Gepflegtes Schwimmen war in solchen Stunden nicht mehr möglich. Wobei man wissen muss, dass nur Hechte aus den Macho-Beständen der Provinz Mineralbäder zum Kampfschwimmen missbrauchen.

Der klügste Beobachter der Berg-Welt ist der aus Wien stammende, in Stuttgart lebende Schriftsteller Heinrich Steinfest. Oft wählte dieser passionierte Berg-Gänger einen Tisch auf der Restaurant-Terrasse im Bad als Arbeitsplatz. Ganze Kapitel seiner Bücher hat er im Neuner geschrieben. In seinem Roman »Der Allesforscher« heuert der Ich-Erzähler, ein aus dem Profitsystem ausgestiegener Manager, als Bademeister im Neuner an. Der Romanheld erlebt das Berg-Leben auf eine Weise, die wir neben der Sprachkunst des Autors auch der nackten Wahrheit verdanken:

»Es passierte an einem dieser ersten wirklich heißen Tage. Alle waren sie wieder da, die immer erst ins Bad gingen, wenn es richtig warm wurde: die Zuhältertypen, die Bodybuilder, die Schwulen, die Liegestuhlfetischisten, die dünnen Frauen in Bikinis, die dünner waren als der Lack auf ihren Nägeln, all die Eincremer und Einsprüher, die aus den Löchern der Sonnenstudios gekrabbelt kamen, und natürlich die Sixpackfanatiker, die aussahen, als schnitzten sie jeden Tag mit einem scharfen Messer feine Rillen in ihre Torsi.

Nirgends gab es dann so viele gut gebaute Männer wie im Bad Berg. Und nicht wenige, deren Haut den Farbton polierter Bronze besaß. Aus diesen Männern hätte man Kanonenkugeln gießen können. Was übrigens zu einer gewissen Wehrhaftigkeit der Stammgäste gut passte. Natürlich waren auch jene ›älteren Damen‹ vertreten, die man das ganze Jahr über sehen konnte, aber auch jüngere Schönheiten, jedoch erstaunlich wenig Silikon. Zumindest im Vergleich. Etwa im Vergleich zu Wien, wo ich zur Fortbildung gewesen war und in den dortigen Schwimmbädern das Gefühl gehabt hatte, kaum jemand laufe noch ohne Implantat durch die Gegend. Ein Großteil der Wienerinnen schien nur noch partiell aus eigener Natur zu bestehen. Nicht so im Bad Berg, ohne dass dort die Flachbrüstigkeit regiert hätte, wirklich nicht.«

Die These, bei einem Freibad handle es sich um klassenloses Terrain, weil man einem fast textilfreien Menschen nicht in die Taschen greifen könne, stammt also aus dem Märchenbuch scheinheiliger Demokraten. Auch in Badehose oder Bikini gibt es genügend Poser-Getue, um Klassenzugehörigkeit zu zeigen. In einer Anstalt wie dem Berg mit seinem zum Fürchten kühlen Wasser bildeten sich soziale Zirkel und Standeszünfte. Es war zuletzt zwar nicht mehr wie früher, als die Besucher ihre Claims absteckten. Als jeder wusste, in welcher Nische sich Schwule und Lesben niederließen, in welcher Ecke Luden, Zocker und Fußballprofis mit ihren goldenen Halsketten und Rolex-Uhren Passanten das Augenlicht raubten. Diese Ära der Subkulturen war vorbei. Erfahrene Badbesucher aber wussten auch später Bescheid, wo die schwersten Kämpfe um die privilegierten Plätze in den Liegestuhl- und Liegewiesenzonen geführt wurden. Und wie im richtigen Leben fanden all die ihre Vip-Loungen, die Wert legten auf ihren Platz zwischen den bronzefarbenen und anderen Kanonen.

Der Sommer 2016 war unser letzter im alten Bad Berg. Inzwischen wird radikal umgebaut. Die Zeit der Renovierung ist für viele härter als in jedem vorherigen Winter, wenn wir uns mit eisigem Prickeln im Schritt in den tropischen Sommer der Sauna retteten.

MEIN FREUND BEEFY

Angesichts der fröhlichen Stimmung an der Stuttgart-21-Front bin ich mir sicher, dass ich auf einem E-Bike zum Mond reiten werde, noch ehe die erste Lokomotive in das Bahnhofsloch des Kessels rollt. Das heißt jedoch nicht, ich würde unsere schöne neue Welt im Dunstkreis dieses Jahrtausendwerks ignorieren. S 21 taugt durchaus als Mahnmal für die Folgen von Größenwahn und Profitgier.

Mich fasziniert der Blick auf unseren Fortschritt. Ich spaziere in die Zukunft. Neulich war ich mit meinem Männerverein, einem vierköpfigen Bataillon zur Erkundung der heimischen Mittagsküche, im Hotel Jaz in the City – Jaz mit einem z. Dieses Etablissement belegt sechs der 18 Stockwerke im Hochhaus Cloud No Seven in der Wolframstraße. Der Name Cloud Number Seven hat im Grunde nichts mit der deutschen Wolke sieben zu tun. Wenn unsere englischsprachigen Zeitgenossen betört und erotisiert abheben, schweben sie nicht etwa wie wir deutschen Krauts auf cloud number seven, sondern immer nur auf cloud number nine.

Die letzte berühmte Nummer neun bei uns in der Stadt verbirgt sich im Beinamen des Mineralbads Berg: Dort wird zurzeit ähnlich wild und mit reichlich Terminverzögerung gebuddelt wie auf dem Minengelände S 21. Die volkstümliche Bezeichnung »Neuner« für die traditionsreiche Badeanstalt hat allerdings nichts mit der Ziffer neun zu tun. Sie verweist auf den Nachnamen des Hofgärtners, der das Gelände angelegt hat. Ähnlich berühmt wie das Bad Berg als Stuttgarter Neuner ist nur noch Jürgen Klinsmann.

Meine Männer und ich schweben ein in Wolke sieben, um im neuen Hotel Tschäääs unser Mittagsmahl zu nehmen. Die komplette Herberge wurde in Begriffe aus der Popularmusik eingebettet: Es gibt Offbeat-Suiten und Bassline-Zimmer, außerdem treten leibhaftige Musiker und DJs auf. Das fürs Lunch zuständige Lokal, sehr groß und sehr cool, heißt Rhythms Bar + Kitchen.

Videobilder an der Rezeption klärten uns auf, dass das Hotel im schönen Europaviertel steht, für Business & Events zuständig ist und Swabian cuisine with a twist kredenzt: schwäbische Kost mit Pfiff. Typisch für diesen erregenden Zungentanz sind Gerichte wie Wurstsalat Benz Town mit Lyoner, Sucuk, Kaseri und Harissa oder Enten-Maultasche mit Speck, Minzlinsen, Koriander und Granatapfeljus.

Alles klar? Ich bin kein Küchen-, Kitchen- oder Cuisine-Kritiker und hüte mich, mir irgendwelche Gourmet-Urteile anzumaßen, schon weil mir beim durchgekauten Wortschatz der Laien-Rezensenten schlecht wird: »Fluffig« und »lecker«, »kross« und »knackig« bringe ich im realen Leben nicht über die Lippen. Schon beim Tippen dieser Adjektive habe ich Angst, mir die Finger zu brechen.

Als ich im Restaurant Rhythms meinen Beef-Burger mampfe, geht mir trotz der gedimmten Stimmung in der Tiefe des leeren Raumes ein Licht auf: Bis vor diesem Swabian-cuisine-with-a-twist-Event habe ich mich, ganz der Bauer vom Land, ein Leben lang zum Mittagessen an x-beliebige Tische auf meine zusammengekniffenen Hinterbacken gesetzt. Und deshalb nie den Pfiff gehört. Jetzt endlich erfahre ich mithilfe der im Stil einer Plattenhülle gestalteten Hotelbroschüre, dass ich in meinem Leben alles versäumt habe, was ein Leben ausmacht. Die Rhythms Bar + Kitchen, lese ich im Heftchen, ist »Stuttgart's coolster Ort zum Essen, Trinken und Beisammensein bei traditionell angehauchten & urbanen Gerichten und einzigartigen Musik- & Kunstperformances«. Dazu gesellen sich »entspannte Atmosphäre, herzlicher Service und gastronomisches Storytelling at its best«.

An dieser Stelle begreife ich: Mein Beef Burger mit Rindfleisch-Patty, Rotkraut, Spinat, Chili-Preiselbeeren, Gruyère-Käse und Brioche ist nicht einfach nur ein Rindfleischklops. In seinem Fall geht es, konzeptionell betrachtet, nicht um etwas Essbares aus der Küche – sondern, so steht's geschrieben, um gastronomisches Storytelling at its best.

Ohne Storytelling vom Feinsten kann sich heute niemand mehr auf dem neoliberalen Markt behaupten. Ohne eine Erzählung aus dem Marketingbüro bist du ein Nichts – eine Wurst ohne Twist. Mein Burger wurde nicht zum Kauen und Verdauen gemacht. Er kommt aus der Küche angetanzt, um mir Geschichten vom Pferd zu erzählen.

»Ey, Mann«, sagt der Beef Burger zu mir, »ich bin zwar nicht heiß und auch nicht richtig warm, und mein Hackfleisch ist verdammt roh und viel zu bloody. Ich schmecke auch nicht besonders geil. Man könnte sagen: Ich bin ein voll uncooler Klops mit Hang zur Blähung. Aber, mein Freund, im Zentrum deiner heutigen Jaz-in-the-City-challenge steht nicht dein Bedürfnis, den Darm eines alten Mannes zu verwöhnen – und dich zu sättigen wie eine Kuh. Ich, dein urbanes Fleisch, habe eine große Story für dich.«

»Hey, Beefy, entspann dich«, antworte ich etwas unhöflich, »du bist hier in unserem Männerverein nicht unbedingt der Burger-King. Was interessiert mich ein kalter Loser wie du. Du bist weder knackig noch lecker. Voll Nebensache. Hauptsache, dein Laden hat konkret mega Highspeed-Internet.«

»Yeah«, sagt der Beef Burger, »voll easy, alles am Start. Highspeed-Zugang auf allen Stockwerken.«

Selbstverständlich duze ich den Beef-Burger, in jazzy Gesellschaften ist das Pflicht. Da wird auch ein alter Sack wie ich wieder kross und fluffig. Dass das Restaurant ausgerechnet Rhythms heißt, ist im Übrigen sehr stimmig: Der Rhythmus des Hauses weicht in unserem Fall freejazzartig von allen gängigen Highspeed-Normen ab. Wären meine Männer und ich wie so viele andere in unserer schönen neuen Welt Sklaven rigoroser Arbeitsbedingungen, hätte uns die Dauer unseres Mittagsmahls garantiert den Job gekostet. Dafür aber werden wir vom Personal äußerst liebenswürdig betreut. Das ist Balsam für unsere Psyche, schon weil wir beim Blick aus dem Fenster nichts anderes sehen als die kalten, an Stammheim erinnernden Mauern des Einkaufszentrums Milaneo, das ich einst aus Geruchsgründen in Müllaneo umtaufen musste.

Bei dieser Art Aussicht leidet am Tisch allerdings unser Storytelling. Wir werden maulfaul, verdruckst, verfallen in Depression. Ich starre durchs Fenster und sage zu meinem leicht angefressenen Burger: »Ey Beefy, Schade, dass Beton nicht brennt.«

»Ja«, sagt Beefy »eine richtig heiße Flamme auf der Haut hätte heute auch meiner Seele gutgetan.«

Dann gehen wir Männer ohne Beefy hinaus in die alte Welt. In der Ferne klopfen die betagten Eisenbahnhochhäuser des Nordbahnhofviertels an die Himmelstür. Wir alten Rock'n'Roller, schwäbische Käuze with a twist, haben die Zukunft gesehen und den Dünnpfiff des Fortschritts gehört. Und dann summen wir verzückt George Harrisons schönes altes Lied:

»I'll show you cloud nine …«

MIT SICH IM REINEN

Schon oft habe ich den Zufall als Helfershelfer auf meinen Wegen durch die Stadt erwähnt. So langsam aber komme ich ab von meinem Kismetdenken. Womöglich ist Stuttgart so klein und eng, dass es kein Entrinnen gibt.

Bei einem Spaziergang durch die Stadt erzählt mir der Schlesinger-Wirt Martin »Nolde« Arnold von einer Frau, die seit mehr als 30 Jahren hauptberuflich einige bekannte Lokale in der Stadt sauber macht. Minuten später treffen wir sie zufällig vor dem Palast der Republik. Susanne Bauer ist knapp über 50 Jahre alt und arbeitet für ihre eigene Gebäudereinigungsfirma. Seit zehn Jahren führt dieses Mini-Unternehmen ihr Sohn Denis, 31; mit ihm ist sie sieben Tage die Woche im Einsatz. Werktags sind sie zu zweit, samstags und sonntags, wenn zusätzlich mehrere Discos zu reinigen sind, kommen freie Mitarbeiter hinzu.

Als ich mich mit ihr zu einem Kneipenplausch treffe, haben sich am Tag zuvor der Bundesinnungsverband des Gebäudereinigungs-Handwerks und die IG Bau nach der dritten Runde ihrer Tarifverhandlungen ohne Ergebnis getrennt. Die Gewerkschaft will den Mindestlohn von zehn auf elf Euro erhöhen und zusätzlich Weihnachtsgeld. Susanne sieht diese Verhandlungen mit gemischten Gefühlen. Einerseits wird in ihrer Branche mies bezahlt. Andrerseits kann ein Kleinstunternehmen höhere Löhne kaum verkraften, weil seine Kunden keine höheren Preise zahlen werden. Die Gewerkschaft hat bereits angekündigt, möglichst viele Kunden im Gewerbe nach ihrer Zahlungsmoral zu fragen – und sie zum Umdenken zu bewegen. Der Lohnkonflikt ist für Susanne schon lange ein Dilemma. Viele Kneipen, sagt sie, müssten mehr denn je um ihre Existenz kämpfen. Schon weil es immer mehr Lokale in der Stadt gebe. Sie verstehe sogar manchmal, wenn diese Läden Reinigungsleute schlecht bezahlten. Dass allerdings viele Großkonzerne die Preise der Reinigungsfirmen rigoros drücken und auf nicht zu erfüllende Knebelverträge mit brutalen Zeitlimits pochen, stehe auf einem anderen Blatt.

Susanne reinigt und putzt seit ihrem Realschulabschluss. Ihre Eltern hatten eine chemische Reinigung auf der Paulinenbrücke und später eine zweite in Degerloch. In den achtziger Jahren arbeitet sie im elterlichen Betrieb, als der Chef des Wangener Liveclubs Longhorn, Tommy Müller, sie eines Tages fragt, ob sie bei ihm putzen könne. Tommy hat chemische Reinigung mit Gebäudereinigung verwechselt. Susanne hat damals einen kleinen Sohn, kann Geld brauchen und sagt zu. »In den Achtzigern«, sagt sie, »konnte man mit Putzen noch Geld verdienen. Geld war noch viel mehr wert.«

Bevor ich mich mit ihr über ihre Arbeit unterhielt, waren mir Bilder einer veränderten Schmutz- und Hygienekultur in der Kneipenszene durch den Kopf geschwirrt. Verstörende Toilettenbesuche, abendländische Barbarei, die Wahrheit eines Schlagers: »Männer sind Schweine« (und Frauen auch keine Lämmer). Susanne sagt: »Grundsätzlich hat sich nicht viel verändert.« Unter den nächtlichen Hinterlassenschaften der Gäste findet man heute mehr zerbrochene Gläser als früher, mehr Graffiti an den Wänden und Utensilien, die ich aus Gründen der Diskretion unterschlage. Dass gemächtgesteuerte Typen bis heute glauben, ihre Pisserexistenz auch jenseits der Urinale nachweisen zu müssen, ist nichts Neues in der deutschen Leitkultur.

Susanne arbeitet in sogenannten Szenekneipen. Da keiner weiß, was damit gemeint ist, reden wir besser von halbwegs weltoffenen Etablissements. In diesen Kreisen ist Susanne eine Institution. Zu ihren Kunden gehören neben dem Schlesinger in der Schloßstraße das Immer Beer Herzen im Leonhardsviertel, das Concha am Wilhelmsplatz, der Palast der Republik in der Bolzstraße, das Ribingurum in der Theodor-Heuss-Straße. Zu ihren Clubs zählen das Universum am Charlottenplatz, das CD am Hirschbuckel, das Kowalski in der Kriegsbergstraße beim Bahnhof.

Im Kowalski trifft Susanne eines Sonntagmittags ein junges Mädchen und einen jungen Kerl, die sich – vermutlich aufgrund der allgemeinen Wohnungsnot – nachts hatten einschließen lassen, im dringenden Bedürfnis, sich näher kennenzulernen. Weil Liebe durstig und müde macht, gönnten sie sich nach der Kühlschrankplünderung einen verdienten Schlaf. Die Club-Chefs reagierten cool: Nach einer Entschuldigung durfte das Pärchen mit den besten Wünschen in sein neues, waches Glück entschwinden. Lange her. Heute sichern nicht nur Türsteher, Securityleute und übliche Alarmanlagen die Clubs. Bewegungsmelder mit Verbindung zu Personalhandys sind ebenso Standard wie Videoüberwachung.

In unserem Kneipengespräch, belauscht von Eva, einer der beiden Bordeaux-Doggen ihres Sohns, klagt Susanne kein einziges Mal über die viele, oft erschreckend billige Konkurrenz im Gewerbe. Ausbeutung und Selbstausbeutung gehen Hand in Hand. Kein Wort über Ausländerfamilien, die ihre Dienste für sehr wenig Geld anbieten, keine Schuldzuweisung an Kollegen. Susanne ist mit sich im Reinen.

Hat sie Probleme mit der Respektlosigkeit und Überheblichkeit gegenüber ihrer Arbeit? Mit Machosprüchen der Sorte »Putzschlampe«, die in der Gastronomie die Runde machen? »Nein. Alles Einstellungssache. Ich mache mein Ding. Ich arbeite. Ich war noch nie krank. Mein Vater hat es genauso gemacht.« Ihr Verdienst, sagt sie, reiche gerade mal zum Leben. Urlaub? So gut wie nie. Zuletzt war sie mal in Griechenland, vier Tage. Trotz ihrer günstigen Mietwohnung wird sie später nicht ansatzweise von der Rente leben können. »Ich habe keine Existenzängste, putzen kann man immer.«

Ob sie zur Wahl gehe, sich für die Politik interessiere, die für die Zustände verantwortlich sei, frage ich. »Klar gehe ich wählen. Ich hätte sonst kein Recht, über die Zustände zu meckern.«

BUXTEHUDE

Zwei Stunden stiefelte ich bei den Wattwürmern Cuxhavens herum, bevor ich wieder zwischen den Autoschlangen im Kessel versumpfte. Tage im großen Nichts.

Vor meinem Ausflug in den Nationalpark, ein Unesco-Weltnaturerbe, hatte ich nie auch nur einen Wattwurm oder eine Krabbe gesehen. Mein Wattführer Thomas, im Hauptberuf Marineflieger und in Afrika gegen Piraten im Einsatz, sagte mir, dass die Krabben auf unseren Hamburger Fischmarktbrötchen in Wahrheit kleine Garnelen sind. Überhaupt habe ich wenig Ahnung von unseren Meeren, in denen 100 Millionen Tonnen Plastik schwimmen. Der Job des Wattwurms ist es, den Sand zu reinigen. Ein armes Schwein angesichts des Drecks, den Menschen machen.

Kaum hatte ich mich von meinem Piloten aus der Brise und dem Schlick des Nordens verabschiedet, hörte ich von schweren Lufteinsätzen in der Heimat: Bei der Demo gegen einen AfD-Aufmarsch in Feuerbach wurden die Wasserwerfer der Bodentruppen von einem Hubschrauber und zwei (unbemannten) Drohnen unterstützt. Gott sei Dank leben wir in einem totalen Rechtsstaat. Sonst hätten sie Kampfjets und U-Boote hoch geschickt.

Wer sich aus unerfindlichen Gründen so viele Jahre im Schlick seiner eigenen Stadt herumtreibt wie unsereins, bekommt seinen Heimathafen auch nicht in den Ferien in der Ferne aus dem Kopf. Es ist ein Fluch, überall auf die Spuren seiner Herkunft zu stoßen.

Vor der Fahrt ans Wattenmeer schlenderte ich ein paar Tage durch Hamburg. Einmal wollte ich in die Bahn zur

Station Altona steigen, als vor meiner Nase ein Zug nach Buxtehude hielt. Blitzartig purzelte in meinem Kopf eine ganze Galerie gespeicherter Bilder durcheinander. Buxtehude, dachte ich, das ist ein verwunschener Ort voller Mythen. In Buxtehude war vor mir schon der Zauberer Zwackelmann aus der »Räuber Hotzenplotz«-Geschichte gelandet. In Buxtehude spielt das Märchen vom Hasen und Igel. Als Kinder haben wir jedem Blödian »Geh doch nach Buxtehude« hinterhergerufen – und als grünschnäblige Rocker Udo Lindenbergs Ballade auf die Reeperbahn zur Melodie von »Penny Lane« mitgesungen: »Und all die Jungs aus Buxtehude und aus Lüneburg / Die machten Freitagnacht bis Sonntagmorgen durch ...«

Jahrzehnte später, auf dem Weg nach Buxtehude, erfahre ich mithilfe meines Taschentelefons, dass der Name der Hansestadt mit ihren 40.000 Einwohnern speziell in Süddeutschland als Synonym für tiefste Provinz gebraucht wird. Wo sonst. Der beängstigend schwäbische Bundespräsident Theodor Heuss soll einst beim Anblick eines Straßenschilds mit der Aufschrift »Buxtehude« gerufen haben: »Was, das gibt's wirklich?« Typisches Landei-Syndrom: Gerade der Mensch ganz unten in der Beliebtheitstabelle sucht verzweifelt einen, den er treten kann. Angeblich gehen die Vorurteile gegenüber dem liebenswerten Städtchen auf die Furcht süddeutscher Wehrpflichtiger zurück, ihren Dienst in Buxtehude schieben zu müssen. Wo doch Adressen wie Böblingen, Münzingen oder Pfullendorf auf der Skala der Weltläufigkeit einen weit besseren Ruf genießen.

In Buxtehude begegnete ich den Bildern einer Kleinstadt, die man malerisch nennt. Mittelalterliche Häuser, der fünf Meter breite Fluss namens Este und der feine Geruch des unheimlichen Moors. Am Ende war ich glücklich, die Bahn nach Buxtehude gewählt zu haben.

Ich erinnerte mich, wie ich mal genauso unvermittelt in Brooklyn in einen Zug nach Hoboken stolperte – ohne den geringsten Schimmer, wo Hoboken/New Jersey liegt. Allerdings hatte dieser Spontantrip ein banaleres Motiv als der Abstecher nach Buxtehude: In Hoboken wurde Frank Sinatra geboren. Das weiß ich als Provinzler.

Erwähnen muss ich, dass Buxtehude 1983 das Tempo-30-Limit für den Verkehr in der Stadt erfunden hat. Das ist beachtlich, wo wir doch auf unseren Stuttgarter Stadt-autobahnen bis heute gegen Tempo 130 kämpfen. Vor allem freitagnachts bis sonntagmorgens, wenn all die Jungs aus Böblingen und Leonberg auf der Theodor-Heuss-Straße und anderswo mit ihren tiefergelegten Leasing-Panzern Staubalarm auslösen.

Damit bin ich bei der höheren Mobilität. Nach einem Helgoland-Ausflug mit einem neuen, pfeilschnellen Katamaran wollte ich mit einem geliehenen Fahrrad vom Hafen in meine Ferienbude am Rande des Wattenmeers vorstoßen. Das war schwierig, denn auf Helgoland, wo es kräftig stürmte und viele Menschen am Himmelfahrtstag mit Bollerwagen voller zollfreiem Schnaps herumzogen, hatte ich mich nicht auf meine Rad-Expedition vorbereiten können. Auf der Insel sind nicht nur Autos, sondern auch Fahrräder verboten.

Hinterher schrieb ich in mein elektronisches Tagebuch: »Donnerstag, 10. Mai, 2018. Heldenhaft, bei Windstärke 11 oder 12, wenn nicht sogar 1 oder 2, kämpfte ich mich auf einem Fahrrad die Nordsee entlang. Sturmböen im Gesicht und Sandkörner zwischen den Zähnen, hatte ich vor, einsam die Zivilisation zu erreichen. Dann brach das linke Pedal des Fahrrads aus der Halterung. Der Gegenwind war zu stark, um mit nur einem Treter weiter zu strampeln. Und in den Dünen gab es keinen verdammten Schraubenschlüssel. Ich verließ die Straße der Luftpumpen und schlug mich zu einer Autoroute durch. Nach drei oder fünf Tagen, vielleicht auch zwei oder vier Minuten, kam ein Linienbus. Der Fahrer war ein Ehrenmann. Samt Drecksvehikel nahm er mich mit in die Stadt. Glücklich angekommen, schob ich das Wrack mit dem Pedal auf dem Gepäckträger zu einer Fressbude und kaufte mir ein Fischbrötchen. Heute weiß ich: Lieber ein verficktes Fischbrötchen als ein verfluchtes Fahrrad. Ende.«

Als ich mit der Eisenbahn zurück in den Süden fuhr, wurde mir klar: Ein Tourist wie ich nutzt der Menschheit weniger als ein Wurm im Wattenmeer. Die kleine Stadt dagegen, in der sich Hase und Igel gute Nacht sagen, war inzwischen berühmt geworden. Ein Sänger namens Michael Schulte belegte beim Eurovision Song Contest 2018 mit seiner Schnulze für Deutschland den vierten Platz. Herr Schulte lebt in Buxtehude.

AUF DEM GERADEN WEG

Im Februar 2007 hatte Bruno Bienzle Kollegen und Weggefährten geladen. Das Fest stieg bei Paolo in Heslach, nicht lange bevor das Restaurant abgerissen wurde. bb, wie man ihn nach seinem Kürzel nannte, hatte eine italienische Kneipe gewählt. Er liebte Italienisches, das Essen, die Sprache, die Weine. Es gab eine Zeit, da fuhr er auch ein italienisches Auto. Bei Paolo feierten wir damals die kleine Party zu Bruno Bienzles Schritt aus dem Redaktionsleben in den Ruhestand. Die Party war nichts Großes, nichts Offizielles – ein solches Ritual hatte er sich nach 40 Jahren als Redakteur, die meiste Zeit als Ressortchef der *Stuttgarter Nachrichten*, verbeten.

Vor dem Fest überlegten wir, wie man ihm die Messe lesen könnte, und schnell war klar, dass man im Fall bb keine »Abschiedsrede« halten kann. Abschied wovon? Einer wie Bienzle würde in den Köpfen präsent bleiben, egal, ob er noch ins Büro käme oder nicht. Er war Journalist mit Haut und Haar und ein Typ, und von Abschied will man bei so einem Mann auch nicht reden, wenn er tot ist. Seinen Freunden bleibt er gegenwärtig, und wenn es ein handwerkliches Problem gibt, wird einer von denen, die ihn gut gekannt haben, sagen: »bb hat gesagt ...«

Es war ein lustiges Fest bei Paolo. Musikanten spielten, und der ehemalige *StN*-Kollege Peter Kümmel, heute Kulturredakteur bei der Hamburger *Zeit*, hatte uns eine gewitzte Laudatio geschickt: »Es gibt einen Laut, in dem der ganze Bruno Bienzle aufgehoben ist. Es ist der Laut Hhh! Säße man mit Bienzle in einem dunklen Raum, am Hhh! würde man ihn erkennen. Ein scharfer Schleif- und

Reibelaut, welcher der Kehle nicht gut tut und dafür verantwortlich ist, dass bbs Stimme etwas schartig klingt. Dieser Laut, der nur eine hundertstel Sekunde lang erklingt, enthält den ganzen Mann: Schwäbische Pressluft, ausgestoßen mit einem Gesichtsausdruck der Verzweiflung und einer Zuckbewegung der wuchtigen Schultern. Hhh! bedeutet: Das fragst du mich? Wenn du das nicht selbst weißt, kann dir keiner helfen.«

1976 wurde ich von bb in den Anker bestellt, nach Möhringen, Bienzles Heimat; dieses Gasthaus war ein Umschlagplatz für Fußballtratsch. Als 22-Jähriger sollte ich als jüngster Redakteur des Ladens angeheuert werden, und Bienzle wollte nicht wissen, ob ich je eine Schule oder Universität von innen gesehen hätte. Er fragte: Was lesen Sie? Zum Glück sind mir die Namen von zwei, drei Schriftstellern eingefallen. Hätte ich »Zeitungen« gesagt, hätte bb sein Hhh! ausgestoßen und mich nach Hause geschickt.

Schon in den 70er Jahren war Bienzle Sportchef der *Stuttgarter Nachrichten*. Als einer der ersten in diesem Job erkannte er, dass die Zeit der Einszunull-Berichterstattung, die Chronisten-Langeweile im Journalismus, vorbei war. Er stellte den Sport, mit all seinen Reizen und Abgründen, in gesellschaftliche Zusammenhänge. Von ihm konnte man lernen, warum Fußballberichte nicht nur Sportberichte sind. 1978 war bb bei der WM in Argentinien und schilderte, wie die Frauen auf der Plaza de Mayo von Buenos Aires die Opfer der Diktatur beklagten. Der Sportchef, sagten wir uns, ist ein besserer Demokrat als mancher politische Kommentator. Und mit seiner Haltung hat sich bb nicht nur Freunde geschaffen.

In unserer Zeitung leitete er auch lange die Aktion Weihnachten zur Unterstützung von Menschen in Not. Für diese Initiative gewann er einst die John-Cranko-

Schule, die uns seitdem Jahr für Jahr mit einer großen Benefiz-Matinee begeistert.

Er war kein typischer 68er oder gar ein Salon-Linker. Er hatte einen eigenwilligen Kopf, geformt von christlicher, pazifistischer Ethik. Er war ein Skeptiker, kritisch gegenüber Parteien und Ideologien, Moden und Trends. »Er bevorzugte den geraden Weg«, er war »für Chefs und andere Würdenträger kein pflegeleichter Partner«, schrieb Martin Hohnecker 2007 in der *Stuttgarter Zeitung*.

Am 4. Januar 1943 in Stuttgart geboren, studierte Bruno Bienzle nach dem Abitur Germanistik, Philosophie und Soziologie. Er volontierte bei der *Waiblinger Kreiszeitung*. 1968 kam er zu den *Stuttgarter Nachrichten*, wurde bald Sportchef, später Redaktionsleiter der von ihm neu gestalteten Wochenendbeilage »Querschnitt«. 1981 übernahm er den Job des Lokalchefs. Etwas Besseres hätte der Zeitung damals nicht passieren können. Bienzle kannte Mann und Maus in der Stadt, er begegnete den Menschen mit Respekt und Humor. Er kannte jeden Winkel, jede Verbindung, jeden Schleichweg im Kessel. Und er hatte ein Gedächtnis, das wir nie vergessen sollten ...

Weil er gelernt hatte, dass der Sportreporter die gute Geschichte oft nicht in der Arena, sondern in der Nebenstraße findet, war er ein umtriebiger Mensch. Bevor er ein überzeugter und liebevoller Familienmensch wurde, kannten wir ihn als Junge aus dem Leben. Wenn er in den 70ern seinen roten Alfa in der Altstadt geparkt hatte, zog er allerdings nicht nur zum Vergnügen um die Häuser. Auf der Straße lagen reichlich Geschichten, meist auf einer, die von anderen Reportern gemieden wurde.

Bruno Bienzle hat immer auf Stil, auf Sprache, auf das richtige Wort, den präzisen Satz geachtet. Er hatte eine

Nase für Themen und Neuigkeiten, er war ein Detektiv, einer, der nicht locker ließ. Selbstverständlich schlug sein Herz, wie bei jedem Ehrenmann, für die Blauen, die Stuttgarter Kickers. Aber er hätte den Roten, dem VfB, nie einen Fehlschuss gewünscht. Dafür liebte er den Sport und die Stadt zu sehr.

Nie werde ich vergessen, wie Bruno Bienzle neben seiner Freude an der Kunst (am Ballett und Theater), neben seiner Leidenschaft für den Fußball schon früh ein andere Liebe hatte: das Radfahren. Lange bevor die Tour de France hierzulande populär wurde, lange bevor das Rad in den Städten als Alternative zum Auto entdeckt wurde, hatte er uns erklärt, wie das Zusammenspiel der Kräfte funktionierte: Psychologie, Taktik, Team-Strategie, Drogen. Ausgerechnet bei einem Sturz mit seinem Sportrad, auf einem Routineausflug in der Nähe seines Hauses in Nürtingen, hat sich Bruno Bienzle im Oktober 2009 seine unheilbaren Verletzungen zugezogen.

Als er danach vom Hals abwärts gelähmt in der Tübinger Unfallklinik lag, haben wir schon im Krankenhaus einen Mann erlebt, der wie früher kämpfte, der mit schwäbischem Witz dem Unfassbaren trotzte, als sei das Rennen noch lange nicht gelaufen. Er hat sein Schicksal angenommen, sich für das Leben und Leiden im Kreis seiner Familie entschieden. Er war ein Mutmacher, ein Mann mit Haltung.

In den folgenden Jahren, ans Krankenbett gefesselt, nur an verhältnismäßig guten Tagen im Rollstuhl, empfing er regelmäßig Besucher. Es waren Stunden voller Erzählungen, Erinnerungen, Kommentare zur Gegenwart. Mit einer Mundmaus schrieb er, wann immer es ihm seine Verfassung erlaubte, weiter am Bildschirm: Notizen, lange E-Mails, auch Artikel, etwa kritische Beiträge in *Kontext* über die Politik der Stadt und den Journalismus.

Bruno Bienzle ist am 2. März 2017 im Krankenhaus in Nürtingen gestorben. Er hinterlässt vier Töchter, einen Sohn, seine Frau Annerose, eine große Familie. Und er hinterlässt Freunde, die es zu schätzen wissen, dass sie mit ihm in einem Team spielen durften.

F. L UND F. L.

Im Café List in der Liststraße habe ich nach dem Mittagessen meinen Hut genommen und mir etwas Höhenluft im Lehenviertel gegönnt. Eigenartig, dass ich nie zuvor die Lehenstraße und ihre Treppen bis zum Pfaffenweg mit seiner tollen Aussicht auf den Kessel hinaufgestiefelt bin, obwohl ich mal in dieser südlichen Ecke neben der Gaststätte Lehen gewohnt habe. Die Kneipe steht noch heute wie eine Eins. Das Quartier ist schöner, lebendiger und teurer geworden.

Spaziergänge bewegen Leib und Seele. Zuweilen kommt sogar das Hirn in die Gänge, schon weil man sich beim Herumstiefeln ständig fragen muss: Wohin geht eigentlich deine Stadt?

Einige von uns erinnern sich noch dunkel an Stuttgart 21, und alle wissen heute, dass die Glücksspielzahl 21 als Name für diese Ausgeburt des Größenwahns Humbug und Täuschung war. Wie von aufgeklärten Geistern vorhergesagt, wird das Protzprojekt nicht annähernd 2021 fertig sein – wenn überhaupt irgendwann.

Inzwischen müsste es sich auch bis zum letzten Wohnungseigentümer im Gemeinderat herumgesprochen haben, dass Mietexplosion und Wohnungsnot in unserer Stadt gefährliche soziale Konflikte heraufbeschwören. Umso mehr kommt mir beim Aufstieg zum Pfaffenweg die Galle hoch, wenn ich daran denke, wie der Oberbürgermeister neulich in einer Doku des SWR-Fernsehens über den Abriss- und Mietwahnsinn in der Stadt mit den Worten zu hören war, er hoffe auf die baldige Fertigstellung von S 21 – dann könnten Wohnungen im geplanten

Rosensteinviertel gebaut werden. Ein Interview für den Film hat er verweigert. Menschen, die keine Bleibe finden oder sich keine leisten können, vertröstet er mit einem Phantomstadtteil.

Wenn du als Spaziergänger in der Stille des Pfaffenwegs zwischen den attraktiven Häusern ins Tal schaust, kommst du nicht auf die Idee, die Schornsteine da unten könnten Rauchzeichen einer dunklen Zukunft senden, in der die Rechten und Braunen noch stärker werden. Dann fällt mir ein, was der Philosoph und Flaneur Walter Benjamin gesagt hat: »Den Flanierenden leitet die Straße in eine entschwundene Zeit. Sie führt hinab in eine Vergangenheit, die umso bannender sein kann, als sie nicht seine eigene, private ist.«

Von der Lehenstraße musst du nur kurz in die Filderstraße abbiegen und den Irrsinnsverkehr der Hauptstätter Straße überwinden, dann stehst du auf dem ehemaligen »Platz der SA«, dem heutigen Marienplatz. Du spürst, wie schnell es hinabgeht in eine Vergangenheit, die im Sinne Benjamins nicht deine eigene, private ist – aber alles andere als entschwunden.

Fesselnd sind auch Spuren, die weiter zurückliegen als die Nazi-Diktatur. Ich bin mir heute nicht sicher, ob ich vor mehr als 30 Jahren beim Gang durch die Liststraße ihre Schreibweise beachtet und bemerkt habe, dass sie nichts mit dem Komponisten Franz Liszt zu tun hat. Womöglich nicht – obwohl an Friedrich Lists einstigem Haus mit der Nummer 35 seine Büste angebracht ist. Meine Neugier richtete sich damals auf Franz Liszt, schon weil ihn der Regisseur Ken Russell 1975 in »Lisztomania«, seinem ausschweifenden Film mit dem Who-Sänger Roger Daltrey in der Hauptrolle, zum Rockstar geadelt hatte.

Friedrich List wird 1789 in Reutlingen geboren. Er

wird Verwaltungsfachmann und wohnt im Lauf seines Lebens mehrfach in Stuttgart. Hier arbeitet er Anfang des 19. Jahrhunderts beim Finanzamt, lehrt als Professor in Tübingen und wird 1820 als Abgeordneter in den Landtag gewählt. Als Wirtschaftstheoretiker engagiert er sich für eine bürgerliche Demokratie, ist Vordenker und Wegbereiter der Nationalökonomie. Wegen seiner scharfen Kritik an der Bürokratie und am König wird er 1822 nach Aufhebung seiner Immunität zu zehn Monaten Kerker in der Festung Hohenasperg verurteilt. Er flieht, kehrt 1824 zurück und bietet an, in die USA auszuwandern. Nach seiner vorzeitigen Entlassung steigt er in den USA zu einem Pionier der Eisenbahn auf und wird 1830 amerikanischer Staatsbürger. Drei Jahre später genießt er als US-Konsul im Großherzogtum Baden wieder Immunität auf deutschem Terrain und ist als Weltbürger ständig unterwegs. Er bringt auch die deutsche Eisenbahn in die Spur, doch die große politische Anerkennung bleibt ihm versagt. Karl Marx kritisiert seinen fehlenden Mut zur radikalen gesellschaftlichen Veränderung, macht sich über ihn lustig. Am 30. November 1846 erschießt er sich in Kufstein/Tirol.

Lists aufregendes Leben als Volkswirt hätte mich womöglich weniger interessiert, wäre ich nach meinem Spaziergang nicht auf die Verkettung Friedrich-List-Franz-Liszt gestoßen. Als sich Friedrich in den Dreißigern des 19. Jahrhunderts in Paris um die amerikanisch-französischen Handelsbeziehungen kümmert, wohnt er wie der Dichter Heinrich Heine in der Rue des Martyrs (Straße der Märtyrer). Sie essen oft gemeinsam und treffen sich mit dem Revolutionsgeneral Lafayette.

Friedrich List, selbst Autor, ist seit seinem Aufenthalt in Leipzig mit Robert Schumann befreundet und stellt Heine auch Clara Schumann, die Frau des Komponisten, vor. Lists Liebe zur Musik wird von seinen Töchtern Elise und Emilie bestärkt: Beide sind eng mit Clara befreundet. Emilie, eine hoch begabte Sängerin, tritt im Leipziger Gewandhaus mit dem Dirigenten Felix Mendelssohn Bartholdy auf – und plant eine Tournee mit dem größten Pianisten seiner Zeit: Franz Liszt. Doch die Konzertreise kommt nicht in die Gänge. Das Duo Liszt & List bleibt ein Traum.

Zurück in den Kessel. Schon als zwölfjähriges Wunderkind ist Franz Liszt im hiesigen Königlichen Hoftheater aufgetreten. Später gastiert er als umjubelter Superstar noch mehrfach in der Stadt, unter anderem im Hotel Marquardt. Sein Publikum sagt, er habe zwanzig Finger.

Ich hätte gewettet, dass es bei uns neben der Friedrich-List-Straße auch eine Franz-Liszt-Straße gibt. Irrtum. Vergessen wurde der 1886 verstorbene Komponist und Klaviervirtuose allerdings nicht ganz: Seit 1904 steht ein Denkmal mit seiner Büste im Mittleren Schlossgarten. Damit endet meine Geschichte von F. L. & F. L.

KINDERLEICHTER

Hoch im Norden war ich unterwegs, nach meinem Gefühl kurz vor den Deichen. Immerhin stand ich vor einem Brunnen, gestaltet mit einem Knaben und einem Fisch. Ganz oben war das, in der Lenzhalde, wo angeblich der Frühling früher in die Stadt kommt als in jeder anderen Ecke. Ein Kollege aus Hamburg hat mir neulich gesagt, je länger man sich mit einer Stadt beschäftige, desto tiefer grabe man sich in sie hinein. Eines Tages, denke ich, werde ich mich so weit in das Gedärm der Stadt hineingefressen haben, dass ich mich fühlen muss wie ein Arschkriecher – für den man im Englischen den höflicheren Begriff »brown nose« gefunden hat.

Die Nasenweisheit und der Blick auf die Umgebung sind verdammt wichtig: »Umwelt ist nicht alles. Aber ohne Umwelt ist alles nichts«, heißt es auf einem Bundestagswahlplakat der Grünen. Ich sah es auf meinem morgendlichen Sonntagslauf, der mich von meinem westlichen Heimathafen die Lenzhalde und die Robert-Bosch-Straße hinauf zum Bismarckturm führte und schließlich in den Kräherwald mit seinen schön weichen, mit stattlichen Kackhäufen garnierten Wegen. Vermutlich gibt es dort oben noch Wildpferde.

Die grüne Propaganda begreift man erst, wenn man die erste Silbe der Umwelt gekappt hat: »Welt ist nicht alles. Aber ohne Welt ist alles nichts.« Mit einer solchen, vollkommen absurden Botschaft werde ich strunzdummer Wähler endlich intellektuell aufgewertet, nachdem ich beim Blick aus dem Fenster wochenlang dasselbe Plakat an der Stange meines Straßenschilds ertragen musste:

»Cem Özdemir ist hier.« Darauf ein Bier wie mir. Das Befestigungsband für das Poster hat man durch zwei Löcher im scharf angeschnittenen Stirnbereich von Özdemirs Photoshop-Gesicht gezogen, weshalb er aussieht, als habe man sein Hirn festgetackert. Das Plakat weist auf eine Veranstaltung im Bürgerzentrum West hin und fordert den Betrachter auf: »Stellen Sie Ihre Frage!« Keine Fragen, Euer Ehren.

Eigentlich war mein Sonntagslauf nicht dafür gedacht, mir Wahlplakate anzuschauen. Aber wie könnte ich wegschauen, wenn am Wegrand ein dreitagebärtiges Model der Kategorie Calvin-Klein-Unterhosen auf einem Smartphone herumwurschtelt und mir die globale Losung des Jahrhunderts entgegenschleudert: »Digital First. Bedenken Second«. Schade, diese Zeilen neben dem Foto des FDP-Weltstars Christian Lindner erfüllen nicht ganz meine Ansprüche als altem Stabreimdichter: Um der korrekten Alliteration willen, aber auch zur inhaltlichen Präzisierung müsste die FDP-Botschaft lauten: »Digital First. Denken Second«. Und erst wer das Denken an sich als sekundär betrachtet, erreicht das Niveau des österreichischen Fußballpoeten Hans Krankl: »Wir müssen gewinnen, alles andere ist primär.«

Leider kann ich bei meiner heutigen Plakatlektüre nicht alle Parteien würdigen, weil ich beispielsweise von der AfD und der Linken nichts gesehen habe. Anscheinend haben deren Werbetrupps länger gepennt als ich. Auf meinem Weg durch die Villenviertel des Nordens dominierte ganz klar die FDP. Ihren schönsten Text las ich unter dem strahlenden Lächeln der Kandidatin Judith Skudelny: »Mobilität ist Freiheit für ein weltoffenes Stuttgart. Denken wir neu.« Was uns der Wahlkampfdichter damit sagen will, wird die Frau wohl mit in ihr weltoffenes Grab nehmen. Vermutlich hat er – digital first – seinen Computer ein paar »positiv« besetzte Wörter aneinanderreihen lassen und dann dem Chef der Marketingagentur gesagt: »Bedenken Second«. Sein neu denkender Boss hat daraufhin seinen Calvin-Klein-Schlüpfer hochgezogen und mit gut geordneten Eiern geantwortet: »Man muss nicht immer das Salz in der Suppe suchen.« (Meinetwegen, das war der Fußballer Philip Lahm.)

Als ich, heftig schwitzend, endlich am Bismarckturm ankomme, weht eine große Fahne mit dem Konterfei eines bärtigen Charakterschädels im Morgenwind. Meine Vermutung, Martin Schulz habe jetzt auch Stuttgarts Gipfel erklommen, bestätigt sich nicht. Auch zwei Jahre nach den Geburtstagsfeiern zu Ehren des verfressenen deutschen Ex-Kanzlers weht die Fahne »200 Jahre Bismarck«. Es zeugt von Weltoffenheit, wenn in einem demokratischen Land die Verehrung eines erklärten Antidemokraten weiterlebt.

Und wie gefestigt unsere Demokratie trotz der etwas angespannten Atombombenweltlage und unseres gebeutelten Europas ist, wird die kommunistische MLPD erfahren, wenn sie mit ihrer heute geradezu obszönen Plakatforderung baden geht: »Hoch die internationale Solidarität!« Wo kommen wir denn da hin. Grenzen zu!

Damit sind wir, kurz vor dem 100. Jahrestag der verratenen deutschen Revolution, bei der SPD. Auf meiner Tour begegnete ich laufend der Reklame Ute Vogts. Einer Kandidatin, die einst berühmt wurde, als sie einem Radiosender ihre vorgetäuschten Orgasmen gestand. Bei welcher Tätigkeit weiß ich nicht. Diesmal posiert sie mit angetäuschtem grauem Strähnchen in der Stirn und dem erotisierenden Umarmungsslogan: »Für Stuttgart«. Damit sie sich deutlich von Bismarck abhebt, hat der Plakatmacher noch in kleinen Buchstaben die Zeile darunter gesetzt: »Am 24. 09. für Demokratie und Respekt!« Diese

Zeile steckt voller Wahrheit: Am 24. 09. für Demokratie – danach gibt's wieder Sozialdemokratie.

Obwohl eigentlich nicht zu überbieten, gelang es dem CDU-Mann Stefan Kaufmann, Vogts Slogan virtuos zu modifizieren: Er ist nicht nur »Für Stuttgart«, sondern »Aus Stuttgart. Für Stuttgart«. Somit glänzt er als astreiner Bio-Stuttgarter, während Frau Vogt mit der Schmach ihres Heidelberger Migrationshintergrunds leben muss. Ähnlich wie Vogt hat die Gesamt-CDU auch noch das Wesentliche berücksichtigt: »Für mehr Respekt vor Familien«. »Familien sollen es«, so heißt es auf dem Plakat, »kinderleichter haben.« Und vollends um jeden Inhalt erleichtert, spielt die Partei jetzt nicht mehr nur »Für Stuttgart«, sondern »Für ein Deutschland, in dem wir gut und gerne leben«. Da stimme ich zu, schon weil ich nach meinem kinderleichten Sonntagslauf in den hohen Norden gut und gern wie der Fußballer Thomas Häßler behaupten kann: »Ich bin körperlich und physisch topfit.« Bedenken second.

KURZE REISE ZU PICASSO

Ungeplante Ausflüge sind mir am liebsten. Ohne Plan läuft man zwar Gefahr, etwas zu verpassen, andererseits sind mehr Überraschungen drin. Eines Sonntags im September 2016 stieg ich in die Regionalbahn nach Schwäbisch Hall, um die Kunsthalle Würth zu besuchen. Die Galerie des Schrauben-Krösus zeigte »Picasso und Deutschland«. Erst unterwegs bekam ich mit, dass ich im Haller Stadtteil Hessental umsteigen musste. Als ich an der Bahnstation ankam, kümmerte ich mich erst mal nicht um die Weiterfahrt: Nur 200 Meter entfernt liegt die KZ-Gedenkstätte Hessental. Ich hatte sie zuvor nie wahrgenommen. Man plant eher Reisen nach Dachau oder Auschwitz als zu den Verbrechen vor der eigenen Haustür.

Das KZ Hessental war von Sommer 1944 bis April 1945 Außenlager des KZ Natzweiler-Struthof im Elsass. Über dieses Lager sind zahllose Grausamkeiten bekannt; berüchtigt ist der Hessentaler Todesmarsch zum Dachauer KZ-Außenlager Allach: 150 bis 200 Häftlinge kamen um. Mittäter durchs mörderischen Lagersystem der Nazis fuhr die Reichsbahn. Noch vor wenigen Jahren führte ein Gleis auf das ehemalige KZ-Gelände.

Am Ort der Gedenkstätte war bis 2001 ein Schrottplatz. Heute steht dort einer der Eisenbahnwagen, in denen die Nazis KZ-Häftlinge, vorwiegend jüdische Menschen, in die Vernichtungslager transportierten. In den überfüllten, verplombten Viehwaggons gab es weder ausreichend Luft, noch Essen oder Wasser. 1995 hat der Regisseur Oliver Storz mit seinem Spielfilm »Drei Tage im April« (u. a. mit Dieter Eppler, Walter Schultheiß) an eines dieser Verbrechen erinnert: an die Tragödie der 300 jüdischen Häftlinge, die 1945 in vier Waggons eines defekten, liegengebliebenen Zugs im Ilshofener Stadtteil Eckartshausen, Kreis Schwäbisch Hall, eingeschlossen waren. Sie starben alle qualvoll. Der Film zeigt das Verhalten der Dorfbewohner im Angesicht des Verbrechens. Im Waggon von Hessental hängen Dokumente über Opfer und Täter. Ich kann nur raten, diesen Ort zu besuchen, vor allem jetzt, da wieder der Ungeist des Völkischen umgeht.

Von Hessental fuhr ich im Bus nach Schwäbisch Hall zu seiner kümmerlichen Haltestation hoch über dem Kocher. Es fiel mir nicht schwer, von den KZ-Dokumenten auf Picassos Bilder umzuschalten. Jeder kennt seine Friedenstaube, die er 1949 für den Pariser Weltfriedenskongress schuf. Erst vor Kurzem ging das Alte Schauspielhaus Stuttgart in Jeffrey Hatchers Stück »Ein Picasso« mit Max Tidof in der Hauptrolle der Frage nach, wie politisch der Künstler war. Es ist in diesem Zusammenhang fast banal, auf sein Werk »Guernica«, seine Antwort auf die Zerstörung der spanischen Stadt durch die Bomber der deutschen Legion Condor hinzuweisen – oder auf seine Mitgliedschaft in Frankreichs KP. Kämpferische Künstler wie John Heartfield und George Grosz hatten den jungen Kollegen einst auf seinem Weg zum Weltruhm als unpolitisch kritisiert. Der große Satiriker Grosz veräppelte ihn als »Pipencasserich, »Pipencasso« und »Pipicasso«.

Berühmte jüdische Kunstvermittler in Deutschland hatten Picasso zuvor international bekannt gemacht, Alfred Flechtheim, Daniel-Henry Kahnweiler, Justin Thannhauser. Und da ich gern Stuttgarter Spuren erwähne, noch so viel: Der legendäre Galerist und Kunsthistoriker Kahnweiler, 1884 in Mannheim geboren, wuchs von

1890 bis 1902 in Stuttgart auf und besuchte das Dill-mann-Gymnasium. 1971 starb er in Paris. Thannhauser wiederum präsentierte die erste Picasso-Retrospektive 1913 in seiner Modernen Galerie im Münchner Acropalais, danach wanderte die Ausstellung weiter nach Köln – und Stuttgart. Die Nazis verhöhnten Picasso später als den »Pinsel Israels«.

Dank einer guten Stuttgarter Einkaufspolitik nach dem Krieg ist Picasso heute in der Stuttgarter Staatsgalerie stark vertreten. Und da gibt es diese schöne Anekdote, die ich noch kurz loswerden muss: Als der berühmte amerikanische Kriegsreporter und Fotograf David Douglas Duncan – er arbeitete auch für Mercedes – 1957 seinen Freund Picasso in dessen Villa La California bei Cannes besuchte, hatte er einen Hund namens Lump bei sich; den Dackel hatte er kurz zuvor bei einer Familie in Stuttgart gekauft. Kaum angekommen, lief Duncans Dackel zu Picasso über – und blieb bei ihm. »Lump ist kein Hund«, hat Picasso später fesagt. »Lump ist auch kein kleiner Mensch. Er ist etwas anderes. Er trägt unsere besten und schlechtesten Eigenschaften in sich.« Zu den schlechteren gehörte, dass der Stuttgarter Lump gelegentlich Picassos Werke anpisste oder auffraß. Darüber veröffentlichte Duncan – 2016 wurde er 90 Jahre alt – einen Bildband: »Lump the Dog who ate a Picasso«.

1963 hatte der Fotograf eine spektakuläre Rettungsaktion für Lump gestartet: Mit seinem schwarzen Mercedes SL 300 Gullwing raste er nächtens nonstop von Cannes nach Stuttgart, um den angeblich schon tödlich gelähmten Dackel zu einem Tierarzt zu bringen. Lump wurde wieder gesund und lebte noch zehn Jahre. Am 29. März 1973 starb er – zehn Tage vor Picasso.

In der Kunsthalle Würth kaufte ich mir ein 1982 erschienenes Büchlein mit Picasso-Texten und fand darin einige Zeilen unter der Überschrift »Unsere Kultur«. Wäre uns »der wahre Wert des Wortes Kultur bekannt«, so Picasso, würden wir »kein solches Getue damit« machen: Dann »hätten wir genug Kultur, um ihr keine so übermäßige Bedeutung beizumessen«. Er finde es »lächerlich, wenn wir ›unsere Kultur‹ anderen aufdrängen wollen, wie wenn wir unsere Pommes frites einem Gast anpreisen und sie unseren Nachbarn aufdrängen, ohne uns darum zu kümmern, ob sie ihnen schmecken oder schlecht bekommen.« Diese Sätze klingen sehr zeitgemäß.

DAS DACH BIS ZUM BODEN

Am Sonntag habe ich Mühlhausen und Neugereut besucht und mich später am Tag der Deutschen Einheit an einem Ort erholt, der sich durch demokratische Regeln auszeichnet – sofern man sich das Eintrittsgeld leisten kann. Wie so oft saß ich im Mineralbad Cannstatt in der Sauna. Bei diesem kollektiven Schweißerlebnis unterscheiden wir uns zwar wie im richtigen Leben als Oben- und Untensitzer, sind aber nackt und hilflos – und ohne Taschentelefon gezwungen, auch mal nachzudenken.

Ein guter Saunaplatz ist ein Stück Heimat. Sollte mir eines Tages die reinigende Kraft des Aufgusses verwehrt bleiben, werde ich mit Dostojewski sagen: »Ohne Heimat sein heißt leiden.«

Der Bundespräsident, ein Soze, hat in seiner Rede zum Tag der Einheit darauf aufmerksam gemacht: »Heimat gibt es auch im Plural.« Grammatikalisch ist das richtig. Der Duden kennt »Heimaten«, auch wenn digitale Korrekturprogramme darüber stolpern. Die Bedeutung von Heimat wird bei uns schon lange so heftig diskutiert, dass ich meine Definition zur Vermeidung bräunlicher Verherrlichung auf den Titel einer Weihnachtsgeschichte des Augsburger Schriftstellers Franz Dobler beschränke: »Heimat ist da, wo man sich aufhängt.«

Als ich in der Sauna hing und tropfte, habe ich versucht, mich an meine Begegnungen mit Einheitsdeutschland zu erinnern. An die Partys auf der Berliner Mauer und die Trabi-Kolonne auf der Glienicker Brücke, die ich im November 1989 in Berlin erlebt habe. Seltsamerweise habe ich nie vergessen, wie ich wenig später vor dem

Berliner Haus der Kulturen in den falschen Bus gestiegen bin. Zusammen mit meinem Kollegen Goggo Gensch fuhr ich nicht wie die Tage zuvor zum Bahnhof Zoo, sondern Richtung Osten zum Alexanderplatz – was wir unterwegs bemerkten, weil uns die Menschen im Bus ziemlich eigenartig vorkamen. Anders. Fremd. Damals waren wir nicht unbedingt von Vorurteilen geprägt. Eher verwundert, verstört, ratlos.

Danach bin ich nur selten in die neuen Bundesländer gereist. Mal eine Woche Ostsee. Mal zehn Tage Brandenburg im kleinen Seeort Caputh, Albert Einsteins Sommersitz. Ein paar Ausflüge nach Leipzig und Cottbus, Frankfurt/Oder und Dresden.

Was heißt schon Heimat. Ich war auch noch nie in Kiel oder Kerpen, nicht mal in Bissingen und Bonlanden. Und vielleicht ist das nicht wichtig, solange man nicht mal die eigene Stadt richtig kennt. Neulich bei meinem Besuch der Veitskapelle von Mühlhausen, einem einzigartigen Beispiel gotischer Baukunst, hat mir die Pfarrerin Charlotte Sander erzählt, dass das verwinkelte Hügeldorf im Krieg fast vollkommen zerstört wurde. Vermutlich hatten die Bomben der Alliierten den Fabriken im benachbarten Zuffenhausen gegolten. Mühlhausen ist heute ein Bezirk mit 25.000 Einwohnern in fünf Stadtteilen.

Einer von ihnen ist Neugereut. Die Siedlung mit 8000 Einwohnern, gegenüber vom nordöstlichen Mühlhausen auf der rechten Seite des Neckars gelegen, wurde erst in den siebziger Jahren gebaut. Vielen ist sie heute bestenfalls als Endstation der Stadtbahnlinie 2 bekannt. Auch unsereins kam nur selten bis Neugereut. Vom Hauptbahnhof ist der Ort mit der Straßenbahn in lächerlichen 20 Minuten zu erreichen – gleich hinter Steinhaldenfeld, dem Cannstatter Stadtteil mit dem historischen Hauptfriedhof.

Von der Haltestelle ins Zentrum Neugereuts geht man wenige Meter zu Fuß. Sie führen in eine eigenwillige, in der Heimat nur wenig bekannte Stadtwelt voller bizarrer Überraschungen. Der »Architekturführer Stuttgart« beispielsweise würdigt eine Neugereuter Terrassenwohnanlage namens Schnitz: »Zunächst war eine konventionelle Reihenhauszelle konzipiert; daraus leitet sich auch der Namen ›Schnitz‹ ab« (schwäbischer Ausdruck für ein herausgeschnittenes Obststück). »Im Verlauf der Planung«, heißt es im »Architekturführer« weiter, »kristallisierte sich dann ein komplexes vielschichtiges Gebäude heraus ... Nahezu das gesamte Gebäude ist mit Eternit-Schindeln verkleidet, sodass sich Assoziationen eines bis zum Boden reichenden Daches, wie z. B. bei Schwarzwälder Bauernhöfen, einstellt.«

Beim Herumspazieren sehe ich in der Modellstadt Neugereut weitere futuristisch wirkende Bauten, etwa die sogenannten Zackenhäuser mit ihren steilen Dächern. Am Nachmittag lande ich im verglasten, sonntags verwaisten Laden- und Geschäftszentrum und schließlich im Bistro K 1, einer Bar mit Dartautomat und kinogroßer Leinwand, auf der gerade Hertha BSC gegen die Bayern spielt. Als ich den Wirt frage, ob es was zu essen gibt, denkt er kurz nach – und bringt wenig später Pizza aus dem Döner-Shop von nebenan. »Kein Problem«, sagt er, »wir sind Kurden und gute Nachbarn.« Gegenüber hat eine gut besuchte polnische Bar mit einem Tresen geöffnet, der dem Kneipennamen Lümmelbrett alle Ehre macht.

Vielleicht entspricht Neugereut einer der merkwürdigen Heimaten, von denen der Bundespräsident mit großer Geste behauptet: »Heimat ist der Ort, den wir als Gesellschaft erst schaffen.« Dass solche Orte gesellschaftlich gepflegt werden müssen, ist ein anderes Kapitel. Nach Neugereut sind im Lauf der Zeit viele Fremde gekommen, darunter Deutsche aus Russland. In vergangenen Jahr habe ich mal im benachbarten Stadtteil Freiberg mit Deutschrussen gesprochen. Diese Menschen besuchen regelmäßig die russisch-orthodoxe Kirche im Westen der Stadt und gaben sich mir gegenüber alles andere als fremdenfreundlich. Sie zeigten sich wütend auf alle, die Fremden eine Heimat bei uns schaffen wollen.

Zu den zentralen Gebäuden Neugereuts gehört die Jörg-Ratgeb-Schule, benannt nach dem legendären Maler und Bauernkanzler. 1480 im heutigen Schwäbisch Gmünd geboren, wurde er als Aufständischer wegen Hochverrats angeklagt und 1526 in Pforzheim hingerichtet – auseinandergerissen von vier Pferden. In den drei Wahllokalen der Ratgebschule kam die AfD bei der Bundestagswahl 2017 auf mehr als 20 Prozent. Ähnliche Ergebnisse kennt man aus den neuen Bundesländern. Im gesamten Bezirk Mühlhausen sind hohe Stimmanteile für rechtsnationale Parteien schon seit Jahrzehnten üblich.

Einiges scheint schief zu laufen in der sogenannten Heimat, die wir selbst vor der eigenen Haustür nicht kennen.

SALVEN, GUTMÜTIG BRUMMEND

Als ich nach zwei Wochen aus meinen Sommerferien zurückkam, war nichts mehr wie zuvor. Ich spurtete zum Supermarkt Cap am Hölderlinplatz und holte mir Klopapier, 72-Stunden-Deo und zehn Büchsen Ravioli von Maggi, eine davon vegetarisch, falls ich heimische Kriegsflüchtlinge aufnehmen müsste. In meiner Gegend wohnen sehr viele fleischlose Grüne.

Bekanntlich hat die Regierung 2016 die Bevölkerung aufgerufen, sich sofort für den Ernstfall mit Vorräten zum Überleben einzudecken. Die Hamsterkäufe sollen für mindestens zehn Tage reichen. Ich bin mir nicht sicher, ob sich meine Investition noch lohnen wird – und ob ich mir womöglich in der Rosenberg-Apotheke noch etwas Jod besorgen soll, wegen der Atombomben. Wenn der Bunkerproviant in einem der reichsten Länder der Welt mit der erfahrensten Verteidigungs-Uschi der Welt für nur zehn Tage angelegt wird, sind wir mit Sicherheit am elften Tag tot. Von mir blieben ein paar angefressene Ravioli-Büchsen von Maggi zur Mahnung.

Aber: Ruhe ist die erste Bürgerpflicht. Brust raus, Bauch rein. Zum Glück habe ich noch vor der Apokalypse eines meiner vielen Versprechen wahr gemacht, auch wenn sich daran außer mir niemand erinnern wird: Zwei Tage, nachdem das deutsche Fußballteam bei der EM in Frankreich 0:0 gegen Polen gespielt hatte, nahm ich mir vor, endlich Polen zu besuchen. Darauf war ich gekommen, weil der deutsch-polnische Vertrag über gute nachbarschaftliche Beziehungen seit genau 25 Jahren bestand.

Also flog ich nach Krakau. Polen hat sich zuletzt in eines der Länder verwandelt, deren nationalistische Regierungen man heute Autokratien nennt. Davon sieht und riecht unsereins als Wurm im Massentourismus nichts. In den Krakauer Jazzclubs wird immer noch gute Musik gemacht, und die Brotsuppe schmeckt auch sehr fein.

Der Massentourismus ist eine merkwürdige Sache, auch wenn ich aus Neugier mitmache. In Krakau bieten Prospekte gleichzeitig Touren in die Altstadt, ins Salzbergwerk und zu den Gedenkstätten Auschwitz/Birkenau an. Zusammen mit einigen jungen Schotten und Franzosen fuhr ich zu einer Führung in die ehemaligen Vernichtungslager der Nazis. Auf dem Gelände von Auschwitz herrschte großer Betrieb. Rummel. Da ich weiß, dass die Menschen an diesem Ort dem Bösen und der Banalität des Massentourismus mit sehr unterschiedlichen Gefühlen begegnen, will ich nicht viel dazu sagen. Die Auseinandersetzung mit den Verbrechen der Nazis, die bis heute meine Vorstellungskraft sprengen, kann an diesem Ort jeder nur mit sich selber führen. Mir gelang es nicht, Auschwitz intensiv und halbwegs nachdenklich zu erfahren. Unsere Führerin bespielte uns wie eine Sprechmaschine ohne Ausschaltknopf. Stille Momente fand ich erst unter freiem Himmel in Birkenau – die Größenordnung dieses KZ war mir so nicht bewusst gewesen.

Zurück in Krakau, ging die Reise – nach ausgiebigen Stadtspaziergängen – in einem hochmodernen ICE weiter nach Danzig. In der Hafenstadt an der Ostsee war gutes Badewetter und der Dominikanermarkt, ein ausgedehnter Rummel, noch voll im Gang. Nach Danzig gelockt hatte mich die Erinnerung, wie ich mich als junger Kerl durch »Die Blechtrommel« von Günter Grass kämpfte, ein Unterfangen, das mir nicht so viel Vergnügen bescherte wie später Volker Schlöndorffs gleichnamiger Film. Grass hin oder her: Im Kopf festgesetzt hat sich bei mir für immer das »Blechtrommel«-Kapitel mit der Polnischen Post von Danzig.

Jahrzehnte später stehe ich nach einem kurzen Fußmarsch vom Bahnhof endlich vor diesem riesigen Backsteingebäude in der Altstadt, einem Denkmal für den Widerstand gegen den deutschen Faschismus. In der »Blechtrommel« ist der Trommler Oskar in das Gebäude geraten, weil ein Postbeamter seine Trommel reparieren soll. Es ist der 1. September 1939. Um 4.45 Uhr greifen SS-Truppen und Polizeieinheiten das Postamt der Freien Stadt Danzig an. Der Zweite Weltkrieg hat begonnen. 50 militärisch ausgebildete Postler verteidigen ihr Haus heldenhaft fast 15 Stunden lang gegen den deutschen Angriff. Acht von ihnen sterben im Kampf, sechs weitere, darunter ein zehnjähriges Mädchen, später im Krankenhaus. Die Überlebenden werden im Oktober 1939 nach einem Urteil des Kriegstribunals hingerichtet – 1997 wird dieses Urteil vom Landgericht Lübeck als »widerrechtlich« aufgehoben.

In der »Blechtrommel« habe ich nach dem Postbesuch noch mal nachgelesen: »In Höhe der Schalterhalle schlugen zwei Panzerabwehrgranaten ein (...) Die Salven der Linienschiffe im Freihafen, der Westerplatte gegenüber, rollten fern, gutmütig brummend und gleichmäßig – man gewöhnte sich daran. Ohne von den Männern bei den Verwundeten bemerkt zu werden, verdrückte ich mich aus dem Lagerraum für Briefsendungen, ließ meine Trommel im Stich und machte mich abermals auf die Suche nach Jan, meinem mutmaßlichen Vater ...«

Ich verbrachte viel Zeit vor und in der Post, einem gut gestalteten Museum. An solchen Orten spürst du, wie Geschichte lebendig wird und in die Gegenwart hineinführt. Wie widerlich kommt da jeder Hinweis aus der rechten Ecke daher, der Nazi-Terror liege doch so lange zurück. In Wahrheit ist seit dem Zweiten Weltkrieg nicht einmal so viel Zeit vergangen, dass es die Stadt Stuttgart geschafft hätte, ein NS-Dokumentationszentrum einzurichten. Aus gutem Grund fiel mir in Danzig das frühere Hotel Silber am Rand des Einkaufszentrums Dorotheen-Quartier ein: In diesem Gebäude, dank engagierter Bürgern vor dem Abriss gerettet, war von 1919 bis 1928 die Oberpostdirektion der Deutschen Reichspost untergebracht. Danach zog das Polizeipräsidium mit seiner politischen Abteilung ein. 1937 wurde daraus die Stuttgarter Gestapo-Zentrale, Schauplatz grausamer, lange vertuschter Verbrechen.

DAS VERGESSENE GENIE

Heute berichte ich von einem Mann, dessen Leben die Grenzen meiner Vorstellungskraft sprengt. So unglaublich wie seine Geschichte (und die seiner Familie) ist die Tatsache, dass er heute weitgehend vergessen ist, vor allem in seiner Heimat. Dieser Stuttgarter Kosmopolit und Künstler hat weltweit beachtete Werke geschaffen – unter anderem maßgeblich am Drehbuch für Josef von Sternbergs berühmten Film »Der blaue Engel« mit Marlene Dietrich mitgewirkt. Geboren am 7. Mai 1878 in der einstigen Kasernenstraße im Stuttgarter Westen, starb das Universalgenie Karl Vollmoeller am 10. Oktober 1948 in Los Angeles.

Die folgenden Zeilen können bestenfalls helfen, das Interesse oder die Erinnerung an Karl Vollmoeller zu wecken. Das Thema ist zu groß für nur eine Zeitungskolumne.

Neulich war ich am Grab der Familie Vollmöller auf dem Pragfriedhof: Abteilung 2, Reihe 11, Nummer 33/34. Auf diese Ruhestätte findet sich am Friedhofseingang kein Hinweis wie etwa auf die Gräber von Eduard Mörike, Ferdinand Graf von Zeppelin, Karl Gerok. Karls sterbliche Überreste wurden 1951 auf Initiative seiner langjährigen Lebenspartnerin, der Berliner Schauspielerin, Schriftstellerin und Antifaschistin Ruth Landshoff-Yorck nach Stuttgart überführt.

Etwas verwirrend ist die Schreibweise des Namens: Die Vollmöllers, eine Fabrikantenfamilie, die sich in Vaihingen, dem heutigen Stuttgarter Stadtteil, schon früh mit beispielhaften Sozialreformen für das Wohl der Arbeiter einsetzte, schreiben sich mit »ö« – Sohn Karl, der Dichter und Kulturmanager, wählte später, wegen seiner Arbeit in den USA, das »oe« im Nachnamen.

Auf dem ehemaligen Gelände der Trikotagenfabrik Vollmöller beim Vaihinger Bahnhof steht heute das Hotel Pullmann. Die Adresse lautet Vollmoellerstraße, fälschlicherweise mit oe geschrieben. Mein Hinweis auf die Schreibweise der Namen ist notwendig, um Irrtümer zu vermeiden. Die Emilienstraße in Vaihingen wiederum erinnert an Karls Mutter, eine christlich und sozial engagierte Frau, die mit 42 Jahren starb; nach ihrem frühen Tod 1894 begann der 16-jährige Karl Gedichte zu schreiben.

Heute existiert zwar auf Wikipedia ein ausführlicher Eintrag über Karl Gustav Vollmoeller. Die Beschaffung von Literatur zum Thema allerdings erweist sich als schwierig. Mit Glück habe ich eine 800 Seiten starke, sehr klein bedruckte Biografie aufgetrieben: »Karl Vollmoeller. Dichter und Kulturmanager« von Frederik D. Tunnat, erschienen in der Autorenedition Vendramin (benannt nach Vollmoellers einstiger Villa in Venedig).

Ich erreichte den Autor Tunnat telefonisch in Litauen, wo er zurzeit an einem Buchprojekt arbeitet. Er ist der vermutlich einzige deutsche Publizist, der sich seit langem so gründlich mit Karl Vollmoeller beschäftigt: mit dem unfassbaren Leben eines Künstlers und Kultur-Vernetzers, der schon in den zwanziger Jahren mit seinem Pantomime-Theaterstück »Das Mirakel/The Miracle« weltweit Erfolge feiert. 1924 wird es in der Inszenierung von Max Reinhardt mit der Musik von Engelbert Humperdinck am New Yorker Broadway aufgeführt. 300 Mal ist es ausverkauft, bevor es für Jahre auf Tournee durch die Vereinigten Staaten geht.

Der Biograf Frederik D. Tunnat, 1953 in Göttingen geboren, hat von 1963 bis 1974 in Stuttgart gelebt und eine Lehre in Weises Hofbuchhandlung abgeschlossen, bevor er in Berlin und London Kulturmanagement studierte. Seine Familie wohnte in der Nähe der Hasenbergsteige; dort steht bis heute die ehemalige Vollmöller-Villa, ein rotes Backsteingebäude, Hausnummer 27. Tunnat erinnert sich noch an die Einkäufe mit den Eltern in der einst branchenführenden Trikotagenfabrik Vollmöller. Im Krieg zerstört und danach wieder aufgebaut, wurde sie 1971 verkauft und weitgehend plattgemacht. Im letzten noch stehenden Gebäude aus der Gründerzeit, dem ehemaligen Gasthaus Filderhof, ist heute ein Seniorenheim.

Karls Eltern, der Kommerzienrat Robert und Emilie Vollmöller, geborene Behr, widmen sich neben ihrer Arbeit leidenschaftlich der Kultur. Ihre Villa ist auch Künstlersalon – und ein Freund des Hauses König Wilhelm II., der auf seinen Spaziergängen regelmäßig bei den Vollmöllers vorbeischaut, um eine von Roberts Havanna-Zigarren zu genießen.

In diesem Klima werden Karl und seine neun Geschwister schon früh von der Kunst infiziert. Eine von Karls Schwestern ist die später erfolgreiche Malerin Mathilde Vollmöller-Purrmann, Frau des Maler Hans Purrmann. Karl wird zunächst von Hauslehrern unterrichtet, besucht von 1888 an das Karlsgymnasium, lernt mühelos mehrere Sprachen und lebt von 1897 an oft in Italien, von wo aus er die Welt bereist. Anfang des 19. Jahrhunderts startet er auch eine Karriere als Rennfahrer, Höhepunkt ist die Teilnahme an der ersten Tourenwagen-Rallye um die Welt. Februar 1908 in New York gestartet, belegt er mit seinem Team auf einem Auto der italienischen Marke Züst den dritten Platz. Zuvor hat er mit seinem Bruder Hans Robert Flugzeuge konstruiert; eine der Maschinen fliegt 1910 nonstop von Cannstatt zum Bodensee.

Als Dramatiker und Lyriker ist er befreundet mit vielen großen Kollegen wie André Gide, Rainer Maria Rilke, August Strindberg. Als Filmautor baut er Brücken zwischen den Studios in Babelsberg und Hollywood, trifft sich mit vielen Größen wie Charlie Chaplin, Josephine Baker, Greta Garbo. Bilder aus Hollywood zeigen, dass er selbst zu den Stars des Films gehört. Karl Vollmoeller ist es auch, der Marlene Dietrich dem Regisseur von Sternberg für den »Blauen Engel« empfiehlt und ihr die Rolle der Lola Lola auf den Leib schreibt (das Drehbuch verfasst er zusammen mit Carl Zuckmayer und Robert Liebmann).

1939 emigriert Vollmoeller in die USA – und wird 1941 mit zigtausend anderen deutscher Exilanten unter Nazi-Verdacht interniert. Möglicherweise sind ihm Verleumdungen oder auch ein Fehltritt zum Verhängnis geworden: 1937 hat er ein Drehbuch für den Film »Hundert Tage« mit Gustaf Gründgens nach einem Theaterstück des italienischen Faschisten Mussolini verfasst; er engagierte sich aber auch für die Rettung von Juden. Nach 13 Monaten und schweren Erkrankungen kommt er frei und lebt bis zu seinem Tod 1948 vorzugsweise in New York.

Der Biograf Tunnat schreibt im »Nachklang«, Karl Vollmoeller sei zeit seines Lebens seiner Heimat sehr verbunden gewesen – und appelliert an die Stadt Stuttgart, ihren genialen Sohn endlich angemessen zu würdigen. Nie zuvor, heißt es im Vorwort, sei ein großer Dichter im eigenen Land »rascher und grausamer vergessen worden« als Karl Vollmoeller.

HERZ UND LUNGE

Bevor dieser heiße Sommer zu Ende geht, muss ich wieder mal von einem Fall typischer Betriebsblindheit in eigener Sache berichten. Seit Jahrzehnten besuche ich regelmäßig die schöne Waldau in Degerloch, beschränke meine Scheuklappensicht aber in aller Regel auf den Platz der Stuttgarter Kickers, offiziell Gazi-Stadion auf der Waldau genannt. Die ersten beiden Silben dieses Namens hat 2004 ein Unternehmer gekauft, dessen Ayran-Getränke uns Stadionbesucher kaum über die Auftritte unserer Fußballer hinwegtrösten können.

Grundsätzlich habe ich den südlichen Stadtbezirk Degerloch nicht angemessen auf dem Schirm. Sicher ist, dass dieser Ort wieder eine Rolle in den Medien spielt, wenn sich der Deutsche Herbst jährt: die Entführung und Ermordung Hanns Martin Schleyers, das Drama um die Lufthansamaschine »Landshut«, die Beerdigung der RAF-Terroristen auf dem Degerlocher Dornhaldenfriedhof, die anschließende Zusammenkunft der Trauernden bei den Wirtsleuten Eugen und Inge Maier im Fäßle in der Löwenstraße.

Diese Geschichte von 1977 ging mir durch den Kopf, als ich mich ohne ein anstehendes Spiel auf der Waldau herumtrieb. Da saß ich mit meinem fünfköpfigen Männerverein zur Erkundung der heimischen Mittagsgastronomie in einer Vereinsgaststätte namens Der Grieche im Grünen.

Das Privileg, bei herrlichem Wetter mitten unter der Woche am helllichten Tag im riesigen Garten dieses schönen Ausflugsrestaurants herumzulungern, verschafft dem Kleinbürger in mir prompt ein schlechtes Gewissen. Allein der Gedanke, was andere Leute in einer solchen Stunde alles erleiden müssen. Millionen tapfere Menschen, die im Schweiß ihres Angesichts einer anständigen und deshalb mies bezahlten Arbeit nachgehen. Oder die armen Milliardäre, die wie neulich der Schrauben-König Würth ihre Jacht widerrechtlich vor der New Yorker Freiheitsstatue ankern müssen, weil sie keinen Bock haben, immer nur in ihrem Geld zu schwimmen.

Tatsächlich bietet Degerloch dem Müßiggänger die Möglichkeit, sich einer der eklusivsten Leibesübungen in dieser Stadt zu widmen: dem freien Atmen. Gegenüber vom Griechen im Grünen residiert der Luftbadverein. Noch keine Minute habe ich etwas ratlos meine Nase durch das offene Eingangstor gestreckt, da klärt mich eine freundliche, nur mit Bikini bekleidete Dame auf: Ich sei in einem »Schwimmbad ohne Schwimmen« gelandet. Dieses Bild gefällt mir. Ein Freibad ohne Schwimmbecken ist so etwas wie eine Fußballplatz ohne Fußball: also eine Kultstätte wie das Kickersstadion, wo ich oft Fußballspiele ohne wirklichen Fußball erlebe. Hauptsache, die Luft ist gut.

Das Degerlocher Luftbad gibt es seit 1903 und verwirrt den Spaziergänger weit weniger als sein Fußballplatz. Ein ausgewiesener Ort mit so viel Luft, dass wir darin baden können, erscheint mir heute nirgendwo so wichtig wie in dieser Stadt, wo du täglich in der Feinstaubsauna des Kessels festsitzt und mit Aufgüssen aus Auspuffrohren malträtiert wirst. Der Giftgasdreck ist so massiv, dass unsere Saubermänner im Rathaus nach dem ziemlich luftkriegerisch klingenden Begriff »Feinstaubalarm« eine freundlicher klingende Vertuschungsversion finden mussten. Der neue Begriff erinnert an Dorfbanditen, deren größte Pfeifen am Tatort Schmiere stehen: Sie wollen uns unterjubeln, die Luft sei »rein« – und blasen ihr Täuschungsmanöver zu »Luftreinhaltetagen« auf.

Das Luftbad ganz in der Nähe der Linie-7-Haltestelle Waldau liegt am Georgiiweg, 1928 benannt nach Theodor Georgii, einem veritablen Turnbruder, Burschenschaftler und Feuerwehrmann aus dem 19. Jahrhundert. Der Besucher betritt ein Gelände mit Tischtennisplatten und Liegewiesen, er kann wählen zwischen Disziplinen wie »Herzsport«, »Lungensport« und Yoga – oder sich auf verschiedene asiatische Arten massieren lassen. Selbstverständlich gibt es auch einen FKK-Bereich. Der liebe Gott gab dem Menschen die Haut ja nicht nur zum Liften. Er soll sie auch lüften.

Nach und nach erst wird mir da oben bewusst, wofür die Waldau steht: Was für ein Luxus, in Luft zu baden, während sie anderen kaum zum Atmen reicht. Die Waldau ist ein weites Land, geschaffen dafür, in den letzten halbwegs gesunden Regionen der Stadt – auf den Hügeln – herumzuturnen. Ausgelagert vom eigentlichen Luftbad, gibt es nur einen Steinwurf entfernt ein Saunahäuschen für Männlein und Weiblein mit einem Becken für etwa zwei Brustschwimmzüge oder einen einzigen Delphinschnalzer.

Dies alles finden wir im Schatten des Fernsehturms, unseres architektonischen Wahrzeichens der öffentlich-rechtlichen Ton- und Bildpropaganda, die es leider nie geschafft hat, die Wahrheit über Degerloch zu verbreiten. Immer wieder wähnen sich unterm Fernsehturm Sportreporter nicht nur wegen des Spielflusses »am« oder sogar »im« Degerloch – als säßen sie auch auf der Hamburg, um ihren Dortmund aufzureißen, bevor sie den Gladbach runtergehen. Eine alte Geschichte, die nichts daran ändert, dass sich Degerloch von »Tegerlohe«, dem dichten Wald, ableitet.

Zwei Jahre nach Gründung des Luftbadvereins zog es auch die Stuttgarter Kickers auf die Waldau, um nach englischem Vorbild ihren bis heute einzigartigen Fußballsport auszuüben. Der Schritt nach Degerloch war eine weise, geradezu prophetische Entscheidung. Zuvor hatte der 1899 gegründete Klub seinen Platz ausgerechnet am Stöckach. Wäre er heute noch an diesem unglückseligen Ort in der Nachbarschaft des Neckartors beheimatet, müssten die Blauen nicht nur an Luftreinhaltetagen mit Gasmasken und Sauerstoffflaschen antreten – was die motorischen Probleme unserer Spieler noch mal verschärfen könnte. Aber es geht weiter, bis zum letzten Atemzug.

DIE ZWANZIGER

Mit der Straßenbahn nach Untertürkheim, mit dem Bus weiter nach Obertürkheim. Schlaue Zeitgenossen werfen mir oft vor, ich könne ja keine Ahnung von irgendwas haben, wenn ich immer nur durch dieselbe Stadt stiefle. Das ist wahr. Meine Versuche, in einem engen Talkessel die Welt zu entdecken, können nicht mithalten mit den Erfahrungen hochmobiler Touristen, die nach ihren Reisen viel über die Qualität ihres Hotels und die Preise in den Restaurants zu berichten haben. Von geradezu ethnologischem Wert sind ihre Erfahrungen mit »dem Ägypter«, »dem Amerikaner« und »der Thailänderin«.

Mein Leben im Bierdeckel-Radius habe ich mir eingerichtet, weil mir Reisen nach New York oder Istanbul, Budapest oder Beutelsbach oft weniger Erkenntnisse brachten als ein Buch auf dem heimischen Sofa, gute Songs von meinem Plattenspieler oder ein Film im Kino um die Ecke. Von meinen Spaziergängen zu schweigen.

An der Ecke Ebniseeweg/Mirabellenweg schaue ich den Obertürkheimer Weinberg hinauf auf die kleine Petruskirche. Seit gut 500 Jahren steht sie da oben. Wie immer, wenn ich in einem Randgebiet lande, frage ich mich: Was wird wohl aus solchen Stadtteilen, wenn die Politiker und ihre Investorenfreunde weiter nur noch profitable Wohnungs- und Konsummärkte im Zentrum im Auge haben.

Mit zwei Freunden, die sich als Helfer engagieren, werfe ich einen Blick in die Turn- und Versammlungshalle. In dem Gebäude leben 120 Geflüchtete. Um die Dinge zu meistern, werden wir überall in der Stadt gute Leute brauchen, die etwas von Organisation verstehen. Die Mutmaßungen »besorgter« Laien sind bei der Beurteilung der Lage so hilfreich wie die »Erfahrung« vieler Politiker: Oft handelt es sich bei ihrer Erfahrung um nichts anderes als um die immer gleichen Fehler, die sie seit Jahren machen, ohne daraus zu lernen.

Nach der Stippvisite fahren wir im Auto Richtung Stadtzentrum und überqueren die Otto-Hirsch-Brücken. Otto Hirsch, 1885 in Stuttgart geboren, war ein jüdischer Jurist und Politiker. Im Februar 1941 sperrten ihn die Nazis ein, vier Monate später starb er im KZ Mauthausen. Otto Hirsch ist eine der prägenden Persönlichkeiten der zwanziger Jahren in Stuttgart, einer Ära, die viel zu wenig behandelt wird in der Stadt.

In einem alten Bildband mit dem Titel »Erinnerungen an Stuttgart in den zwanziger Jahren« fand ich diesen Eintrag: »Dass es in Stuttgart ... erstmals zum Gespräch zwischen Christen und Juden kam, dass man sich für die gemeinsamen Wurzeln beider Religionen interessierte, war dem Jüdischen Lehrhaus zuzuschreiben ...« Dieses Lehrhaus, das zweite nach Frankfurt, hatte Otto Hirsch zusammen mit Freunden und dem Religionsphilosophen Martin Buber gegründet.

Die Zwanziger in Stuttgart waren von politischer Liberalität und dynamischer Fortschrittlichkeit in der Kunst geprägt. Das gilt für die Architektur mit Bauhaus-Architekten wie Peter Behrens, Mies van der Rohe oder Richard Döcker genauso wie für die bildende Kunst mit Malern wie Adolf Hölzel, Oskar Schlemmer, Willi Baumeister. Der Historiker Jörg Schweigard hat 2012 das Buch »Stuttgart in den Roaring Twenties« veröffentlicht. Über die Hälfte der Einwohner, schreibt er, war 1925 unter 30 Jahre alt, knapp ein Drittel davon sogar unter 20. Entsprechend frisch und mutig die Literatur, Musik und

Bühnenkunst. Hat man das Buch gelesen, bleibt nur der Schluss: Diese Stadt war vor 90 Jahren viel städtischer als heute.

Damit sind wir in der Gegenwart, Herbst 2015. Das Kunstmuseum zeigt die Ausstellung »I Got Rhythm – Kunst und Jazz seit 1920«. Ein Kapitel dieser Schau ist der in den USA geborenen Sängerin und Tänzerin Josephine Baker gewidmet. Während diese großartige, in Paris lebende Performerin in den Zwanzigern in München, Wien und Budapest Auftrittsverbot erhält, darf sie im Stuttgarter Varieté Friedrichsbau in ihrem Bananenrock tanzen. Josephine Baker verkörpert damals im Showgeschäft eine neue, emanzipierte, revolutionäre Frauenfigur – sie »setzte ihre Nacktheit, ihr Blankziehen ein wie eine Waffe«, schreibt Anne Anlin Cheng im Ausstellungskatalog.

Bei Schweigard heißt es über Stuttgart in den Zwanzigern: »Eine offene Gesellschaft schien das zu sein, in der auch die Frauen eine zunehmend gleichberechtigte Stellung inne hatten. Diese moderne Lebensführung, die neue Einstellung zur Sexualität und die Emanzipation stießen jedoch in Stuttgart wie in ganz Deutschland bei den Anhängern traditioneller Normen auf Widerstand.« 90 Jahre später hat sich daran wenig geändert, wie uns heute die »Demo für alle«-Aufmärsche der Rechten und in diesem Zusammenhang der Angriff der Landtags-CDU auf die Staatsoper und die Freiheit der Kunst zeigen.

Josephine Baker tritt auch noch nach dem Zweiten Weltkrieg regelmäßig in Stuttgart auf, 1961 wieder beim Presseball im Franz-Althoff-Bau, Neckarstraße. Ihr Autogramm hinterlässt sie in der (inzwischen leider abgerissenen) kleinen Bahnhofs-Bar des ehemaligen Reichsbahnhotels – ihre Unterschrift ist heute mit den Signaturen vieler anderer berühmter Barbesucher in Vitrinen im

Intercity-Hotel im Bahnhof ausgestellt. Als wir von Obertürkheim zurück in die Stadt fahren, kommen wir an einem Werbebanner für das »Countryfestival« in der Untertürkheimer Sängerhalle vorbei. Der mit Federn geschmückte Indianerkopf als Logo lässt auf ein doch recht obertürkheimerisches Verständnis von Country schließen. Die Sängerhalle dagegen war mal ein Zentrum moderner, wegweisender Musik: 1955 fand in diesem Haus der erste »Treffpunkt Jazz« statt. Wenig später gastierten in dieser Südfunk-Reihe unter der Leitung von Erwin Lehn Stars wie Miles Davis, Stan Getz und Lester Young in der Liederhalle.

Provinzler wie unsereins erfahren auf einem zweistündigen Ausflug nach Obertürkheim ziemlich viel von der Welt, die du als Tourist nicht all inclusive kaufen kannst.

RECHT UND FREIHEIT

Oft bestimmt das Wetter die Wege des launischen Spaziergängers: Alles nimmt zufällig seinen Lauf, und da war dieser schöne Sonntag Mitte Oktober 2016, als sich der Sommer vermutlich zum letzten Mal in diesem Jahr gegen die Schatten des Herbstes aufbäumte. Morgens im Trab durch den Dachswald, wo sich das Sonnenlicht in den Baumkronen bricht wie im Film. Am Nachmittag vom Charlottenplatz zur Staatsgalerie-Ausstellung »Francis Bacon. Unsichtbare Räume«, wo du das Licht der Welt mit neuen Augen siehst.

Hätte nicht der Indianersommer die Stadt ausgeleuchtet, wäre ich auf dem schnellsten Weg im grasgrün schillernden Museumsbauch verschwunden. So hätte ich neben der Wucht der Bilder nur ein kleines Souvenir in Erinnerung: Im Museumsshop habe ich mir ein Reinigungstuch mit dem aufgedruckten Zitat des Dichters Lord Byron gekauft: »Ein Esel wird auch in Paris kein Pferd.«

Mylord, sagte ich zu Herrn Byron, Ihr Satz gefällt mir vortrefflich. Sie gestatten, dass ich ihn mit Blick auf die vielen armen Seelen in meiner Heimat etwas zurechtfeile: »Auch ein Pferd wird in Stuttgart zum Esel.«

Das Wetter hatte meinen Ritt zur Staatsgalerie auf Umwege gelenkt: Vor dem Bacon-Besuch ging ich eine Weile im Justizviertel herum, weil ich noch eine Portion haben wollte von der letzten Sonne. Vermutlich aber ist es nicht die beste Idee, sich zwischen den Gerichtsgebäuden an den Restbeständen des Sommers zu wärmen. Seit Jahren habe ich einen subversiv an die Wand gekritzelten Spruch vor Augen, den ich mal bei einer Landgerichtsbesichtigung entdeckte: »Es lebe hoch das deutsche Recht / Wem's widerfährt, dem geht es schlecht.«

Vor dem Landgericht steht man vor dem 1953 angebrachten Hochrelief »Der Schwur« mit den Figuren, die das Volk repräsentieren sollen: Handwerker, Arbeiter, Mutter mit Kind, Bauer, Soldat etc. – alle nur dürftig bekleidet. Über diesen armen Schweinen schwebt das Schwurgericht: drei Richter, gestaltet nach den realen Profilen von Robert Perlen (damals Oberlandesgerichtspräsident), Josef Beyerle (Justizminister) und Reinhold Maier (Baden-Württembergs erster Ministerpräsident, der 1933 wie sein Parteifreund Theodor Heuss für Hitlers Ermächtigungsgesetz stimmte). Über diesem fragwürdigen Personenkult schwebt Justitia neben der Sonne, die angeblich bis heute alles an den Tag bringt, auch wenn sie gar nicht scheint. Und unter allem die Inschrift: »Gesetz und Recht und Freiheit«. Man möchte hinzufügen: Und viel Dusel beim Kampf um Gerechtigkeit!

Auf dem Gerichtsvorplatz erhebt sich auch die sogenannte Verfassungssäule mit der Genius-Figur, die auf eine Schlange tritt. Eingemeißelt in diesen steinernen Pfeiler ist der Artikel 1 der baden-württembergischen Verfassung, ein Paragraf, der jeden weltoffenen Menschen mit Anspruch auf »Recht und Freiheit« stutzig machen muss: »Der Mensch ist berufen, in der ihn umgebenden Gemeinschaft seine Gaben in Freiheit und in der Erfüllung des christlichen Sittengesetzes zu seinem und der anderen Wohl zu entfalten.«

Was das »christliche Sittengesetz« bei der Säulenaufstellung im reaktionären Nachkriegsmief wert war, haben erst neulich – ausnahmsweise mal offiziell – aus der Studie über die Nazi-Vergangenheit des Bundesjustizministeriums erfahren: 77 Prozent der leitenden Beamten nach dem Krieg waren ehemalige NSDAP-Mitglieder, darunter zahlreiche Holocaust-Schreibtischtäter. Nach 1949 stieg die Zahl der ehemaligen Nazis im Justizministerium sogar noch einmal. Diese Veröffentlichung liefert den halbwegs Aufgeklärten zwar nichts Neues. Doch weil nur wenige Tage alt, verändert sie meine Sicht auf das Gerichtsgebäude: Auch am schönsten Herbsttag kommen dir dunkle Gedanken.

Wie erbärmlich die Stuttgarter Justiz mit ihrer Vergangenheit umging und umgeht, merkt der Spaziergänger, wenn er die Augen aufmacht und sich nebenbei ein wenig erkundigt nach den Verbrechen dieser »furchtbaren Juristen«, wie sie Rolf Hochhuth nach seinen Enthüllungen über den ehemaligen Nazi-Marinerichter und späteren Ministerpräsidenten Hans Filbinger 1978 genannt hat. Wo in Stuttgart zwischen 1933 und 1944 mehr als 450 Menschen mit dem Fallbeil ermordet wurden, im sogenannten Lichthof des früheren Gerichtsgebäudes, ist heute nicht die Spur eines Gedenkorts – sondern ein Parkplatz für die Justiz-Mitarbeiter.

Im »Sondergericht Stuttgart« saßen einst berüchtigte Nazi-Juristen. Ihre Hinrichtungsstätte gehörte zu den drei größten des »Dritten Reichs«. Alle paar Wochen kam der Scharfrichter nach Stuttgart und brachte morgens zwischen fünf und sieben Uhr im Schnitt zwanzig Menschen mit dem Fallbeil um; einmal, am 1. Juni 1943, waren es vierunddreißig.

Erst 1994 – ein halbes Jahrhundert nach den Gräueltaten – ließen die Gerechten an der roten Sandsteinmauer neben der Treppe zum Vorplatz eine Inschrift anbringen: »Den Opfern der Justiz im Nationalsozialismus zum Gedenken. Hunderte wurden hier im Innenhof hingerichtet. Den Lebenden zur Mahnung!« Diese »Mahnung« ist für die Lebenden nichts anderes als Heuchelei und der Toten unwürdig: Selbst diese bürokratisch, ohne historische

Präzision und ohne jedes Mitgefühl für die Ermordeten formulierte Zeile haben die Politiker – man kann es nicht anders deuten – mit Absicht vor den Passanten versteckt. Man schützt die Täter, die Mörder.

Dieser Umgang mit der Geschichte trägt heute seine faulen Früchte. Die dunklen Gedanken kommen dem Spaziergänger ja nicht nur im Justizviertel. Es reicht dafür schon der Blick auf den Landtag. Und es muss ein brauner Esel sein, wer die historischen Zusammenhänge so wenig sehen will wie die Wahrheit hinter einer scheinheiligen Inschrift an der Sandsteinmauer der Justiz.

DER FLACHMANN

Das neue Jahr ist schon alt, wenn der Dreikönigstag vorbei ist. Wenn die Weihnachtsbäume entsorgt sind. Am 7. Januar ist auch das Dreikönigstreffen der FDP im Stuttgarter Opernhaus Geschichte, obschon die FDP in der Geschichte keine große Rolle spielt. Der jüngste Aufmarsch der Neoliberalen in der Oper hieß nicht »Dreikönigstreffen«, sondern »Dreikönigskundgebung«, womöglich auch deshalb, weil die Rechtspopulisten der AfD am selben Tag im Cannstatter Kursaal ihr »Alternatives Dreikönigstreffen« abhielten. Was ein »alternatives« Dreikönigstreffen ist, weiß ich nicht: Vermutlich zieht ein Haufen reinrassiger Weißer aus dem Abendland in den Kampf gegen die Weisen aus dem Morgenland.

Vor diesen Umtrieben floh ich mit der Linie 7 in einen Stadtteil, wo man Anfang Januar noch vielen Menschen ein frohes Weihnachtsfest wünschen kann, ohne sich als Gestriger zu blamieren. Mit der Bahn durch Zuffenhausen und Rot, an der Haltestelle Suttnerstraße steige ich aus. Gewidmet ist diese Straße der österreichischen Pazifistin und Schriftstellerin Bertha von Suttner (1843 bis 1914). 1905 wurde sie als erste Frau mit dem Friedensnobelpreis ausgezeichnet. 1892 hatte sie die Deutsche Friedensgesellschaft (DFG) gegründet, in die bald auch der Stuttgarter Stadtpfarrer Otto Umfrid eintrat. Stuttgart war Anfang des 20. Jahrhunderts das Zentrum der deutschen Friedensbewegung. Umfrid, 1857 in Nürtingen geboren, war ebenfalls Friedensnobelpreis-Kandidat, bis die Deutschen 1914 in den Ersten Weltkrieg zogen. Die Kirche bekämpfte den evangelischen Theologen als »Friedenshetzer«; 1920 wurde er – schon erblindet, aber bis zu seinem Lebensende ungebrochen – auf dem Pragfriedhof beigesetzt.

So ist das in der Stadt: Kaum bist du aus der Bahn gestiegen, hast du ein Kapitel Geschichte vor Augen. Auch ein etwas neueres: An der Haltestelle Suttnerstraße blickt man auf die Rückseite einer BFT-Tankstelle, auf dem Dach steht ein etwas betagter Trabi. Jeder Trabi erinnert mich an 1989. Nicht nur, weil ich damals im November die Tage des Mauerfalls in Berlin erlebte.

Am 14. Juni 1989 kam Michail Gorbatschow zum Staatsbesuch nach Stuttgart. Ministerpräsident Lothar Späth hatte das Treffen als großes Volksfest inszenieren lassen. Gorbatschow war damals Generalsekretär des Zentralkomitees der Kommunistischen Partei der Sowjetunion (KPdSU). Seine Frau Raissa musste in der Alfdorfer Straße von Gaisburg eine »echte schwäbische Familie« besuchen, die das Staatsministerium ausgesucht hatte. Gaisburg war aus dem Häuschen und die Welt aus den Fugen. Gorbatschow stand für Glasnost (Offenheit) und Perestroika (Umgestaltung). 1990 wurde er sowjetischer Staatspräsident und erhielt wie Frau Suttner den Friedensnobelpreis.

Ich erinnere mich, dass am Abend von Gorbis Visite die DDR-Rockband Silly im Alten Schützenhaus in Heslach spielte. Als wir den Musikern halfen, ihren Bus auszuladen, war er zu unserer großen Freude gut bestückt mit Kaviar und Krimsekt aus der UdSSR. Solche Dinge kaufst du heute in Freiberg, einer Großwohnsiedlung mit Hochhausblöcken aus den sechziger Jahren, wo inzwischen viele Menschen aus Ländern der ehemaligen Sowjetunion leben, eigene Vereine und Geschäfte haben. Der Mix-Markt in der Wallensteinstraße, in der Nähe der Suttner-Haltestelle, ist gut sortiert für die Leute aus

Russland, Kasachstan, der Ukraine usw. Gleich daneben ein russischer Laden namens Eck. Eine Straßenbahnstation zuvor, sie heißt Himmelsleiter, steigt man aus, um im Lebensmittelmarkt Kliver in der Adalbert-Stifter-Straße einzukaufen. Allein die Fischtheke ist eine Sensation.

Es gibt in Freiberg auch einen Laden für russische Bücher, CDs und DVDs, und in den vergangenen Tagen herrschte überall Hochbetrieb. Die russischen Christen haben gestern, am 6. Januar, ihr Heiligabend gefeiert. Heute, am Donnerstag, ist ihr Weihnachtsfeiertag. Das Fest wurde nach dem Zusammenbruch der UdSSR wiederbelebt.

Vor dem Mix-Markt plaudere ich mit Evgenia Ritter, geboren in Nischni Nowgorod, einer Großstadt 400 Kilometer nördlich von Moskau. Seit sechs Jahren lebt sie in Freiberg. Ihr Mann, sagt sie, »ist Schwabe«. Sie hat Buchweizenmehl gekauft, für die Blinis, russische Pfannkuchen, gut passend zum Kaviar. Evgenia ist Malerin, macht traditionelle Ölgemälde und besucht regelmäßig die Russische Kirche in der Hegelstraße, weit weg im Westen der Stadt. Eine Mitternachtsmesse am Heiligen Abend, erzählt sie, dauert vier bis fünf Stunden. Morgens um fünf trifft man sich dann zum Frühstück in einem Kirchensaal der Nachbarschaft. Vor Weihnachten müssen die orthodoxen Christen 40 Tage lang fasten. Erst wenn an Heiligabend am Himmel der erste Stern aufgeht, sagt Evgenia, darf wieder alles gegessen werden.

In Freiberg leben mehr als 7000 Menschen auf einer Fläche von 88,5 Hektar (im Bezirkshauptsitz Mühlhausen nur 3000 auf 465 Hektar). Ich werde mir kein Urteil über das Leben in Freiberg erlauben, nur weil ich mich ein wenig umgeschaut habe. Bin nur immer wieder erstaunt, wie international diese Stadt geworden ist. Und wie wenig wir davon mitbekommen.

Auf der Rückfahrt fahre ich an der Haltestelle Borsig-straße vorbei. Steigt man an dieser Station aus, sind es nur wenige Minuten bis zu Feuerbachs türkischem Viertel entlang der Mauserstraße. All diese Dinge konnte sich kaum einer vorstellen, als Gorbatschow Stuttgart besuchte, keine fünf Monate, bevor die Berliner Mauer fiel.

Ich könnte noch ein wenig von den Freiberger Russen erzählen, die mich mit übler Hetze gegen Flüchtlinge empfingen, obwohl sie selbst erst vor wenigen Jahren nach Deutschland gekommen waren. Wozu. Ich verlasse Freiberg mit ein paar russisch beschrifteten Dosen Lachskaviar, mit der CD einer russisch singenden Blues-Band – und einem Flachmann mit erregendem Design: Das Bild auf der Flaschentasche zeigt einen Mann mit Camouflage-Klamotten, Fischerhut und Angel an einem reißenden Fluss. Es ist Putin.

WIR SIND ADEL

500 Jahre nach den Bauernkriegen, im Mai 2017, lädt King Kretschmann der Letzte in seiner Kostümierung als Landespater den Adel seines Reichs ins Neue Schloss zu Stuttgart. Die späte Siegesfeier bei den Rittern der grün-schwarzen Schwafelrunde gilt als historischer Durchbruch im Kampf um gerechte Umverteilung und soziale Verhöhnung. Gut möglich, dass Kretschmann bei dieser Wiederbeatmung der Ständegesellschaft unter seiner klerikalen Herrschaft von seinem Rathausvasallen Fürst Kuhnibert flankiert wird. Ob selbiger bei diesem Abend als Fritz der Große inthronisiert wird, ist angesichts einiger kritischer Blicke auf sein Gardemaß noch offen. Wäre aber gut für die neue K-&-K-Monarchie. Die Hinterbänkler lassen schon mal ihre Zahnkronen richten.

Die Blaublütler werden in Sechsspännern durch das Regierungskaff Stuttgart kutschiert. Auf dem Henkersplatz, wo einst die Köpfe der Gemeinen rollten, wird eine Jubelparade abgehalten, das Fußvolk auf der Schleimspur eskortiert von Mercedes-Diesel-Limousinen, um im Kampf für den Erhalt der Staubluft im Kessel kein falsches Zeichen grüner Umweltpolitik zu setzen. Kretschmanns schwarze Hofschranze von und zu Strobl ruft unterdessen den Dresscode für den Ball der Beutemacher aus: »Wir sind nicht Burka!« Der grüne Landesgottvater wird am Ende den Adligen seinen herrschaftlichen Dank aussprechen für ihre Verdienste um die Pflege des deutschen Waldes – und der Kabarettist Max Uthoff später sagen: Kretschmann dankt denen, die uns das Silberbesteck gestohlen haben, weil sie es putzen.

ZUR NOTWEHR BERECHTIGT

Als ich nach vier Stunden Eisenbahnfahrt meinen Koffer durch die Stadt schleppte, wurde mir schwindlig. Das lag nicht an meinem verhassten Rollkoffer, der die Menschheit mit Lärm terrorisiert, sobald ich ihn wie ein Esel hinter mir herziehe. Vielmehr vermutete ich in der Fremde eine finale Halluzination: Vor mir wiesen zwei Schilder auf die Leonhardstraße und den Leonhardplatz hin, was nur heißen konnte: Ich war die ganze Zeit im Kreis herumgefahren, dazu verdammt, in einem unheiligen Kessel namens Stuttgart vor die Hunde zu gehen. Erst als ich das fehlende »s« auf einem der Straßenschilder entdeckte, schöpfte ich Hoffnung: Zu Hause gibt es nur einen »Leonhardsplatz«, keinen »Leonhardplatz«.

Auf dem Weg zum Hotel kam ich am Wilhelm-Raabe-Haus vorbei. Kaum den Rollkoffer für eine Verschnaufpause abgestellt, hatte mich die Heimat endgültig am Kragen: Der Dichter Wilhelm Raabe wohnte und arbeitete von 1862 bis 1870 in Stuttgart, in der »Schriftsteller- und Verlegermetropole«, wie es auf der Tafel an der Fassade heißt. In Braunschweig, wo der Autor vier Jahrzehnte verbrachte, lebte er von 1901 bis zu seinem Tod 1910 in der Leonhardstraße; heute steht dort das Literaturzentrum der niedersächsischen Stadt, in der ich aus schicksalhaften Gründen gelandet war, die für diese Zeilen keine Rolle spielen.

Bis dahin hatte ich die Braunschweiger Existenz des Dichters Raabe nicht in meinem Speicher, zumal man mir vor allem den Besuch von Lessings Grab ans Herz gelegt hatte. Als ich später die ausgerissenen, mit Steinen beschwerten Reclam-Seiten von »Emilia Galotti« auf Lessings Ruhestätte sah, war ich doch erstaunt: Fanrituale auf Friedhöfen sind also keineswegs Superstars wie Oscar Wilde oder Jim Morrison vorbehalten.

Nach meiner Rückkehr suchte ich in der Nähe des Feuersees die Hermannstraße auf: In den dritten Stock des Hauses Nummer 11 war Wilhelm Raabe mit seiner Frau Bertha 1864 von der Gymnasiumstraße umgezogen; eine Tafel am Haus erinnert daran. Gleich nach der Hochzeit hatte sich das Paar in Stuttgart niedergelassen; hier wurden zwei ihrer vier Töchter geboren.

Wilhelm Raabe, aufgewachsen in Wolfenbüttel (wo Lessing in der berühmten Herzog-August-Bibliothek gearbeitet hat), wurde nach abgebrochener Schule und ebenfalls vorzeitig beendeter Buchhändlerlehre freier Schriftsteller. Um sich sein Auskommen zu sichern, arbeitete er unermüdlich, veröffentlichte fast 70 Romane, Novellen, Erzählungen und auch etliche Gedichte. Er war ein gesellschaftskritischer Autor, Schöpfer realistischer Romane und spannender Unterhaltungsliteratur.

Bei Wittwer fand ich auf Anhieb Raabes »Meistererzählungen« – und in einem *FAZ*-Aufsatz des Literaturwissenschaftlers Moritz Baßler diese schönen Sätze: »Mit Raabes Texten ist es wie mit römischen Kirchen oder Countrysongs: Eine(r) allein packt einen vielleicht noch nicht, aber spätestens wenn man in Serie geht, wird es spannend. Hat man die Problemkonstellationen einmal erfasst, werden die einzelnen Lösungen höchst aufregend ...«

In Horst Brandstätters und Jürgen Holweins unerreichtem Stuttgarter Standardwerk »Dichter sehen eine Stadt« sind einige Briefe Raabes abgedruckt. Als Verfechter eines vereinten Deutschland ist er nicht gut zu sprechen auf die politische Stimmung »in diesem jämmerlichen Württemberg«: »Dieses ›Schwaben‹ (der Name ist mir schon widerlich, weil er nichts bedeutet und nichts bedeuten soll) zehrt von seinem Ruf und Ruhm, auf den es durchaus keinen Anspruch hat«, schreibt er 1866 an seinen Schwager und erwähnt, etwas differenzierend, auch die »anständigen wohlmeinenden Leute« seiner Umgebung.

Seit 1909 gibt es im Stuttgarter Stadtteil Südheim in Heslach, in der Nähe des Schoettleplatzes, die Wilhelm-Raabe-Straße, womit ich zu einem anderen Kapitel Stadtgeschichte komme, dem ich unterwegs begegnet bin. 2012 hat Braunschweig den Platz vor seiner Generalstaatsanwaltschaft im Stadtzentrum dem großen, am 16. Juli 1903 in Stuttgart geborenen Juristen Fritz Bauer gewidmet. Zum Vergleich: Im selben Jahr gab man in seiner Geburtsstadt lediglich einem Versammlungssaal des Amtsgerichts seinen Namen.

Fritz Bauer hatte 1951 als Generalstaatsanwalt Niedersachsens den rechtsextremen Politiker Remer angeklagt, nachdem dieser die Widerstandskämpfer vom 20. Juli 1944 als »Hoch- und Landesverräter« bezeichnet hatte. Erst mit Remers Verurteilung wurde der Widerstand gegen die Nazis bei uns rechtmäßig anerkannt. Fritz Bauer sagte im Prozess: »Ein Unrechtsstaat, der täglich Zehntausende Morde begeht, berechtigt jedermann zur Notwehr.«

Geschichte schrieb der Sohn jüdischer Eltern später vor allem durch seinen mutigen, aufreibenden Einsatz für den Frankfurter Auschwitz-Prozesse. Am 1. Juli 1968 wurde er tot in der Badewanne seiner Frankfurter Wohnung aufgefunden; die Todesumstände wurden nie geklärt. 2014 erinnerte Lars Kraumers sehenswerter Kinofilm »Der Staat gegen Fritz Bauer« an das Leben des unbeugsamen Juristen.

Erst 2003, zu seinem 100. Geburtstag, hat ihm seine

Heimatstadt auf Anregung des Grünen-Stadtrats Michael Kienzle einen Fußpfad am Bopser gewidmet. 2010 wurde dieser versteckte Weg am Hang nach der jüdischen Philosophin und Frauenrechtlerin Carola Blume umbenannt – und die Treitschkestraße im abgelegenen Sillenbuch auf den Namen Fritz Bauers umgetauft; mit dieser Straße hatten die Nazis 1937 den antisemitischen Historiker und Politiker Heinrich von Treitschke hofiert.

Seltsam, dass ich auch außerhalb dauernd an Stuttgarter Geschichten erinnert werde. Womöglich liegt ein Fluch auf meinem Rollkoffer. In Braunschweig war es übrigens ganz schön: Auf der Oker fuhr ich für einen Zehner im Mietkanu durchs Grüne. Würde ich auch gern mal auf dem Stuttgarter Neckar machen.

UND SIE SEHEN MICH NICHT

Eine fast schon ausgestorben Spezies genießt zurzeit große Aufmerksamkeit. Man nennt sie Fußgänger. Lange Zeit hat man diese Gattung in der Stadt nur noch wahrgenommen, weil mehr Frösche durch Nordic-Walking-Stöcke starben als unter tonnenschweren Autos.

Es ist ein sommerlicher Märztag, als ich mit offener Jacke in der Absicht durch die Stadt stiefle, es allen zu zeigen: Seht her, ihr PS-Stinker, hier geht ein Fußgänger!

Seit ein paar Politiker mitbekommen haben, dass Autos außer Geld auch reichlich Dreck in die Stadt bringen, versprechen sie uns besseren »Fußgängerverkehr«: Angeblich wollen sie halbwegs geeignete Wege für eine Fortbewegungsart schaffen, die nur körpereigene Gase erzeugt. Bisher sind Fußgänger nur auf den Staffeln in den Hügeln der Stadt sicher. Dass der liebe Gott die Füße nicht nur zum Hochlegen und Treten der Mitmenschen erfunden hat, haben etwas intelligentere Menschen schon früher begriffen.

Deshalb schaue ich hin und wieder in ein kleines Buch aus dem S.-Fischer-Verlag mit dem Titel »Auf buntbewegten Gassen«. Darin finden sich »literarische Spaziergänge« – und diese Sätze: »Wer geht, sieht im Durchschnitt anthropologisch und kosmisch mehr, als wer fährt (...) Ich halte den Gang für das Ehrenvollste und Selbständigste in dem Manne und bin der Meinung, dass alles besser gehen würde, wenn man mehr ginge. Man kann fast überall bloß deswegen nicht recht auf die Beine kommen und auf den Beinen bleiben, weil man zu viel fährt.« Geschrieben hat das der Dichter Gottfried Johann

Seume (1763 bis 1810) in seinem Text »Über das Gehen«.

Bis heute sagen wir: Das geht! Oder, etwas zeitgenössischer und genervter: Kretschmanns Asylpolitik – das geht gar nicht! In allen Lebenslagen heißt es: Etwas geht – oder es geht nicht. Der Gedanke an wirkliches Gehen dagegen ist weitgehend erlahmt. Besonders in Stuttgart, wo für Autos alles geht, weil man ihnen so viel durchgehen lässt, bis den Menschen auch die letzte Lust auf den aufrechten Gang vergeht. Unmöglich, trotz fortwährenden Luftalarms den Feinstaubgiftangriffen zu entgehen.

Warum für Fußgänger in anderen Städten weit mehr geht, versucht man inzwischen auch im Kessel zu ergründen. Im Rathaus gibt es dafür eine sogenannte Stabsstelle für Mobilität. Ein lustiger Begriff. Ich frage mich, wer da wem welchen Stab weitergibt, damit unser Hamsterradleben so automobil bleibt, wie es ist.

Von der Olgastraße spaziere ich im Slalom durch das Baugerümpel und die viel zu großen Autos in der Rosenstraße und nehme dann die Treppen zur Breuninger-Unterführung. Diesen Höhlenweg wähle ich selten, weil ich in unserer geteilten Stadt das etwas weiter südlich gelegene Fußgängerloch zwischen der Kneipe Brunnenwirt und dem Allerweltskasten Schwabenzentrum bevorzuge.

Links am Eingang des Breuninger-Schachts sehe ich eine Vase mit liebevoll arrangierten weißen Rosen, daneben ein rotes Grablicht. An diesem Platz hat jahrzehntelang derselbe Mann gesessen. Am vergangenen Sonntag ging die Nachricht um, er sei gestorben – nach langer Krankheit in Berlin bei seiner Tochter, die er sehr geliebt habe. Er wurde er 69 Jahre alt. Drei Jahrzehnte hat er, meist mit einem Piratentuch oder einem Südstaatler-Hut auf dem Kopf, in der Unterführung Lieder zur Gitarre gesungen. Er war Straßenmusiker, und er hat beachtliche Fotos gemacht: Straßenszenen, Street Art, die er ins Internet stellte.

Bis vor einigen Wochen war er da. Immer am selben Platz auf der Fußgängerstrecke zum Eingang von Breuninger und weiter zur Treppe hinauf ans Licht. Er nannte sich Wolf der Finsternis. Sein Arbeitsplatz war unter Tage. Gesehen habe ich ihn oft, mit ihm geplaudert nur selten. Er sang Cover-Versionen von Rockballaden, Protestsongs, Liedern mit deutschen Texten. Vermutlich war nie mein Lied dabei, wenn ich vorbeiging. Wohl deshalb blieb ich nie stehen, um ihm länger zuzuhören. Man warf Geld in seinen Gitarrenkoffer, neben dem lange ein Schäferhund kauerte.

Der Wolf mit seinen Tattoos gehörte zur Altstadt wie der steinerne Nachtwächter am Leonhardsplatz. Er schien nicht zu altern. Fast jeder kannte ihn, die meisten, ohne ihn wirklich zu kennen. Viele bewunderten ihn, einige wurden seine Freunde. Der Fotograf Lutz Schelhorn, Präsident der Stuttgarter Hells Angels, hat ihn oft porträtiert, unter anderem 2004 für die Zeitschrift *Motorrad*. Dem Reporter Norbert Sorg (er ist 2008 gestorben) hat Wolf aus seinem Leben erzählt, von seiner damals 28 Jahre alten Tochter, von seiner Kindheit, in der er mehr Prügel als Essen bekam, von seinem Elend in seiner Heimatstadt Frankfurt. Alkohol, Drogen, Knast. Irgendwann ist er als Tramp zufällig in Stuttgart gelandet und hat mit großer Kraft sein Leben geändert, um seine Tochter nicht zu verlieren.

Im Untergrund wurde er zum Wolf der Finsternis. Die Passanten in der Unterführung vertrauten ihm: Manchmal ließen sie ihre Kinder oder Gepäckstücke bei ihm zurück, um noch schnell ein paar Besorgungen zu machen. Einmal hat er sich ein kleines Motorrad zugelegt, um seinen entlaufenen oder gestohlenen Hund zu suchen. Er fand ihn nicht – und fuhr lange dem Traum hinterher, eines Tages die USA als Biker zu erobern.

Seit Kurzem sitzt ein anderer Musiker in der U-Ebene. Als er erfuhr, dass der Wolf für immer gegangen war, sang er Leonard Cohens unsterbliches »Hallelujah«. Auf den Internetseiten der *Stuttgarter Zeitung* findet man unter der Rubrik »Leserfotos« einen Text, den der Wolf vor zehn Jahren über sich selbst geschrieben hat: »wer ich bin? wollt ihr das wirklich wissen? / ein Mensch? ein Wolf? / für die meisten bin ich ein Rätsel / die Menschen sehen mich und doch sehen sie mich nicht ...«

MACHT DIE RÄUME ENG!

Ich muss wieder hinauf. Auch wenn es mir heute immer öfter Unbehagen bereitet, die Zeit mit Dingen zu verschwenden, die sinnloser sind als die Erkenntnis, geboren zu werden, um zu sterben. Fußball ist ein solches Ding. Wie absurd, immer wieder mit anzusehen, wie diese Pfeife in der Angriffsspitze deiner Mannschaft das todsichere Ding auch im fünften Versuch nicht reinmacht.

Es regnet heftig vor dem großen Spiel. Wie die vielen vergeudeten Jahre zuvor bringt mich die Straßenbahn an denselben Ort, ohne Rücksicht, was mich diesmal erwartet. In dieser Saison, 2018/19, spielen wir erstmals in der aktuellen Oberliga, die im Eventrausch des Fußballgeschäfts von den Guten mit Hohn und Spott und von den Bösen mit Mitleid bedacht wird. Mitleid in unserem Fall ist schlimmer als Hohn und Spott. Kein Wunder in einer Gesellschaft, in der Empathie als moralischer Defekt gilt.

Die Oberliga ist die fünfte Liga. Über uns sind die Regionalliga, die dritte Liga, die zweite und die erste Liga. Damit gleich klar ist: All diesen Klassen haben auch wir schon einmal angehört. Früher. Unsere gegenwärtige Position in der Hierarchie des Fußballsports würde alle Betroffenen in schwere Depressionen stürzen, wüssten wir nicht, dass ein halb leeres Glas immer auch halb voll ist. Schließlich gibt es ein Leben unterhalb unseres Niveaus: die Verbandsliga, die Landesliga, die Bezirksliga, die Kreisliga A, die Kreisklasse B. Nicht zu vergessen die vielen anderen Hobbykicker ohne Klub. Damit haben wir nix zu tun! Also kann ich mich in der fünften Liga zu Recht als Mitglied einer Mittelschicht fühlen, die mein reales Leben auf der Seite der Glücklichen spiegelt. Ich kenne Menschen, die sich im Besitz größerer Fähigkeiten als unsereins unterhalb der Oberliga durchschlagen müssen.

Es gibt also Gründe, sich mit einem Leben in Liga fünf zufrieden zu geben. »Stolz« auf etwas zu sein, wofür man selbst am wenigsten kann, ist ohnehin nur etwas für Chauvinisten und ähnliche Totengräber der Demokratie. Die Bewertung der Oberliga-Existenz ist letztlich auch nur eine Frage des Klassenbewusstseins. Schon beim Blick auf unseren Fußballplatz hoch über den Niederungen der Stadt kommt einem Georg Büchner in den Sinn: »Friede den Hütten! Krieg den Palästen!«

Leider wurde der Schrei nach Gerechtigkeit in unserem Fall von niemandem gehört. Seit einiger Zeit ist unsere ansehnliche und friedvolle Ballhütte auf der schönen Waldau schwer beschädigt. Ausgerechnet auf der Seite des Fußballplatzes, auf der die feinfühligsten Anhänger unseres Vereins mit wilden Schreien und Verrenkungen unser Team anfeuern, hat man so lange das Dach der Stehtribüne verkommen lassen, bis man es abreißen musste. Symptomatisch für die Immobilienpolitik unserer Zeit. Lange sah unser Fußballplatz aus wie ein Geisterstadion mit einem eingerüsteten Zuschauerblock ohne Zuschauer entlang der Außenlinie. Ein furchtbarer Anblick, diese Mauer des Schweigens. Inzwischen lungern die Träger des Dachs sinnlos neben dem Platz herum – und wir ungeschützt unter sengender Sonne oder im strömenden Regen. Es wird Oktober werden, ehe ein neues Dach montiert wird – und wir uns, mental und spirituell schwer verletzt, erneut auf den Hügel hinter dem Tor unter der Videowand ins Getto der Geisterarena zurückziehen müssen.

Aber okay, unser Domizil auf der Waldau entspricht

nun mal nicht einer Villa auf dem Killesberg. Und wenn unser Fußball nicht unbedingt der kontinentalen Champions League gerecht wird, ist auch dies nur ein Hinweis auf unseren realpolitischen Alltag: Wo, bitte, hat sich in unserer Republik ein europäisches Bewusstsein durchgesetzt?

Nach der Fahrt zur Waldau stehe ich neben den arbeitslosen Dachträgern und vielen sympathischen Stützen unserer Gesellschaft. Zweitausend sind gekommen, sie könnten den Beethovensaal der Liederhalle füllen. Neben mir brüllt ein Fan im Minutentakt aufs Spielfeld: »Macht die Räume eng!« Was er damit meint, kann ich bestenfalls ahnen. Womöglich aber kommt seine taktische Anweisung nicht von ungefähr. Stunden vor dem Anpfiff hat mir ein Wikipedia-kundiger Berufsautor auf meiner Homepage mitgeteilt, was uns erwartet. Unser Gegner, der 1. Göppinger SV, ist nicht irgendwer. 1943 gelang ihm der Aufstieg in die Gauliga. »An diesen Aufstieg schloss der größte Erfolg an, als man 1944 vor den Stuttgarter Kickers Erster der Gauliga wurde und damit die württembergische Meisterschaft errang. Allerdings war bei den Spielen um die deutsche Meisterschaft 1944 direkt beim ersten Gegner, der Kriegsspielgemeinschaft Saarbrücken, Endstation.«

Keine Frage, seit 1944, kurz vor der Endstation, haben sich die Verhältnisse bei uns nicht nur im Fußball geändert. Was viele Zeitgenossen keineswegs hindert, schon wieder so rigoros dem Ungeist jener Ära zu verfallen, dass man allen Demokraten zurufen möchte: »Macht die Räume eng!« Abschließend darf ich festhalten, dass unsere Taktik aufgegangen ist und gegen Göppingen der GAU in Liga fünf verhindert wurde. Im Lauf des Spiels hat der Regen aufgehört und unsere Nummer Acht ein Tor erzielt. Die Stuttgarter Kickers gewannen 1:0.

ZIEMLICH FAULER HAUFEN

Vermutlich war es der heißeste Sommertag meines kurzen Lebens, als ich im Juli 2018 üblen Qualm aus dem Landtag aufsteigen sah. So beendete ich meinen Spaziergang unter freiem Himmel und setzte ihn im Internet fort. In den dunkelsten Ecken von Facebook landete ich auf der Seite des Landtagsabgeordneten Stefan Räpple und las einen Text über dessen erweiterten »Aufgaben in mehreren Themenbereichen« seiner Partei.

Dieser offensichtlich multitalentierte Politiker aus der Ortenau, für mich ein exemplarischer, austauschbarer Protagonist im rechten Milieu, ist für seine Partei als wissenschaftspolitisches Sprachrohr im Einsatz, er sitzt in den Ausschüssen Kultus, Jugend und Sport sowie Wissenschaft, Forschung und Kunst und operiert als stellvertretendes Mitglied im Finanzausschuss. Da er auch »extremismuspolitischer Sprecher« ist, hat er sicher extrem viel über sich selbst zu erzählen.

Nicht vergessen will ich, dass Herr R. seiner Fraktion zusätzlich als »suchtpolitischer Sprecher« dient. Um seine Kompetenz auf diesem Gebiet zu beweisen, hat er neulich den Text einer Rede auf seine Facebookseite gestellt, die er im Plenum nicht halten durfte, weil seine Parteikollegen zuvor die Redezeit überzogen hatten. In seinem nicht erhörten Vortrag heißt es eingangs: »Frau Präsidentin, Werte Damen und Herren, sehr genährte Abgeordnete.« (An dieser Stelle unterbreche ich kurz, damit das Wortspiel »sehr genährte ...« und damit die Begabung des Politikers für abgekaute Kalauer nicht untergehen.) Weiter im Räpple-Text: »In meiner letzten Rede sprach ich von Ihnen im Allgemeinen als fettgefressene Politiker. Das war nicht richtig und dafür möchte ich mich heute bei Ihnen entschuldigen. Beim NATO Gipfel sah ich Jean Claude Juncker und zumindest bei den Christdemokraten handelt es sich nicht nur um fettgefressene, sondern offenkundig auch noch um kaputtgesoffene Politiker. Ich hatte also beim letzten Mal nicht die ganze Wahrheit erzählt.«

Da er damit seine suchtpolitischen Kapazitäten noch nicht ausreichend dokumentiert sah, fährt er fort: »Von den Koksnasen der SPD und Antifa-Kiffern von den Grünen ganz zu schweigen erscheint mir hier im Landtag insgesamt ein Bild von gelinde gesagt einem ziemlich faulen Haufen floskelschwingender Parlamentsfüllmasse (...)«.

Das sind Sätze, die nicht jedem dahergelaufenen Nazi-Junkie nach einem Dutzend »Jägermeister« ohne weiteres einfallen. Solche Reden für den Landtag gelingen dir nur als Suchtpolitiker aus der Parlamentsfüllmasse der AfD. Vergessen darf ich nicht, dass Herr R. laut Facebook-Eintrag auch als »Strafvollzugsbeauftragter des Landes« tätig ist. Auch in diesem Fach beweist er Kompetenz. Am 2. Mai 2018 notierte er auf Facebook: »Merkel muss weg & ins Gefängnis«. Beruhigend an dieser Forderung ist, dass Herr R. als bekannter Großkritiker der Aufwandsentschädigungen für Politiker die Kanzlerin auf Staatskosten im Knast entsorgen will. Womöglich hat sich auch bei Strafvollzugsbeauftragten herumgesprochen, dass Fallbeil und Galgen bei uns zurzeit nicht zur Verfügung stehen.

Laut seiner Webseite dient R. der Menschheit beruflich als »Hypnoanalytiker«, »Heilpraktiker für Psychotherapie« und »Mentaltrainer und Psychologischer Berater mit eigener Praxis«. Interessant in diesem Zusammenhang ist ein Zitat, das als Titelgrafik seine Facebook-Seite dekoriert: »Nie haben die Massen nach Wahrheit gedürstet. Von den Tatsachen, die ihnen missfallen, wenden sie sich ab und ziehen es vor, den Irrtum zu vergöttern, wenn er sie zu verführen mag. Wer sie zu täuschen versteht, wird leicht ihr Herr, wer sie aufzuklären sucht, stets ihr Opfer.«

Wir können davon ausgehen, dass R. sich eher nicht als aufklärendes Opfer, sondern als göttlichen Verführer sieht. Der Satz auf seine Facebook-Seite stammt von Gustav Le Bon (1841 bis 1931), einem maßgeblichen Vordenker der Massenpsychologie. Beeinflusst von dem französischen Mediziner war Hitler, als er seine Propagandastrategien entwarf. Zu den erfolgreichsten Methoden der Nazi-Propaganda gehörte es, durch gezielte Provokationen Aufmerksamkeit zu erregen. Gegen das verfressene Establishment zu wettern. Skandale für die Medien zu inszenieren und sich auf diese Weise öffentliche Präsenz zu verschaffen. Vor diesem Hintergrund klingt der oft formulierte Vorwurf, die heutigen Rechten hätten aus der Geschichte nicht gelernt, ziemlich naiv. Sie lernen sehr wohl aus der Vergangenheit – und eifern ihren Vorbildern nach.

So gesehen ist es nicht besonders originell, heute auf die Provokationen von rechts mit Empörung zu reagieren. Und falsch ist es, pausenlos über die Attacken der AfD »neutral« und »objektiv« zu berichten. Die Empörung ihrer Gegner und die pflichtschuldige Reaktion vieler Presseorgane putschen die Populisten und ihre Anhänger auf, wie es Koks und Cannabis der SPD-Nasen und grünen Antifa-Kiffer gar nicht könnten, schon weil im rechten Sumpf eher Morphium Tradition hatte, bevor Zyankali den finalen Abgang beschleunigte.

Es hat wenig Sinn, wie die bürgerlichen Parteien im

Stuttgarter Landtag Räpples Ausschluss aus seiner völkisch durchsetzten Fraktion zu fordern. Soll er uns doch weiterhin mit blauem Anzug und blauer Krawatte als lärmende AfD-Uniform vorführen, mit was für einem Haufen wir es zu tun haben. Woher der Wind weht und der üble Qualm kommt. Statt uns zu empören, müssen wir die nicht mit besonderer Schlauheit genährten Typen vom Schlag R. mit ihren durchschaubaren Machenschaften bloßstellen. Ehe noch mehr verhetzte Zeitgenossen ihr Heil in den Psychokammern der AfD-Polterer suchen.

ANSICHTEN EINES FAULENZERS

Zwei Wochen Ferien vorbei – und wieder nichts geschafft. Wenn mich die internationale Zeitgeistpresse richtig informiert hat, sind Erholung oder gar Nichtstun im Urlaub neuerdings voll altmodisch. Der Zeitgeist hält es – wie wir Trendscouts sagen – für okayer, Freizeit grundsätzlich für Kreativ-Maloche zu nutzen: einen Film über den schöpferischen Urtrieb des Ferienmenschen zu drehen, eine Fahrraddrohne gegen das Stuttgarter Klima zu bauen oder Pfefferminze neben Mülleimern zu pflanzen.

Unsereins wird da nicht mitmachen. Hoch lebe der Faulenzer. Ich habe ein paar Tage in einem Holzhaus über dem Wasser verbracht. Wenn ein Schiff vorbeifuhr, hat der ganze Laden gewackelt. Kam mir vor wie Huckleberry Finn und ich dachte lange über die richtigen Strategien nach, Heerscharen von Stechmücken abzuwehren. Nachts hielten mich zum Glück die schönen Balkanlieder unsichtbarer Uferpartys wach, was einige Mücken das Leben kostete, ehe ich am Morgen meine Siegfried-Blößen mit Fenistil-Salbe versorgte.

Eine Woche war ich in Belgrad an der Donau und unternahm auch Ausflüge zur Save, dem anderen Fluss, ehe ich weiterzog in das eine Busstunde entfernte Novi Sad, wo der Donaustrand zum Planschen, fast wie im Deutschen, »Štrand« heißt. Beide Städte wurden vor erst 19 Jahren von der Nato bombardiert und blicken zurück auf eine lange Geschichte voller Kriegsverbrechen und Tragödien, die man auch im härtesten Arbeitsurlaub nicht aufarbeiten könnte.

Mein Plan war, am Fluss abzuhängen. Nein, nicht die Seele baumeln zu lassen. Seit jeher erinnert mich diese Floskel an den Selbstmord eines Müßiggängers mit dem Strick, weshalb ich mich damit begnügt habe, an der Donau die Beine auszustrecken und die Arme zu verschränken. Zu Hause bekommt es die Politik ja nicht hin, ihren Fluss als Teil der Stadt und deren Menschen zu behandeln.

Wie so oft bei meinen Ausflügen war auch Belgrad ein eher zufälliges Ziel. Anderthalb Stunden im Flugzeug von Stuttgart in die serbische Hauptstadt sind nicht anstrengender als mit der Straßenbahn von Zuffenhausen nach Sillenbuch. Du lernst bei solchen Kurztrips, dass Europa oft genug ein Katzensprungkontinent ist, mit wachrüttelnden, dir heute nicht mehr allzu fremden Kulturen voller Gemeinsamkeiten. Und die Sprache? Hello, thank you, Deichmann, dm, C&A. Der Rest ergibt sich.

Aufgrund meines Jobs ist der Tick, überall Spuren zu sehen, die in die sogenannte Heimatstadt führen, naturgemäß unnatürlich ausgeprägt. Andererseits sind die Zeichen gegenwärtiger kapitalistischer Stadtpolitik zum Nachteil aller nicht Wohlhabenden frappierend ähnlich.

In Belgrad, mit 1,2 Millionen Einwohnern doppelt so groß wie Stuttgart, wird zurzeit gegen den Protest vieler Menschen und begleitet von politischen Skandalen das Immobiliengroßprojekt Belgrade Waterfront (BW) durchgezogen. Geld kommt aus den Emiraten, den Großteil der veranschlagten 3,1 Milliarden aber muss der Steuerzahler leisten. Für die neue Stadt in der Stadt mit ihren für die Reichen gut gesicherten Hochhäusern und Einkaufszentren wurden Hunderte von Arbeiterfamilien umgesiedelt oder verdrängt. In der Nähe des Hafens hat man den alten Bahnhof Beograd-Glavna im vergangenen Juli stillgelegt, der neue Beograd Centar wurde vor zweieinhalb Jahren eingeweiht. Opfer der Bauwut und der illegalen, teils brutalen Abrissaktionen und Vertreibungen wurden auch Künstler, die sich in alten Gemäuern und Waggons eingenistet hatten. Wo Künstler sind, muss man nie lange auf die Investoren warten. Der Begriff »Gentrifizierung« für Zerstörungsakte in der Ära 21 klingt heute ziemlich verharmlosend. Für meinen Gang über das Baugelände brauchte ich eine Dreiviertelstunde.

Städte, in denen Neu und Alt, Hässlichkeit und Schönheit, Zerstörung und Natur so heftig aufeinandertreffen wie in der serbischen Metropole mit ihrem ausschweifenden Clubleben, strahlen trotz oder auch wegen aller Ungerechtigkeiten eine ungeheure Energie aus. Mein Hirn scheint in der Hitze der Stadt laut zu rattern, auch wenn ich in Wahrheit nur den Sound meines abgewrackten Linienbusses höre, bevor ich in eine nagelneue Straßenbahn aus der Schweiz umsteige; in ihren Wagen kleben noch die deutsch beschrifteten Warnschilder aus dem Herstellerland: Fürs Schwarzfahren wirst du zu 100 Franken verknackt.

Für einen Touristen wie mich ist Belgrad ein kleines Abenteuer. Wildes, lautes, dennoch wohltuendes Großstadtgetöse: Überall treffe ich auf freundliche, hilfsbereite Menschen. Das übliche Geschwätz von der »gefährlichen« Stadt, das ich zuvor gehört habe, betrifft vorzugsweise Männer aus Mafia-Familien, unter deren Schutz ich nicht stehe.

Verpasst in meinen Ferien habe ich zu Hause leider zum Saisonauftakt der fünften Liga das wegweisende Nullnull der Stuttgarter Kickers gegen Nöttingen. Dafür habe ich, Ehrensache, Titos Mausoleum besucht. Und als ich dann nach meiner Rückkehr am Sonntag über das Stadtpalais-Gelände spaziere und die Wasserspiele des Provinzrummels »Stuttgart am Meer« sehe, schwant mir beim Blick auf unsere mondäne Ozeanmetropole Schlimmes: Vermutlich werden demnächst die Rechtsnationalen die Regierung auffordern, den Kessel von Frontex-Truppen umstellen zu lassen. Die Festung Europa duldet keine neuen Planschbecken.

Ich flüchte unterdessen an den Neckar, lasse irgendwas baumeln und denke mir eine anständige Arbeit für den nächsten Urlaub aus.

DANN FANGEN WIR VON VORNE AN

Ein paar Tage bevor er im März 2016 zur Feier seines runden Geburtstags im Familienkreis nach Israel reiste, habe ich ihn zum letzten Mal besucht. Und seitdem oft an ihn gedacht. Ob er allein reise, hatte ich ihn gefragt. Ja, hat er gesagt, mit dem Taxi nach Degerloch, dann mit der Straßenbahn zum Stuttgarter Hauptbahnhof und mit dem Zug zum Frankfurter Flughafen.

Ich konnte es kaum glauben, als er schon kurz nach seiner Rückkehr bei einem Symposium im Clara-Zetkin-Waldheim in Sillenbuch wieder eine Rede hielt. Wie stets mit fester, klarer Stimme, einer speziellen Mischung aus preußischem und liebenswürdigem Ton.

Theodor Bergmann wohnte in der Hochhaussiedlung Asemwald, im Volksmund »Hannibal« genannt, in der Nähe der Universität Hohenheim, wo er lange als promovierter Wissenschaftler gearbeitet hatte, von 1973 bis 1981 als Professor für international vergleichende Agrarpolitik. Er war Weltbürger und Kommunist, ein Linker, der den Stalinismus seit jeher verabscheute. Lange Jahre ist er um den Globus gereist, oft mit seiner Frau Gretel, mit ihr hat er die Weltpolitik diskutiert. Sie stammte aus einer sozialdemokratischen Stuttgarter Familie, den Steinhilbers aus Heslach. 1994 ist sie gestorben.

In seinem 2000 erschienenen Buch »Im Jahrhundert der Katastrophen, Autobiografie eines kritischen Kommunisten«, das 2016 zu seinem Geburtstag aktualisiert wurde, heißt es: »Geboren in der Zeit des Ersten Weltkriegs im Kaiserreich, aufgewachsen in der Weimarer Republik, vertrieben vom Hitler-Faschismus und dann zurückgekehrt in die Britische Besatzungszone des viergeteilten Nachkriegsdeutschland, lebe ich nun meine letzten Jahre in der Berliner Republik. Wer viele wirkliche Katastrophen und Tragödien dieses kurzen Jahrhunderts der Extreme überlebt hat und die geringe Halbwertzeit der ›Endsiege‹ der deutschen Bourgeoisie kennt, darf Optimist sein. In meinem Optimismus werde ich durch meine Erfahrung bestärkt.«

Theodor Bergmann, der große politische Kämpfer, Analytiker und Optimist, ist am Montag, 12 Juni 2017, im Alter von 101 Jahren gestorben. Er hinterlässt als Autor, Herausgeber und Übersetzer mehr als 50 Bücher. Seinen Lieblingssatz findet man als Titel einer Textsammlung verschiedener Autoren zu seinem 90. Geburtstag: »Dann fangen wir von vorne an« (VSA-Verlag, dazu gibt es einen 80 Minuten langen Dokumentarfilm auf DVD). Das Zitat ist angelehnt an Friedrich Engels Satz nach der Niederschlagung der Revolution von 1848: »Sind wir aber einmal geschlagen, so haben wir nichts anderes zu tun, als wieder von vorne anzufangen.« Nach dieser Devise hat Theodor Bergmann gelebt. »Es gibt eine Alternative zum Kapitalismus«, hat er vor seinem Hundertsten gesagt, »alle Versuche sind nur an einer schlechten Politik gescheitert.«

Am 7. März 1916 in Berlin geboren, wächst Theodor Bergmann mit seinen Eltern und acht Geschwistern in der Hauptstadt auf. Am 3. März 1933 stirbt Theos Großmutter. Bei ihrer Beerdigung ziehen Nazi-Horden mit »Deutschland erwache« und »Juda verrecke«-Gebrüll durch die Straßen. Tags darauf – der Sohn eines Rabbiners hat gerade Abitur gemacht – setzen ihn die Eltern am Anhalter Bahnhof mit einem Rucksack und ein paar Reichsmark in den Zug. Er flieht über das Saarland ins damalige Palästina, arbeitet in einem Kibbuz, reist weiter in die Tschechoslowakische Republik, wo er mit seinem Studium der Agrarwissenschaften beginnt. Gleichzeitig schließt er sich dem antifaschistischen Widerstand an. Nach dem Münchner Abkommen 1938 flieht er nach Schweden, leitet mit seinem Bruder Josef die KP-O (Kommunistische Partei-Opposition) und tritt der Landesgruppe Deutscher Gewerkschafter bei.

Nach dem Zusammenbruch der Nazi-Diktatur zurück in Deutschland, schließt er 1947 in Bonn sein Studium ab und promoviert 1955 an der Uni Hohenheim, wo er 1965 zu arbeiten beginnt. Nach einer Gastprofessur in Australien erhält er 1973 eine Professur in Stuttgart und gehört in den Siebzigern zu den wenigen Kollegen, die sich für marxistische, vom Berufsverbot betroffene Studenten einsetzen. 1981 beendet er seine berufliche Karriere. 1990 tritt er in die PDS ein, 2007 in Die Linke.

Für seine agrarwissenschaftlichen und politischen Forschungen bereiste er die Welt. Noch in seinen letzten Jahren besuchte er mehrfach China, immer auf eigene Rechnung, nie auf Einladung, und arbeitete an einem Buch über die Entwicklung des chinesischen Kommunismus.

Theodor Bergmann, von seinen Freunden Theo oder auch Ted genannt, war bis zum Schluss der hellwache Beobachter, gefragte Ratgeber und unersetzliche Zeitzeuge. Er wusste alles über die großen Tage der Stuttgarter Arbeiterbewegung, über ihre Größen: Berta und August Thalheimer, Willi Bleicher, Clara Zetkin, Georg Stetter, Eugen Ochs, Wilhelm Schwab, Friedrich Westmeyer.

Bis zuletzt lebte er nach einem festen Tagesplan: Schreiben, Essen, Spazierengehen, »Turnen« (wie er seine Gymnastik nannte). Lange Zeit ging er zum Schwimmen ins Mineralbad Berg.

Und immer schlug er Brücken aus der Vergangenheit in die Gegenwart. Es sei falsch, sagte er, die rechtsextremistischen Machenschaften angesichts der Geflüchteten im Land mit der Weimarer Republik zu vergleichen. »Diese Attacken sind gefährlich, aber noch nicht faschistisch wie im vorigen Jahrhundert«, sagte er. Bis zuletzt plädierte er für Solidarität zwischen Linken und Sozialdemokraten im Kampf gegen rechts. Und nie verließ ihn die Kraft, dagegenzuhalten: »Jammern hat keinen Sinn. Man muss sich wehren.« Noch als Hundertjähriger warnte er als Gast in Schulklassen vor Faschismus und Krieg. Auch seine schärfsten Gegner schätzten seinen Mut und seine Zuversicht. »Ich hatte nie Zeit zum Klagen«, hat er gesagt. »Mit siebzehn war ich auf mich allein gestellt, und aus jeder Niederlage habe ich gelernt.«

Nicht vergessen werde ich seine Begrüßung, als ich ihn zum letzten Mal gesehen habe: »Kommen Sie rein, Sie haben ja saubere Schuhe.«

CHAOS DER LÜSTE

Weil ich mich neulich mit den neuen Barbieren in der Stadt beschäftigt habe, bin ich in etwas hineingeraten, das ich so nicht beabsichtigt hatte. Über Nacht zog das Thema Bart in meinem Hirn einen regelrechten »Sauschwanz« hinter sich her – wenn ich mir diesen bezaubernden Begriff bei Herrn Mozart entlehnen darf. Der fleißige Tonsetzer und Liebhaber hat sich selbst so bezeichnet.

Es ist Schicksal wie ein blutiger Schnitt mit der Klinge ins Kinn, dass ich heute in der nach dem Komponisten benannten Straße wohne. Beim Umzug von der Klopstockstraße im Westen in die Mozartstraße im Süden kann man nicht von einer Vollrasur im Leben sprechen. In unserer Gemeinde geht es überall ähnlich unerheblich zu.

Ein Freund aus Berlin hat mich gefragt, ob er sich den Wechsel von Klopstock zu Mozart als Auf- oder Abstieg vorstellen müsse. Ich hab gesagt, Dichter und Komponist, beide Kinder des 18. Jahrhunderts, hätten als Topstars ihrer Zeit gleich viel Erfolg bei Frauen gehabt. Ob die Zahl ihrer Groupies mit ihrer Glattrasur zu tun habe, könne ich nicht beurteilen. Ihr Zeitgenosse, der ebenfalls als Womanizer berühmte Casanova hat gesagt: »Um das Gewicht der Barthaare, die ich verloren habe, hat mein Verstand zugenommen.« Selbiges kann ich auch von mir behaupten, schon weil meine Stoppeln nicht mehr als die Schwanzfeder einer Bartmeise wiegen dürften.

Aufgefallen ist mir, dass etliche Leute meiner digitalen Umgebung nach meiner Beschäftigung mit dem Gesichtshaar blitzschnell ihre Bildung mit dem Hinweis auf den »Barbier von Sevilla« bewiesen. Wohnst du in der Mozartstraße, wo an einer Fassade die Büste des Genies samt einer Ansicht seiner Heimat Salzburg zu sehen ist, solltest du besagten Friseur kennen: »Le Barbier de Séville« heißt der erste Teil von Pierre Augustin Caron de Beaumarchais' Figaro-Trilogie, Mozart hat aus dieser Komödie die Oper »Figaros Hochzeit« gemacht.

Da ich als Musikkritiker nichts tauge, überlasse ich die Exegese einem Herrn, der als Kind in Stuttgart gelebt und hier Bühnenerfahrung als Komparse gesammelt hat. Vor ein paar Jahren wurde ihm am Eugensplatz eine Säule mit nachträglich montiertem Bronze-Mops gewidmet. Der als Loriot berühmte Humorist hat einen »Kleinen Opernführer« verfasst und Mozarts »Figaro« gewürdigt: »In dem dreistündigen Eifersuchtsdrama wird zwar mehr gesungen, als bei ehelichen Auseinandersetzungen sonst üblich ist, aber im Grunde hat sich in diesem Punkt bis heute kaum was geändert. Nur macht man eben nicht jedes Mal eine Oper draus.« Vor allem der letzte Satz ist beruhigend, schließlich weiß Loriot, wovon er redet: Er hat selbst Opern inszeniert, in Stuttgart 1986 »Martha«, in Ludwigsburg wenig später »Der Freischütz«.

Vor dem 1905 erbauten Haus mit der Büste in meiner Straße blieb ich stehen, legte den Kopf andächtig in den Nacken wie ein Mann, der sich rasiert, und sagte: Wolferl, warst du je in Stuttgart? Die Antwort lautete Nein. Mozart hat diese Stadt nie betreten und sich mit einem Aufenthalt in Ludwigsburg begnügt.

1790, im Jahr vor seinem Tod, führte Stuttgarts herzogliches Hoftheater erstmals eine seiner Opern auf: »Figaros Hochzeit«. Seitdem ist Mozart auch bei uns eine große Nummer. Die heutige Stuttgarter Mozart-Gesellschaft wurde Mitte des 19. Jahrhunderts gegründet, ihren Sitz hat sie in der Kernerstraße, einen Steinwurf entfernt von Loriots Mops.

Da ich nach meiner jüngsten Barbierbehandlung in der Oper als wichtigstem Podium der Haarschneidkunst gelandet bin, muss ich noch Gioacchino Rossinis »Der Barbier von Sevilla« erwähnen. Schon weil ich keinesfalls Loriots Rezension des Figaro-Genres verschweigen darf: »Der Friseur nimmt als Handwerker eine Sonderstellung ein, denn sein Arbeitsbereich befindet sich – anders als beim Klempner – am Körper der Kundschaft. Der Gedanke an ausschweifende Vertraulichkeiten des Haarkünstlers beflügelte die Fantasien lüsterner Opernkomponisten.« Der Humorist entdeckt ferner »ein Chaos libidinöser Zweideutigkeiten« beim »überanstrengten Herren- und Damenfriseur« in Rossinis Werk.

Der Komponist wiederum ist laut Loriot »vor allem geschätzt als Vater des nach ihm benannten Rinderfilets auf Toast mit Gänseleber«, so dass wir davon ausgehen müssen, dass Rossini heute weltweit zurecht von Vegetariern und Veganern boykottiert wird.

Beide hier erwähnten Friseurstücke zählen zur Gattung der Opera buffa, der komischen Oper, die wir mit kakophonischem Sound, chaotischen Szenen und schrillen Balzgesängen zurzeit auch auf Stuttgarts herrschaftlichen Protzbühnen erleben: Politiker und andere Weltstadterfinder suchen verzweifelt und orientierungslos einen Ort für den Interimsbau der Staatsoper. Unter dem Motto »Avanti Dilettanti« spielen sich Missgunst-, Neid- und Eifersuchtsdramen ab, wie sie selbst dem libidinösen Chaos eines Figaro-Salons fremd sind. Zur seelischen Heilung möchte man diesen Falschtönern zurufen: Lasst euch einseifen!

SÜSSER STAUB

Von der Rotenwaldstraße biege ich ab zum Leipziger Platz, einem bescheidenen Park am Ende der Bismarckstraße im Westen. Auf der Webseite der Stadt lese ich später über dieses Gelände: »Das Halbrund wird durch eine Anzahl Linden unterstrichen, welche die Rotenwaldstraße säumen und gleichzeitig etwas von dem Staub aufnehmen, der durch den starken Verkehr zum Westbahnhof und zum Birkenkopf aufwirbelt.«

Anscheinend ist die Linde heute eine Art Giftstaubsauger – und nicht mehr, wie ich immer dachte, ein romantisches Ideal: »Am Brunnen vor dem Tore / Da steht ein Lindenbaum / Ich träumt' in seinem Schatten / So manchen süßen Traum.«

Zahlreiche Brunnen sind zurzeit trocken, weil die Stadt und die EnBW über die Wasserkosten streiten. Vermutlich wird es diesen Konflikt eines Tages nicht mehr geben, weil uns ein Konzern wie Nestlé zum Wohl des freien Marktes unser Wasser abgräbt, um es uns anschließend zu verscherbeln. Man kann alles kaufen und verkaufen, auch demokratisch gewählte Regierungen: »Jetzt wieder verfügbar: Wirtschaftspolitik«, heißt es auf einem Wahlplakat der FDP. Auf dem Poster ist das Vorabendseriengesicht des Parteichefs abgebildet. Sein Name lautet, der Baum kann nichts dafür, Lindner, und vermutlich gibt's ihn gratis obendrauf, wenn irgendein Investor die verfügbare Wirtschaftspolitik in seinen Warenkorb klickt.

Als ich unter meinem Lindenbaum vor mich hin träume, fällt mir ein, dass auf dem Leipziger Platz das »Sport für alle«-Programm zusammengestrichen wurde: Die

Stadt, heißt es, habe kein Personal und kein Geld mehr fürs Rasenmähen. Womöglich kosten die gründlichen Verschönerungsarbeiten im Schlossgarten neben der Hauptbahnhofruine doch ein paar Milliarden mehr als gedacht. Stuttgart 21 aber kann und darf nichts damit zu tun haben, wenn einsturzgefährdete Decken in Schulhäusern nicht mehr renoviert werden. Es gibt, hat mir mein Gemeinschaftskundelehrer beigebracht, in einer staatlichen Gemeinschaft verschiedene »Töpfe« für verschiedene Menschen unterschiedlicher Preiskategorien, früher auch Klassen genannt. Bei der politischen Zuordnung dieser Menschen muss jedem demokratischen Staatsbürger klar sein: Anständige Untertanen schauen nicht in fremde Töpfe. Falls doch, gibt's auf die Löffel.

Stuttgart ist eine merkwürdige Gemeinde: An jeder Ecke stolpern wir gegen die Zäune obszöner Baustellen, als müsse die Stadt nach den Bombenangriffen im Krieg und den architektonischen Ersatzhandlungen in der Folgezeit ein weiteres Mal nachhaltig verschandelt werden. Fürs Trinkwasser im Brunnen, fürs Mähen einer Wiese oder gar für ein neues Dach über der Stehtribüne auf dem Fußballplatz der Stuttgarter Kickers ist dagegen keine Kohle da. Wir lernen daraus: Die Liebe der herrschenden Politik und Verwaltung zu den kleinen Lebensnischen ihrer boomenden Weltstadt ist gewaltig.

Da passt es, wenn die Stadt arbeitenden Flüchtlingen neuerdings mehr als einunddreißig (31) Euro pro Quadratmeter für ihre Unterkünfte abknöpfen will – mehr, als sie verdienen können. Der Sozialbürgermeister, grün wie das Gras meines Staubschluckerparks, hat neulich vor einer Fernsehkamera verlautbart: Diese Wucherpreise seien ein Anreiz für die Migranten, möglichst schnell umzuziehen. Man glaube gar nicht, sagte er weiter, wie viele Geflüchtete zurzeit privat eine Wohnung fänden.

Diese Unverfrorenheit mitten in der Ära explodierender Mieten und wachsender Wohnungsnot dient ganz nebenbei der Propaganda aus der rechten rassistischen Ecke: Schaut her, können sie wieder schreien, Flüchtlinge kriegen Wohnungen – wir Deutschländer Würstchen nicht.

Dennoch ist noch nicht alles schöne Leben hinüber an den trockenen Brunnen zwischen den Schatten, welche die Toren der Parteien werfen. Als sich am Nachmittag der Himmel verdunkelt und ein Gewittersturm aufzuziehen scheint, beginne ich zu singen: »Die kalten Winde bliesen / Mir grad ins Angesicht / Der Hut flog mir vom Kopfe / Ich wendete mich nicht.« Und um vollends der Untergangsmelancholie anheimzufallen, stimme ich beim Blick auf die tanzenden Bäume noch ein Lied von Udo, äh, Lindenberg an: »Gegen die Strömung, gegen den Wind ...«

Den Mund noch offen, sehe ich am Rand des Leipziger Platzes ein junges Pärchen in einer Hängematte schaukeln. Mann und Frau mit Wind im Haar und Laptop auf den Knien. Diese digital unterstützte Entspannung unter freiem Himmel, auch Chillen genannt, begegnete mir in dieser Form zum ersten Mal. Womöglich feiert die Hängematte gerade noch rechtzeitig vor dem kollektiven Burn-out im Konsumwahn der Stadt ihr Comeback. Am besten, wir spannen sie zwischen zwei Parkuhren, damit wir den armen Lindenbäumen nicht weiterhin die ganze Sauerei aufbürden müssen.

Die Linde hatte es bei uns ohnehin nie leicht: Ausgerechnet im Stadtteil Birkach wurde 1945 in größter Hektik eine Ecke auf den Namen »Bei der Linde« getauft – zuvor hatte dieser Ort, etwas knorriger, »Adolf-Hitler-Platz« geheißen.

Damit will ich kurz vor der Bundestagswahl 2017 darauf hinweisen, in welche Schwierigkeiten wir nicht nur im schönen Birkach geraten können, wenn wir die falsche Partei wählen. Womit ich nicht gesagt habe, welche die richtige ist. Das darf ich kleiner Lindwurm nicht, weil ich sonst als parteiisch gelte – was auf einen neutralen Stammgast im nicht überdachten B-Block der Kickers in keiner Hinsicht zutrifft. Noch immer kann ich einen guten Linksaußen von einem schlaffen Rechtsträger unterscheiden. Nur vor dem Tore, da platzt so mancher süße Traum.

IN DER FERNE, SO NAH

Mühlhausen, mon amour. Als Bahn- und Buspassagier habe ich im Lauf der Zeit Lieblingsstrecken gefunden. Meine bevorzugte Busroute ist die Linie 42 von West nach Ost und zurück, eine Art Stadtkarussell. Mit der Elektrischen fahre ich am liebsten auf der Linie 14. Die Vierzehn startet in Heslach und geht erst außerhalb der Stadt vor Anker, in Remseck. Vorbei an den Mineralbädern Berg und Leuze über Cannstatt nach Mühlhausen genießt du in der Vierzehn die gute Aussicht auf Neckar und Weinberge. Du fährst über Brücken und am Max-Eyth-See vorbei, du streifst Münster und Hofen. Auf dieser Tour bekommst du einen realistischeren Eindruck von der Stadt am Fluss als beim Blättern in Rathausbroschüren.

Es gibt etwas zu sehen unterwegs. An der Neckartalstraße die 14 herumlungernden Travertinsäulen. Die Nazis haben diese Machtsymbole im Steinbruch Lauster für ein Mussolini-Denkmal auf dem Adolf-Hitler-Platz im Berliner Stadtteil Charlottenburg bestellt, aber bis heute nicht abgeholt. Wundert nicht. Schon bald nach Kriegsbeginn hatte der »Führer« für sein einstiges Vorbild aus Italien nur noch Verachtung übrig. Der Berliner Reichskanzlerplatz, wie er vor und nach Hitler geheißen hatte, wurde nur Tage nach dem Tod des ersten deutschen Bundespräsidenten am 12. Dezember 1963 auf den Namen Theodor Heuss umbenannt.

Die alten Geschichten gehen mir durch den Kopf, bis ich Mühlhausen erreiche, das Dorf am nordöstlichen Horizont. Der hügelige Flecken am Neckar hat kaum mehr als 3000 Einwohner. In Wahrheit aber ist er ein hochkarätiger Regierungssitz, politisches Hauptquartier eines Stadtbezirks mit etlichen eingegliederten Ortschaften und mehr als 25.000 Menschen. Als Rathaus dient nicht irgendein Bürokratenklotz, sondern ein klassizistischer Adelsbau: das Palmsche Schloss, 1817 auf den Fundamenten eines noch älteren Schlosses errichtet. 1933, wenige Monate nach dem Machtantritt der Nazis, wurde Mühlhausen von Stuttgart eingemeindet; im selben Jahr erwarb die Stadt das Schloss.

All das ahnt niemand, wenn er unbedarft wie ich an der Haltestelle der Linie 14 aussteigt und nichts anderes sieht als die Imbissburgen von Kentucky Fried Chicken und McDonald's an der Aldinger Straße. Oft besuche ich ohne jede Vorbildung einen Ort, bereite mich nicht mal mit einem Taschentelefon-Blick auf Wikipedia vor. Doch selbst ein Ahnungsloser wie ich hat irgendwann von der Mühlhausener oder Mühlhäuser Veitskapelle gehört, spätestens als sie von 2010 bis 2022 aufwändig restauriert und Anfang 2013 mit einem Festakt wiedereröffnet wurde.

Allerdings habe ich nach meinem Ausflug gelesen, für diese berühmte Kirche – eines der weithin bedeutendsten Denkmäler gotischer Baukunst – hätten sich in der Vergangenheit weit mehr Besucher aus aller Welt als aus der eigenen Stadt interessiert. Den wenigsten Stuttgarter sei dieses großartige Gesamtkunstwerk vor der Neueröffnung bekannt gewesen. Meister der Prager Dombauhütte haben die Kapelle von 1380 an erbaut. Getauft wurde sie nach dem Heiligen Veit, gestaltet von den besten Freskenmalern und Altarschnitzern ihrer Zeit. Kaum zu glauben, dass die Mehrzahl der Stuttgarter nie von der Kapelle gehört hat, schließlich ist ihr aus Prag stammender Altar seit 1902 in der Staatsgalerie zu sehen.

Dass unsereins wieder mal auf den letzten Drücker kam, kurz vor Ende der Besuchssaison, ist kaum erwähnenswert. Gesagt werden muss: Mühlhausen kann eigentlich nicht fremdenfeindlich sein. Als ich eine Frau nach dem Weg zu den Sehenswürdigkeiten frage, bietet sie mir vollkommen angstfrei an, mich ihr anzuschließen. Und als ich später im Löwen, einem von mehreren Gasthäusern im Ortskern, griechisch zubereitetes Hackfleisch esse, schaut von der Wand Maria Callas über ihre Schulter zu mir herab. Frau Callas, sage ich, Sie hatten für mich die größte Stimme neben Elvis. Sie zwinkert mir zu.

Die Geschichte mit dem Stuttgarter Hauptklärwerk im Ort ist bekannt. Auch dass die AfD bei der Bundestagswahl 2017 im Wahlbezirk Mühlhausen mit 16 Prozent ihr höchstes Ergebnis in der gesamten Stadt eingefahren hat. Zu Mühlhausen gehören neben der Neckargemeinde Hofen die Nachkriegssiedlungen Mönchfeld (3000 Einwohner), Freiberg (7500) und Neugereut (8000). Die Hochhäuser von Neugereut, Endstation der Linie 2, kann man von Mühlhausen aus auf der anderen Seite des Neckars sehen. Die Kästen erheben sich über Hofen. Viele Migranten, auch viele Menschen deutscher Abstammung aus Russland, leben in diesen Orten am Rand der Stadt.

Am Tag nach meinem Ausflug rufe ich den Linken-Bezirksbeirat Reiner Hofmann an. 1952 in Hedelfingen geboren, wohnt er seit 1975 in Neugereut – und fühlt sich wohl. Er verweist auf die gute Arbeit in der Schule, in den Sportvereinen, lobt die weltoffene Haltung im Jugendhaus. Schwer zu sagen, warum so viele ringsum die Rechtsnationalisten gewählt haben (in Mühlhausen und Hofen etwas weniger als in Neugereut, Freiberg, Mönchfeld). Es sei die Angst vor dem sozialen Abstieg, sagt Reiner, die Angst der Menschen, die irgendwo in der Stadt angekommenen Flüchtlinge könnten ihnen die Arbeitsplätze wegnehmen. In Siedlungen wie Neugereut, sagt der Bezirksbeirat, leben die meisten Leute für sich. Du bekommst wenig Kontakte. Weißt nichts von deinen Nachbarn. So gut wie nie spricht man ohne Anlass miteinander.

Ich werde den Teufel tun und das Thema mit ein paar Privateindrücken vertiefen. Als Stadtspaziergänger mit einiger Reichweite darf ich allerdings behaupten: Die meisten von uns, auch viele Politiker, haben wenig Ahnung, was da draußen in den Siedlungen läuft. Warum eigentlich? Verglichen mit anderen Großstädten ist Stuttgart klein und eng – und selbst der entfernteste Stadtteil so nah und leicht erreichbar.

DER VORSATZHAMMER

Heute ist der 9. Januar 2018 – und die Feiertagsfeier zu Ende. Fast könnte ich von einem Aufbruch ins neue Jahr sprechen, müsste ich nicht zügig in Deckung gehen. Schon jetzt droht eine tiefe Depression im mentalen Kampf gegen die humorloseste Zeit des Jahres, je nach Lachzwangsneurosenklinik Karneval, Fasching oder Fasnet genannt.

Der Dauerlauf, auch als Joggen bekannt, ist eines meiner Mittel, die schlimmste Hirnflatulenz unter freiem Himmel abzubauen. Ich bin beileibe kein Suchtjogger, nur ein ehrgeizloser Sonntagsläufer, modemäßig eher an den Schlabberklamotten des fast schon vergessenen Kinoboxers Rocky Balboa orientiert als an den Wurstpellenkostümen zeitgenössischer Stirnlampengeschwader.

Vor einiger Zeit bin ich auf einer meiner Immer-der-Nase-nach-Routen von Westen nach Süden zufällig an den paar Ufermetern eines renaturierten, allerdings nicht originalgetreuen Bachs zwischen Heslach und Kaltental gelandet; dieses Rinnsal über dem unterirdischen Nesenbach speist sich aus Quellen der Umgebung.

Weil ich seit meiner ersten Huck-Finn-Lektüre einen Hang zu Flüssen habe, musste ich den Fuß- und Radweg am geklonten Nesenbach südlich des Südheimer Platzes inzwischen immer wieder aufs Neue aufsuchen. Es gibt in diesem Revier auch einen – sogar beleuchteten – Nesenbachweg. Was tröstlich ist, weil viele den Namen des Flüsschens nur noch wegen eines nach ihm benannten Lokals in den neuen Breuninger-Bauten über dem Nesenbach kennen. Das Gewässer wurde von der Stuttgarter

Politik mit üblicher Ignoranz und Charakterlosigkeit missbraucht. Dennoch lässt meine Route am Waldrand noch etwas von der der früheren Naturschönheit des weitgehend überdolten Nesenbachs ahnen und nährt im Vorbeilaufen auch meine Illusion, in mir selbst sei noch etwas im Fluss, bevor alles den Bach runtergeht.

Der Nesenbach, Stuttgarts Vater Unrein mit seinem Ursprung in den heute zugebauten Vaihinger Honigwiesen, ist nicht gerade berühmt. Vermutlich ist sogar der Neckar bekannter. Als *Spiegel online* neulich über das Stuttgart-21-Desaster mit der neuerlichen Kosten- und Terminexplosion berichtete, war in der ursprünglichen Fassung von Schwierigkeiten mit einem »Nestelbachkanal« die Rede. Ich danke dem Autor für diesen kleinen Fehler, klingt Nestelbach doch wesentlich poetischer als Nesenbach, ein Name, der uns nicht von ungefähr an Nasenbach erinnert. An unliebsamen Rotz.

Als ich am Dreikönigstag mit Blick auf das Feuchtgebiet und die Staugruben zwischen Heslach und Kaltental entlangtrabe, erwäge ich kurz, später die öffentliche Baulochbesichtigung von Stuttgart 21 zu besuchen. Mir ist dann aber nicht danach, mich an der Bahnhofsruine über dem Nestelbachkanal als Katastrophengaffer einzureihen. In dieser Sache habe ich Elend genug gesehen. Deshalb versuche ich, mich von der nicht besonders spannenden Übung des Dauerlaufens mit Gedanken über die wichtigsten Vorsätze für das neue Jahr zu entspannen. Mein erster Vorsatz für 2018 lautet, auf keinen Fall je wieder am Jahresende einen Vorsatz zu fassen. Darauf bin ich nicht von allein gekommen. Vielmehr habe ich die Silvestersätze des italienischen Philosophen Antonio Gramsci aufgeschnappt: Er hasse »die Jahreswechsel, die aus dem Leben und dem menschlichen Geist ein kommerzielles Unternehmen mit seinem braven Jahresabschluss, seiner Bilanz und seinem Budget für die neue Geschäftsführung machen. Sie führen zum Verlust des Sinns für die Kontinuität des Lebens und des Geists. Man endet dabei, ernsthaft zu glauben, dass es vom einen Jahr zum anderen eine Auflösung der Kontinuität gäbe und dass eine neue Geschichte begänne, und man entwickelt Vorsätze und bereut Fehler usw.«

Allein der ernsthaft gefasste Vorsatz, Fehler zu bereuen, würde mich mehr Tage kosten, als ein Jahrzehnt zur Verfügung hat. Jede Kontinuität meines Endlebens und Restgeistes wäre dahin. Um die Bedeutung des Wortes »Vorsatz« zu ergründen, nahm ich nach meinem Dauerlauf nicht das Taschentelefon, sondern den Brockhaus zur Hand. Er interpretiert den Vorsatz nicht etwa als läppische Neujahrsabsicht, sondern erklärt seine beängstigende juristische Bedeutung: Vorsatz ist »das Wollen eines rechtswidrigen Erfolgs« (Zivilrecht) oder ein »mit Wissen und Willen« verwirklichter »Straftatbestand« (Strafrecht). Also etwas wie Stuttgart 21.

Wir können davon ausgehen, dass die meisten Vorsätze am Jahreswechsel später zum Schaden der Menschen realisiert werden, während fast alle guten Absichten, wie etwa keine Mitmenschen oder sich selbst mit Vorsätzen zu malträtieren, auf dem Müllhaufen der Moral landen.

In meinem einst vorsätzlich gewählten Beruf als Zeitungsmensch habe ich das Wort »Vorsatz« völlig anders kennengelernt: Es bezeichnete mit Blei-, später mit Computerbuchstaben gesetzte Texte, die frühzeitig in den »Vorsatz« für den späteren Umbruch (Layout) und Druck wanderten. Dieser ziemlich spezifische Vorsatz, der oft zu einem ausufernden »Stehsatz« (herumlungernde Artikel) führte, hat technisch nichts gemein mit dem Vorsatz eines Buchs. Der nämlich bezeichnet unter anderem das unbedruckte und gerippte Papier, das den Umschlag an der inneren Vorderseite mit dem ersten Seite des Inhalts verbindet. Dies wiederum ist enorm wichtig für den gefassten Vorsatz, in Zukunft mehr Bücher zur vorsätzlichen Erbauung des Geistes zu lesen: Gerade die unbedruckten Vorsatzseiten sind inhaltlich sehr oft die besten.

Bevor ich mich auf weitere Wortspielereien mit der Vokabel »Satz« und ihren Vorsilben einlasse, um mit dem Vorsatzhammer den feinen Unterschied zwischen Ein- und Aussatz zu erhellen, mache ich auf dem Absatz kehrt und komme zum Schlusssatz – von dem einst niemand geglaubt hat, dass man ihn eines Tages mit drei »s« schreiben wird. Jeder Vorsatz lässt sich ohne Ersatz streichen. Am Ende geht es sowieso nur um den Umsatz, für den man den Nesenbach unter die Erde verbannt hat. Womöglich aber rumort der schon in der Unterwelt und verwandelt sich bald in einen Sprengsatz.

STILLE, NIRGENDWO

Nach der langen, zermürbenden Kälte war es der erste sonnige Sonntag in diesem frühen Frühjahr, als ich auf dem Friedhof landete. Ich hatte nicht vor, Gräber zu besuchen. Sie kamen mir auf den ersten Metern meiner Ziellosigkeit gewissermaßen in die Quere. Doch niemand sollte deshalb von mir nun einen Friedhofsaufsatz erwarten.

In einem Erlebnisaufsatz, wurde mir in der Schule beigebracht, düre man immer nur ein einziges Erlebnis beschreiben. Später habe ich gemerkt, dass es im Leben nicht so viele Erlebnisse gibt, die für einen Aufsatz mit nur einem einzigen Erlebnis taugen. Deshalb bin ich nicht Erlebnisaufsatzschreiber, sondern Zeitungskolumnist geworden – und bastle auf engem Raum so lange verschiedene Erlebnisse zusammen, bis ich überzeugt bin, was erlebt zu haben.

Im vergangenen Jahr hat mich ein Kollege gefragt, ob ich nicht an einem ausgeschriebenen Friedhofsgeschichten-Wettbewerb teilnehmen wolle. Nein, habe ich gesagt. Ohnehin hatte ich keinen Text, der ausschließlich von Friedhöfen handelt. Beim Herumspazieren in der Stadt sind Totenäcker für mich in erster Linie Pausenhöfe. Zwischenstationen. Keine Frage, Grabstätten sind auch Fundgruben. Schließlich liegen auf unseren Friedhöfen berühmte Menschen, über die viele Bücher geschrieben wurden, von denen viele längst auf dem Bücherfriedhof ruhen.

Wenige Meter vor der Haustür meiner neuen Wohnung im Süden der Stadt gehe ich über den Fangelsbachfriedhof, eine schöne, alte Anlage. Es ist still. Eine Frau auf einer Bank scheint leise ein Selbstgespräch zu führen, bis ich die Handystöpsel in ihren Ohren sehe. Seit es keine Telefonzellen mehr gibt, kannst du nur noch auf dem Friedhof in Ruhe telefonieren.

Dann stehe ich, ohne einen Blick in meinen Friedhofsführer geworfen zu haben, vor dem Grab der Familie Kreidler. Zwei Steine, rote Rosen. Ich lese die Namen Anton und Alfred, und da wird selbst mir als ewigem Fußgänger klar, dass es sich um die Väter berühmter Zweiräder handelt.

Als ich sechzehn war, gab es in unserem Dorf zwei soziale Klassen von Halbstarken: mit Moped und ohne Moped. Ich hatte keins, und bis heute erinnere ich mich, dass nach langer Indianerpferdeliebe mein größter Traum eine Kreidler-Florett war. Fünfzig Kubik, fünf, sechs oder auch ein paar Promille mehr PS. Die Technik interessierte mich nicht. Aber mit einer Florett hätte man aus dem Dorf hinaus in die Welt fahren können. Und auf dem Sozius wäre sogar Platz für eine Dame gewesen.

Als ich fünfzehn war, lief »Easy Rider« mit Dennis Hopper, Peter Fonda und Jack Nicholson in unseren Kinos. Der Unterschied zwischen einer Harley Davidson und einer Kreidler-Florett wäre in meinem Augen so marginal gewesen wie der zwischen amerikanischen Highways und schwäbischen Landstraßen. Auch wusste jeder Dorfjunge, wie einfach sich eine Kreidler-Florett frisieren ließ. Dann lief sie wesentlicher schneller, und man hätte mit ihr womöglich Dennis Hopper auf seiner Harley eingeholt, bevor ihn Rednecks aus dem Sattel schossen. Später haben die Rednecks Trump gewählt.

Die Firma Kreidler wurde 1889 in der Böblinger Straße 52 in Heslach als Stuttgarter Telegraphendraht- und Kabelfabrik gegründet, bevor sie in die Mörikestraße 69 und später nach Zuffenhausen umzog. Erst Anton Kreidler und dann sein Sohn Alfred waren die Chefs. 1982 ging das Unternehmen in Konkurs, die Marke Kreidler wurde von einer anderen Firma übernommen.

Die zwei ehemaligen Kreidler-Gebäude in der Mörikestraße landeten im Besitz der Stadt. Lange standen sie leer, bis sie in den Achtzigerjahren von mutigen Menschen besetzt wurden. Nach langen und zähen Verhandlungen konnte sich das basisdemokratisch geführte Wohnprojekt »Fabrik Heslach« in den Häusern einnisten. Diese Initiative gibt es seit mehr als 30 Jahren, inzwischen auch als Verein.

All diese Geschichten kann dir nicht allein der Friedhof erzählen, schon weil dein Blick an einer Mauer endet, von der Mark Twain einmal gesagt hat, sie sei die sinnvollste Investition überhaupt: »Die, die drinnen sind, können nicht hinaus, und die, die draußen sind, wollen nicht hinein.« Von den Zusammenhängen zwischen Vergangenheit und Gegenwart erfährst du erst, wenn du mithilfe deines Taschentelefons über die Mauer schaust.

Warum aber bin ich auf dem Friedhof gelandet? Weil ich tags zuvor etwas Lautes erlebt hatte, über das man gründliche Aufsätze schreiben müsste. Ich nahm an der von vielen demokratischen Gruppen unterstützten Demonstration in Kandel gegen den Aufmarsch der Rechten und ihre Nazis teil. Die kleine Stadt liegt nur eine Viertelstunde mit der Bahn von Karlsruhe entfernt. Anderntags hatte ich ein großes Bedürfnis nach Luft und Stille. Da kam mir auf meinem Spaziergang der Fangelsbachfriedhof als Luftkurort gerade recht.

Nachdem im Dezember 2017 ein junger Flüchtling in Kandel seine 15-jährige deutsche Ex-Freundin mit einem Messer getötet hat, ist die Gemeinde Schauplatz politischer Auseinandersetzungen. Dieses Kapitel würde ich in meiner Erlebniskolumne heute nicht erwähnen, führten die Spuren nicht wieder mal vor die eigene Haustür. Der jüngste Aufmarsch von Fremdenfeinden und Rassisten war von der Politikerin Christina Baum unter dem Motto »Kandel ist überall« angemeldet worden. Die promovierte Zahnärztin sitzt als AfD-Abgeordnete im Stuttgarter Landtag. Nicht lange her, da hörte ich sie dort kreischend den »Untergang des deutschen Volkes« heraufbeschwören. Es ging damals um eine von der AfD beantragte Debatte über die sogenannten UMA – ein im Parlament gefühllos-routiniert gebrauchter Begriff für unbegleitete, minderjährige Ausländer.

Die Situation in Kandel erscheint nur auf den ersten Blick absurd. Anlass ist ein totes Mädchen, Opfer einer noch nicht verhandelten Beziehungstat. Als es starb, war es so jung wie unsereins in seiner Kreidler-Phase. Das Verbrechen wird jetzt ausgeschlachtet, als handle es sich um ein politisches Attentat. Ein Akt widerlicher rechter Propaganda.

Ich muss heute mit Erlebnissen umgehen, die ich so noch nie erlebt habe. Es liegt etwas in der Luft. Und die Luft ist so mies, dass du immer öfter auf den Friedhof flüchten musst.

HASSFIGUR UND SUPERSTAR

Spazierengehen ist auch deshalb prickelnd, weil ich an bestimmten Orten das Gefühl habe, ich sei in etwas hineingeraten. Nicht in einen Kinofilm, sondern live in die längst verschwundenen Abenteuerkulissen der Stadt.

Am 31. Mai 2017 steht der 200. Geburtstag des Stuttgarter Dichters und Revolutionärs Georg Herwegh im Kalender. Die Initiative Die Anstifter hat dieses Jubiläum vorzeitig im Rathaus gefeiert, unter anderem mit einem Vortrag des grünen Oberbürgermeisters. Es ist fraglich, ob Deutschlands erster großer politischer Dichter diese Art staatlicher Würdigung gewollt hätte.

Zu Lebzeiten, schreibt der Autor Ulrich Enzensberger in seinem Buch »Herwegh – Ein Heldenleben«, war er »berühmt, ja mehr noch: berühmt-berüchtigt. Er war der deutsche Star 1841, der Buhmann des Jahres 1848. Vertauschte die Feder mit dem Schwert. Ein demokratischer Don Quixote. Rettete sich im letzten Moment.«

Heinrich Heine hat ihn die »Eiserne Lerche« genannt. Fast jeder, der mal bei einem Streik dabei war, kennt die Zeilen aus Herweghs »Bundeslied«, das er 1863 zur Gründung des Allgemeinen Deutschen Arbeitervereins, dem Vorläufer einer gewissen SPD, geschrieben hat: »Mann der Arbeit, aufgewacht! / Und erkenne deine Macht! / Alle Räder stehen still. / Wenn dein starker Arm es will.«

Ein runder Geburtstag ist Anlass genug, sich mithilfe von Büchern und etwas Beinarbeit einem vielerorts Vergessenen zu nähern. In Michail Krausnicks Biografie »Die eiserne Lerche. Georg Herwegh – Dichter und Rebell« geht es immer wieder um die Machenschaften der Presse. »In der Klatsch- und Gerüchteküche brodelt es«, als Herwegh im März 1843 die außergewöhnlich couragierte und emanzipierte Emma Siegmund ehelicht. Man unterstellt ihm eine »Geldheirat«. Die Parallelen zu heute sind deutlich: Medienkampagnen, Verleumdungen, Fake News gegen politische Feinde sind gang und gäbe.

Spaziergänge schärfen nicht nur vor Gedenktagen die Zusammenhänge von Geschichte und Gegenwart. Erst vor einigen Tagen ging ich durch die Seyfferstraße im Westen und streifte zufällig die Herweghstraße: Sie liegt in der Nähe von Bismarckplatz und Bismarckstraße. Diese Tatsache ist für die Spurensuche insofern bemerkenswert, als ich später in dem Stuttgart-Buch »Dichter sehen eine Stadt« lese, warum Herwegh nach seinem Tod am 7. April 1875 nicht an seinem letzten Wohnort Lichtental (gehört heute zu Baden-Baden) begraben wurde: »Seinem ausdrücklichen Wunsch entsprechend wurde der entschiedene Gegner Bismarckscher Machtpolitik nicht in Deutschland, sondern in der republikanischen Schweiz beerdigt.« Sein Grab findet man in Liestal, Kanton Basel-Landschaft.

Die Stuttgarter Herweghstraße wurde 1904, also mitten im monarchistischen Württemberg, nach dem Dichter benannt. Noch 1841 hatte er bei einer Audienz beim König Friedrich Wilhelm IV. für einen Eklat gesorgt, als er zum Abschied das letzte Wort ergriff und sein Vorbild Schiller zitierte: »Sire, ich kann nicht Fürstendiener sein.«

Damit sind wir wieder mitten in Stuttgart. Nachdem die Enthüllung des Schillerdenkmals am 8. Mai 1838 zu einer Orgie bürgerlich-nationalistischer Selbstdarstellung ausgeartet ist, schreibt der überzeugte Europäer Herwegh in seiner Standpauke zu einem Schiller-Standbild über die Gäste: »Was kamt Ihr hierher? Steht Ihr da als

Schwaben, als Vertreter von ein paar Quadratmeilen Landes? Oder seid Ihr erschienen als die Repräsentanten der Menschheit? Ist das Euer einziger Stolz, dass Schiller auf derselben Scholle geboren ward wie Ihr? Als ob ein Baum stolz sein dürfte, weil aus ihm die Wiege für einen Genius gezimmert wurde!« Betrachtet man die auch heute oft heuchlerische Verehrung Schillers – er musste wie später Herwegh aus Stuttgart flüchten –, sind diese Sätze immer noch gültig.

Damit zur nächsten Herwegh-Station in der Stadt. Friedrichstraße 10. An diesem Ort stand bis 1944 das Haus, in dem Herwegh von 1837 bis 1839 in Stuttgart gewohnt hat, ehe er die Stadt als Deserteur und Widerspenstiger verlassen muss. Heute steht dort, wie eine bittere Pointe der Revolution, ein Bürokomplex, unter anderem Sitz der Wirtschaftsförderung Region Stuttgart GmbH.

An der Fassade hängt freundlicherweise eine Gedenktafel für Herwegh. Passanten erfahren, dass er die »Gedichte eines Lebendigen« verfasst hat. Dieses auch kommerziell ungeheuer erfolgreiche Werk in zwei Bänden machte ihn zum literarischen Helden, zur politischen Hassfigur und zum umschwärmten Frauenliebling. Nach heutigen Kriterien war Herwegh ein Superstar, befreundet mit Berühmtheiten wie Karl Marx, Michail Bakunin, Victor Hugo, Franz Liszt, Richard Wagner.

Leider hat sich der Ikonenstatus des Unbeugsamen nicht überall herumgesprochen. Ausgerechnet vor Herweghs 200. Geburtstag hat ein Graffiti-Kasper die Gedenktafel an der Friedrichstraße beschmiert. Deshalb bitte ich als Fürstendiener die Rathausherrschaften untertänigst: Bringt das Schild an der Friedrichstraße in Ordnung, bevor ich meinen Rechner mit dem Hammer tauschen muss.

Der Verlag Peter Grohmann hat rechtzeitig zum Jubiläum den kleinen Band »Georg Herwegh zum 200. Geburtstag« veröffentlicht. Herausgeber Frank Ackermann widmet darin dem Dichter ein ausführliches Kapitel über seine Stuttgarter Zeit. Geboren wahrscheinlich in der Hospitalstraße, wuchs er dort als Sohn des Gastwirts Ludwig Ernst Herwegh und dessen Frau Rosine Catharina im Eckgebäude gegenüber dem heutigen Haus der Wirtschaft auf. Später wohnte die Familie in der Eichstraße und Eberhardstraße.

Folgen wir auf einem Spaziergang den Liedern der Lerche.

GUTE BEKANNTE

Ich geh nicht auf Demos
Immer nur dagegen
Immer alles negativ
Links und rechts
Ist doch voll überholt
Die Welt ist nicht schwarz-weiß
Streik ist nicht mehr zeitgemäß
Ich bin nicht in der Gewerkschaft
Zahle schon genug Hundesteuer
Ist doch schön
Mit dem Hund im Wald
Wir müssen reden mit den Rechten
Die sind nicht so
Ich kenne gar keine
Immer diese Nazikeule
Früher ist doch vorbei
Haben doch ihre Strafe bekommen
Muss auch mal Schluss sein
Wohnungen gibt es schon noch
Halt nicht mehr so viele
Man muss etwas Geduld haben
Hab schließlich auch eine gefunden
Mit Balkon
Armut heißt bei uns bloß Jammern
Auf hohem Niveau
Wir können nicht alles bezahlen
Mir hat auch keiner was geschenkt
Außer Papa
Hat er hart dafür gearbeitet

Ich bin nicht unpolitisch
Ist nicht wahr
Halt nicht öffentlich
Mehr so privat
Politisch
Gehe auch wählen
Geht keinen was an
Auf Bio achte ich auch
Aber die Linksradikalen
Machen alles kaputt
Ich bin gegen Gewalt
Besitz muss man respektieren
Anderen geht es viel schlechter
Als uns
Ich mag Ausländer
Deutsch sollten sie schon können
Und unsere Kultur verstehen
Die Afro-Party gestern
War voll geil
Super Mucke
Meine Instagram-Pics mega
Schwarz-weiß kommt da echt cool
Wir wären sogar mit der Straßenbahn
Heimgefahren
Wenn das Auto nicht
Vor der Tür gestanden hätte
Ist nicht alles schlecht bei uns
Wir können aber nicht alle retten
Demonstrieren hilft eh nix
Jeder muss was dazu beitragen

DER DETEKTIV

Ein Blitzbesuch. Auf den letzten Drücker vor dem großen Fest treffe ich im Haus der Wörners ein. Wir gehen auf den Balkon. Blick auf die Natur. Hinter dem Maisfeld unter uns stehen Bäume Spalier, um ein kleines Gewässer, den Steinbach, abzuschirmen.

Ich bin in der Herschelstraße gelandet; ein Jahr nach der Gründung des Stadtviertels hat man sie aus irgendwelchen, mir nicht bekannten Gründen auf den Namen des 1738 in Hannover, 1822 in England gestorbenen Astronomen Friedrich Wilhelm Herschel getauft.

Mein Gastgeber Hans Martin Wörner feiert in diesem Juni 2017 seinen 72. Geburtstag – dieses Ereignis war mir vor meinem Überfall im südlichen Stadtteil Dürrlewang so wenig bekannt wie vieles andere, wovon ich heute berichte. Ein Geräusch wie ferner Donner kündigt noch nicht den Wolkenbruch an, der uns später vom Balkon vertreiben wird. Es ist Baulärm aus der Rohrer Kurve, einer umstrittenen Baustelle für Stuttgart 21.

Herr Wörner, Sohn des ersten Pfarrers von Dürrlewang und verheiratet mit Irmtraud aus Dürrlewang, hat vor einiger Zeit ein Buch über seinen Heimatort geschrieben: »Keine Sau auf dem Balkon«. Mein Verdacht, die Leute in der Gegend seien womöglich etwas frischluftfeindlich, ist falsch. Als einst Menschen aus den ehemaligen deutschen Ostgebieten in die neue Siedlung kamen, wurde das Gerücht verbreitet, die Flüchtlinge hielten sich Schweine auf ihren Balkonen. Das war genauso erfunden wie andere Behauptungen, die man heute Fake-News nennt.

Dürrlewang, 3500 Einwohner groß, feiert jetzt mit einem Straßenfest sein 60-jähriges Bestehen. Die Party mit bunten Aktionen ortsansässiger Gruppen steigt rund um die Ladenstraße, in der Nähe der 2016 eröffneten Endhaltestelle der Stadtbahnlinie 12. Seit die Straßenbahn vom Hallschlag mit der Leuchtschrift Dürrlewang durch den Kessel fährt, ist die Siedlung ein bisschen bekannter geworden. »Früher habe ich immer gesagt, ich wohne zwischen Rohr und Möhringen. Mit Dürrlewang hat keiner was anfangen können«, sagt Herr Wörner.

Mit der U 12 brauchst du von der Stadtmitte bis zur Endstation zwar nur wenig mehr als 20 Minuten – wegen einer so läppischen Entfernung aber betrachtet man bei uns in Stuttgart viele Orte als feindliches Ausland. Dürrlewang, dem Stadtbezirk Vaihingen zugeordnet, ist eine Wohnsiedlung. Die Immobilien in der Abgeschiedenheit sind in den vergangenen Jahren begehrter und – nicht zuletzt wegen der Stadtbahnstation – auch reichlich teurer geworden.

Einst hatte der Flecken wie andere Siedlungen, etwa Rot oder der Fasanenhof, gegen üble Vorurteile und Verleumdungen zu kämpfen. Der schlechte Ruf seiner Umgebung hat den gelernten Schriftsetzer Hans Martin Wörner nicht nur geärgert, sondern auch motiviert. Neben seinem Beruf als Technischer Lehrer am Institut für Buchgestaltung der Kunstakademie auf dem Weißenhof erforscht er leidenschaftlich seine Heimat. Als versierter Autor und Fotograf erkennt er früh, dass es bei der historischen Aufarbeitung vor allem um den einzelnen Menschen gehen muss – um individuelle Geschichten und Schicksale. Zahlreiche Interviews mit Bürgern verarbeitet er zu erzählerischen Texten, aufklärerischen Betrachtungen und Porträts. Er gibt den Menschen von Dürrlewang ein Gesicht, führt sie heraus aus der anonymen Masse, die von denkfaulen Außenstehenden und notorischen Stänkerern pauschal verunglimpft wird.

Nach dem Krieg wurden mittellose Menschen aus den Bunkern Stuttgarts und ehemaligen deutschen Ostgebieten nach Dürrlewang verpflanzt. »Für diejenigen, die damals auf der Flucht von weiter her nach Stuttgart gekommen waren, war die Eingewöhnung ungleich schwieriger«, schreibt Wörner 2014 in einem Aufsatz. »Nur wenige der damaligen Flüchtlinge leben noch, sie haben mir erzählt von Batschka, Syrmien, Slawonien ...« Und der Autor erklärt uns, warum es wichtig war, möglichst viele Menschen in ihrer neuen Heimat zu befragen: »Die Geschichte der Stuttgarter Wohnungssuchenden sowie die der Flüchtlinge und Vertriebenen wurde nie erfasst.«

Wer die Berichte aus der Zeit der Nachkriegsbaracken und ersten, billigen Wohnblocks von Dürrlewang liest, denkt an die Not der Gegenwart. Auch heute ist es nicht einfach, sich Einblick zu verschaffen. Neulich habe ich Familien aus Afghanistan und Syrien in einem Container-Camp am Rand der Stadt besucht; sie hatten zuvor in Turnhallen gelebt. Eine Betreuerin erzählte mir von einer Mutter, die mit ihrem frisch geborenen, schwer erkrankten Baby von drei Krankenhäusern abgewiesen wurde. Anderntags bat mich die Betreuerin, Namen und Details nicht zu veröffentlichen, um Schwierigkeiten zu vermeiden.

Hans Martin Wörner hat seine Kindheit mit drei Geschwistern und den Eltern in einer engen Vier-Zimmer-Wohnung inklusive Amtszimmer verbracht; erst später wurden das evangelische Gemeindezentrum und die Stephanuskirche gebaut. Wie kein anderer kennt er die Entwicklung des Stadtteils, keiner kann sie so lebendig und spannend beschreiben. Und sein Blick richtet sich nicht nur auf die Vergangenheit. Auch heute beobachtet er als couragierter und kritischer Detektiv Entwicklungen der Siedlung, das Förderprogramm »Soziale Stadt« und die neuen Bausünden in der Gegend.

Vieles hat sich verändert in dem einstigen Zufluchtsort Dürrlewang. In der Ladenstraße, Schauplatz des Stadteilfests, gibt es kaum noch Läden. In einem leer stehenden Gebäude an der U-Bahn-Haltestelle, in dem früher ein Lebensmittelladen, später ein Drogeriemarkt und eine BW-Bank-Filiale waren, wurde vor Kurzem ein türkischer Betraum eingerichtet.

Als uns der Regen vom Balkon verjagt, erzählt mir Herr Wörner vom Hochwasser. Dürrlewang mit seinen vielen Bächen wurde auf sumpfigem Gebiet gebaut. Zwar riecht es heute in der Siedlung nicht mehr nach billigem Fichtennadelschaum wie damals, als aus dem öffentlichen Wannenbad im benachbarten Rohr die Abwässer abgeleitet wurden. Aber erst vor vier Jahren hat ein Starkregen zahlreiche Keller unter Wasser gesetzt, Kühlschränke und Waschmaschinen zerstört. Diese Gefahr besteht bis heute.

Zügig fahre ich zurück ins Tal.

DER BERG RUFT

Stuttgart ist ein Dorf. Größer als, sagen wir, Genkingen, aber nicht weniger intim. Mit einer Einkaufstüte voller Äpfel und Tomaten gehe ich die Schwabstraße im Westen der Stadt entlang, als mich ein langer Kerl mit Schiebermütze anspricht: »Gut, dass ich dich treffe, ich bin dein Nachbar und muss dir was erzählen.« Er habe einen Film gedreht, in Genkingen auf der Schwäbischen Alb. »Ach, du Scheiße«, sage ich, »dann bist du der Typ, der ein Schiff von Feuerwehrmännern einen Skihang hinaufziehen ließ.«

Goggo Gensch, seit 2017 Leiter des neuen Stuttgarter SWR-Doku-Festivals, hat mir kurz zuvor von dieser Sache in der Kneipe erzählt. In einer kleinen Gemeinde kommen die Dinge immer irgendwie zusammen, und so begegnet mir auf der Straße rein zufällig dieser lange Kerl mit der Schiebermütze.

Er heißt Erol Papic, ist 42 Jahre alt und arbeitet als Requisiteur am Staatsschauspiel. Einer seiner besten Freunde, Valentin Kemmner, studiert an der Filmakademie Ludwigsburg. Beide führen Regie in einem Heimatfilm, der sich als Verbeugung vor Werner Herzogs »Fitzcarraldo« mit Klaus Kinski versteht. Das spektakuläre Drama von 1982 schildert die Geschichte des besessenen Caruso-Verehrers Fitzcarraldo, der einen 150 Tonnen schweren Dampfer mit Kautschuk zur Finanzierung eines Opernbaus im Amazonas-Dschungel über einen Berg zwischen zwei Flussläufen schleppen lässt. Wie wahnwitzig sich die Dreharbeiten für den Regisseur und sein Team gestaltet hatten, dokumentierte Herzog 1999 in seinem Film »Mein liebster Feind«, der großartigen Hommage an den Irrsinnsschauspieler Klaus Kinski.

Nach unserer Zufallskollision treffe ich mich mit Erol im Café. Erol spricht astreines Schwäbisch und lebt selbst mit einer Art Obsession: Er ist Kinofreak, liebt klassische Stummfilme und verehrt Werner Herzog. Vor ein paar Jahren las er zum zweiten Mal dessen 1978 erschienenes Tagebuch »Vom Gehen im Eis«, die poetischen Notizen seiner im November 1974 gestarteten Wanderung von München nach Paris. Diese strapaziöse »Fußreise« (hätte Mark Twain gesagt) unternimmt er mutterseelenallein, um in Paris die schwer kranke Filmhistorikerin Lotte Eisner zu besuchen. Sollte er sein Ziel erreichen, glaubt er fest, werde sie überleben (Lotte Eisner starb 1983 im Alter von 87 Jahren). Auf seinem Weg in Frankreichs Hauptstadt überquert er die schneebedeckte Schwäbische Alb, erwähnt später in seinem 111 Seiten dünnen Buch Zwiefalten und Geisingen und bemerkt im selben Absatz auf Seite 34: »In Genkingen schlagen seit Jahren die Türen im Wind.«

Dieser Satz lässt Erol Papic, Sohn mazedonischer Eltern, nicht mehr los. Er will die tiefere Bedeutung dieses Bilds mit den schlagenden Türen herausfinden und damit das Geheimnis Genkingens an sich lüften. Was ist da los, in diesem 2200 Seelen kleinen Ortsteil von Sonnenbühl, einem Kaff südlich von Reutlingen. Das Forschungsprojekt »Genkingen« nimmt Fahrt auf, auch weil Erols Freund Valentin Kemmner seine Abschlussarbeit für die Filmakademie im Auge hat und die Branche schon ganz gut kennt. Als Geldgeber steigt Servus-TV mit ins Boot; der österreichische Privatsender aus dem Red-Bull-Imperium ist gerade auf der Suche nach sogenannten Heimatfilmen und lässt dem Team alle Freiheiten. Mit 45.000 Euro wird die Produktion (geleitet von Erols Kollegin

Michelle Jarosch) so solide finanziert, dass sogar die Mitwirkenden anständig bezahlt werden können.

Die beiden Regisseure haben nicht vor, ein Spektakel über den Kraftakt am 800 Meter langen Skihang zu drehen. Behutsam, mit Gespür für die Landluft und Stimmung im Dorf, nähern sie sich den Genkingern und erarbeiten eine feine, 60 Minuten lange Milieustudie. Den Leuten im Dorf begegnen sie mit Respekt, halten berührende Momente fest – aber auch lustige Szenen. Etwa wenn die Feuerwehrmänner über ihre Beteiligung an der folkloristischen »Fitzcarraldo«-Version abstimmen: Einer hebt erst zaghaft die Hand, nachdem er sich in der Truppe misstrauisch umgeschaut und volle Zustimmung gesehen hat.

Keine Frage, die meisten Menschen im Dorf halten die Aktion für »Lohkäs«, für Schwachsinn, zumal sie in der Kargheit ihres Landstrichs »keinen Ertrag« bringen kann. Doch nach und nach lassen sie sich von Erol überzeugen. Jeder, sagt er ihnen, habe bei uns »sein Päckle zu tragen«. Irgendwann im Leben, das ist seine Botschaft, musst auch du ein Schiff über den Berg ziehen – wenn auch nicht unbedingt ein 2500 Euro billiges, 1,5 Tonnen schweres Boot, erstanden im Hochwassergebiet von Dessau, Sachsen-Anhalt. Erol schwärmt von dem Gemeinschaftserlebnis auf der Alb, der absolut irren, aber durch und durch solidarischen Skihangeroberung mit einem von Menschen an Seilen gezogenen Boot namens »Herzog«. Den klammheimlichen Plan der Feuerwehr, Seilwinden einzusetzen, hat er während der Dreharbeiten mit aller Macht verhindert.

Den Genkinger Skilift betreibt Volker Schanz in Familientradition. In Stuttgart hat er einst Luft- und Raumfahrttechnik studiert. Mit höherem Sinn für die keltische Vergangenheit seines Dorfs und den kultischen Zauber der Zielwiese am Ende des Hangs stimmt der Lift-Chef die Genkinger auf diesen »positiven Ort« ein. Als das absurde Unternehmen am 7. Mai 2016 bei bestem Wetter steigt, säumen tausend Genkinger die Piste. Oben am Ziel steigt – ohne einen Tropfen Brause des Sponsors – ein Volksfest. Die Leute feiern ihren Sieg über die Zwänge des Alltags. Und der Genkinger Posaunenchor spielt den Soundtrack des Triumphs.

Aus der Reihe Critica Diabolis

http://www.edition-tiamat.de